사적 정부

사적 정부

사용자는 어떻게 우리의 삶을 지배하는가?
(그리고 우리는 왜 그것에 관하여 이야기하지 않는가?)

초판 1쇄 발행 2025년 2월 28일

지은이 엘리자베스 앤더슨
옮긴이 김종서

펴낸곳 서울대학교출판문화원
주소 08826 서울 관악구 관악로 1
도서주문 02-889-4424, 02-880-7995
홈페이지 www.snupress.com
페이스북 @snupress1947
인스타그램 @snupress
이메일 snubook@snu.ac.kr
출판등록 제15-3호

ISBN 978-89-521-3225-3 93320

사적 정부

사용자는 어떻게 우리의 삶을 지배하는가?
(그리고 우리는 왜 그것에 관하여 이야기하지 않는가?)

엘리자베스 앤더슨 지음
김종서 옮김

서울대학교출판문화원

옮긴이의 말

나는 몇 년 전에 엘리자베스 앤더슨의 이 저작에 대한 서평을 쓴 바 있고, 이하의 내용은 상당 부분 그 글에서 빌려온 것이다.[1] 서평에서 나는 이 책의 부제를 언급하면서 "노동자는 노동력을 판매하지만 노동력을 구매하는 자본가는 구매한 노동력뿐만 아니라 노동자의 노동 자체, 그리고 그의 삶 자체를 소유하고 지배하고 처분해 버린다는 마르크스의 통찰을 이렇게 간단명료하게 제시하고 있는 문구는 달리 본 적이 없"고, 바로 "그런 감동과 설렘이 있었기 때문"에 전공 분야가 아니라는 위험을 무릅쓰고 서평을 쓰게 되었다고 밝힌 바 있다.[2]

특히 이 저작이 나의 관심을 끌었던 것은 근로[3]의 권리를 정한 헌

[1] 김종서, 「Elizabeth Anderson, *Private Government*에 대한 서평」, 『서울대학교 법학』 제63권 제2호(서울대학교 법학연구소, 2022), 145-186쪽.

[2] 위의 논문, 146-147쪽.

[3] 나는 '노동'이 아니라 '근로'라는 용어를 사용하는 것에 대해서 매우 비판적인 입장을 갖고 있다. 그래서 헌법이나 법률의 규정에서 사용되는 용어를 언급한 경우를 제외하고는, 이 번역서에서는 '근로'라는 용어는 가급적 사용하지 않았다. '근로'와 '노동'이라는 용어의 기원과 의미 차이 등에 관한 역자의 입장은 김종서, 「노동3권 소고」, 『민주법학』 제71호(민주주의법학연구회, 2019), 특히 176-185쪽 참고.

법 제32조 제3항이 말하는 “인간의 존엄성을 보장”하는 근로조건의 의미가 사업장에서 자유와 평등, 그리고 참여와 결정이 보장되는 것이라는 나의 견해[4]를 뒷받침해 주는 매우 드문 내용을 담고 있었기 때문이다. 나는 최근 몇 년간 자본과 노동의 관계, 기업 내에서 노동(자)의 지위와 사용자-노동자의 관계, 이들 관계의 형성과 결정에 있어 국가의 역할 등의 문제에 대한 '규범적인 인식틀'을 찾아 긴 여정을 이어 왔기에,[5] 앤더슨의 『사적 정부(*Private Government*)』를 만난 것은 그야말로 운명과 같았다.

노동과 자본의 관계를 인민과 국가정부의 관계와 유사한, 일종의 예속민과 사적 정부의 관계로 바라보는 앤더슨의 시각은 하나의 거시적인, 그러면서도 매력적인 이념형을 제공한다. 더 나아가 그 문제점을 극복하기 위해서 노동자에게 어떤 책임도 지지 않는 사용자의 무제한적 권력을 책임이 부과되는 것으로, 즉 사적 정부를 공적인 것으로 만든다는 규범적 해법까지 제시하고 있기에, 나는 서평에 이어 다시 저작 전체를 번역하기로 결심했다.

[4] 김종서, 「근로의 권리」, 『민주법학』 제73호(민주주의법학연구회, 2020), 241-282쪽, 특히 269-273쪽.

[5] 근로의 권리와 노동3권을 명문으로 보장하는 헌법을 가진 나라의 노동자가 '노동 존중'을 표방했던 정부에서조차도 예나 다름없이 겪어야 했던 고통, 차별과 착취, 권리 박탈, 고용불안정, 그리고 죽음을 보면서, 노동을 주제로 한 내 글쓰기는 시작됐다. 김종서, 「쟁의행위를 이유로 한 손해배상청구 비판: 헌법적 관점에서」, 『민주법학』 제60호(민주주의법학연구회, 2016), 181-225쪽; 김종서, 「전략적 봉쇄소송 제어 방안: 비교법적 연구」, 『민주법학』 제70호(민주주의법학연구회, 2019), 241-283쪽; 김종서, 「노동3권 소고」, 175-218쪽; 김종서, 「근로의 권리」, 241-282쪽; 유럽시민자유연맹 지음, 김종서 옮김, 「유럽 전역의 공공 파수꾼 보호대책: 유럽연합 반봉쇄소송법 제안」, 『민주법학』 제77호(민주주의법학연구회, 2021), 285-330쪽 등.

이 놀라운 저서는 물론 그 저자인 엘리자베스 앤더슨이라는 철학자가 국내에 전혀 소개되지 않았다는 사실을 알게 된 것은 이 책을 번역하게 된 또 하나의 계기였다.[6] 상당히 저명한 철학자임에도 저자에 대한 소개가 미미한 수준에 그친 점이 아쉬워, 만용이 될 위험을 무릅쓰고 번역에 도전하게 되었음을 먼저 밝혀 둔다. 하지만 역자가 가지고 있는 전공상의 한계 때문에 이 번역에 풍부한 배경 설명과 역주를 추가할 수 없었음을 고백하며, 이에 대한 독자들의 너른 이해를 부탁드린다.

본격적인 번역에 들어가기에 앞서 저자 및 저작에 대한 간단한 소개가 필요할 듯하다. 존 스튜어트 밀과 플라톤을 읽어 주던 아버지의 영향으로 철학에 관심을 갖게 되었다는[7] 1959년생 미국 철학자 엘리자베스 앤더슨은 미시간대학의 철학 및 여성학 연구 교수이며 정치철학, 윤리학, 그리고 페미니즘 철학을 전공했다. 2008년 미국예술과학아카데미 회원으로 선출된 앤더슨은 2013년에 미시간대학의 최고 교수직에 임명되었고,[8] 『사적 정부』 저술로 2018년 프로그레스메

[6] 앤더슨에 관해 찾을 수 있었던 국내 문헌은 단 한 편이었는데, 그나마 그의 논문 「동물권과 비인간적 생명의 가치」를 비판하는 영문 논문이었다. Hyun-kyu Hwang, "Species membership in claiming rights: Critique of Elizabeth Anderson's essay "Animal rights and the values of nonhuman life"", *The Journal of English Cultural Studies* 9, No. 2 (2016), 65-92.

[7] Susan Dunne, "Glastonbury poet Ocean Vuong and Manchester philosopher Elizabeth Anderson win 2019 MacArthur 'genius grants'", *Hartford Courant*, 25 September 2019, 〈https://www.courant.com/ctnow/arts-theater/hc-ctnow-ocean-vuong-macarthur-foundation-glastonbury-20190925-ksd55t5dbjayfpjgdxhrgshh7m-story.html〉, 검색일: 2021.9.19.

달(Progress Medal)을 수상했다.[9] 수상과 관련하여 『뉴요커』에 게재된 평에 따르면, 앤더슨은 "도덕철학 및 정치철학, 사회과학 및 경제학을 넘나들며 활동하면서 평등이 자유로운 사회의 토대라는 입장을 구축해 왔고, 증대하는 불평등에 맞서 좌우 양측의 사상들을 결합함으로써, 양극화가 점점 더 심화되어 가는 사회에 민주적 기틀을 마련"한 철학자다.[10]

한편 『사적 정부』는 '인간 가치에 관한 태너 강좌' 시리즈[11]의 일환으로 앤더슨이 했던 두 개의 강연과, 역사학, 문학 및 정치학, 철학과 경제학 분야의 전문가들이 이에 대하여 제기한 논평들, 그리고 이들의 논평에 대한 앤더슨의 답변으로 구성되어 있다.

앤더슨의 강연 내용은 매우 도발적이고 문제적인 것이기에, 각 분

[8] 앤더슨의 경력에 대해서는 〈http://www-personal.umich.edu/~eandersn/vita.htm〉, 검색일: 2021.10.20.

[9] Society for Progress, "2018 Progress Medal Laureates", 〈http://societyforprogress.org/laureates-2018.html〉, 검색일: 2023.12.1.

[10] Nathan Heller, "The Philosopher Redefining Equality. Elizabeth Anderson thinks we've misunderstood the basis of a free and fair society", *New Yorker*, 31 December 2018, 〈https://www.newyorker.com/magazine/2019/01/07/the-philosopher-redefining-equality〉, 검색일: 2021.9.19.

[11] 인간 가치에 관한 태너 강좌(Tanner Lectures on Human Values)는 1978년 미국 학자 오버트 클라크 태너에 의해 케임브리지대학 클레어 홀에서 창설된 인문학 분야의 대학 연합 강좌 시리즈다. 태너 강좌에 참여하는 대학은 9개(옥스퍼드대학, 케임브리지대학, 캘리포니아 버클리대학, 하버드대학, 미시간대학, 프린스턴대학, 스탠퍼드대학, 유타대학, 예일대학)이며, 현재까지 매년 3-8개의 강좌가 진행되어 왔고, 강사진으로는 그야말로 세계 최고의 석학들이 망라되어 있다. 몇 사람만 언급해 보자면, 칼 포퍼, 존 롤스, 아마르티아 센, 미셸 푸코, 마이클 월저, 위르겐 하버마스, 로렌스 트라이브, 로버트 달, 움베르토 에코, 제러드 다이아몬드, 로버트 노직, 리처드 포스너, 로베르토 웅거, 마이클 샌델 등이다. 유타대학의 태너 강좌 웹사이트, 〈https://tannerlectures.utah.edu〉, 검색일: 2023.12.1.

야 전문가들의 논평은 조금씩 톤을 달리하긴 하지만 상당한 신랄함을 내포하고 있다. 특히 경제학자 타일러 코웬의 논평과 이에 대한 앤더슨의 반론은 학술적 논쟁을 넘어서 있다고 할 만큼 격렬하다. 앤더슨의 주장에 공감하는 사람이라면 현대 주류 경제학자의 논평에 대한 앤더슨의 통렬한 반박에 상당한 놀라움을 경험할 것이며, 어쩌면 일종의 카타르시스를 느낄 수 있을 것이다.

나는 『사적 정부』를 읽으면서 과거에 읽었던 문헌을 다시 보는 듯한 기시감을 가졌다. 첫째, 평등주의적 시장사회의 이상을 애덤 스미스와 연결시키면서 그것이 산업혁명에 의해 좌절되었다고 한 서술은 현대 자본주의 경제의 국내적 및 국제적 모순들의 철학적 토대를 벤담의 공리주의 담론에서 찾고 그 극복을 위해 애덤 스미스, 특히 그의 『도덕감정론』[12]으로 돌아갈 것을 강조한 베이커의 『자본주의의 아킬레스건』[13]을 떠올리게 했다. 자본주의의 치명적 약점을 불법자금, 빈곤과 불평등, 국가 간 불평등으로 보고 그 원인을 왜곡된 철학에서 찾고 있는 베이커의 견해는 '좌파적' 시장사회의 이상이 좌절된 이후에도 그 현실을 직시하지 않고 오히려 부정하거나 은폐하는 공적 담론의 문제를 지적하고 있는 앤더슨과 크게 다르지 않아 보인다. 둘째, 앤더슨이 언급한 '공산주의적 독재'의 사례들, 특히 미국의 수많은 사업장에서 찾아볼 수 있는 상상 이상으로 열악한 노동조건은 19세

[12] 애덤 스미스 지음, 김광수 옮김, 『도덕감정론』(한길사, 2016).
[13] 레이먼드 W. 베이커 지음, 강혜정 옮김, 『자본주의의 아킬레스건: 자유시장체제의 근본을 흔드는 치명적인 약점들』(지식의숲, 2007).

기 영국 자본주의 기업(공장)의 실태를 생생하게 묘사했던 마르크스의 『자본』[14]과 엥겔스의 『영국 노동계급의 상황』[15]의 재현이라고 해도 좋을 정도다. 아울러 논평자 코웬에 대한 앤더슨의 혹평은 고전파 경제학자들에 대한 마르크스의 신랄한 비판을 연상시킨다.

그런가 하면 앤더슨은 이 저작을 통해 한 사람의 연구자로서 갖추어야 할 실력과 태도의 전범을 보여 주었다. 합리적인 논거를 갖춘 비판은 솔직하게 받아들이는 반면, 불합리하거나 근거 없는 비판에 대해서는 그 상대방이 누구든, 어떤 지위를 가지고 있든 관계없이 한 치의 망설임도 없이 가차없는 반박을 가하고 있다는 점에서 나는 학문하는 사람의 겸허함과 치열함을 보았다.

감히 이 책을 번역해 보겠다는 결심을 하게 된 것도 내가 경험했던 이런 느낌을 독자들과 공유하고자 하는 생각에서였다. 이 번역서가 엘리자베스 앤더슨이라는 주목할 만한 철학자와 그 저작들에 대하여 도덕철학이나 경제철학 전공자들, 또 가깝게는 법철학자들이 깊은 관심을 가지고 더욱 심층적인 분석을 하는 계기가 되기를 기대해 본다.

이 책의 번역과 관련하여 꼭 언급해야 할 두 사람이 있다. 내가 이 책을 읽기 시작한 것은 2020년 겨울이었고, 이때는 근 2년째 외부와 단절된 채 집에서, 당시 건강이 매우 좋지 않았던 아내를 돌보는 일에만 집중하던 때였다. 다행히 그해 가을부터 아내의 건강이 조금씩 좋

[14] 카를 마르크스 지음, 강신준 옮김, 『자본: 경제학 비판 I-1』(도서출판 길, 2008), 특히 제3편 제8장 참고.

[15] 프리드리히 엥겔스 지음, 이재만 옮김, 『영국 노동계급의 상황』(라티오, 2014).

아지기 시작했고, 그나마 밤에 아내가 잠자리에 든 후에는 책을 볼 마음의 여유가 생긴 터였다. 그렇게 책을 읽다가 번역을 시작하여 이 책의 초역을 마친 것이 2021년 봄이었다. 아내는 힘든 상황 속에서 어렵게 한 번역이니 꼭 출판하라고 나를 격려해 주었고 이제 우여곡절 끝에 출간하게 된 이 책을 받을 첫 번째 사람은 다른 누구도 아닌 내 아내다. 무엇보다도 수년간에 걸친 역경을 꿋꿋한 의지와 감사의 마음으로 잘 극복해 준 아내에게 고마움과 찬사를 보내고 싶다. 그래서 나의 영원한 스승이자 친구, 동지이자 반려자인 임영순에게 내 사랑과 진심을 담은 선물로 이 책을 드린다.

사실 초역을 마쳤을 때 나는 과연 이것이 번역 출판할 가치가 있는지 확신할 수 없었다. 내 전공 분야도 아니었을뿐더러 거칠게 말하자면 이 책은 공개 강연과 토론을 엮어 놓은 것일 뿐, 노동 분야의 여러 쟁점에 관한 정치한 이론을 담은 연구서도 아니었기 때문이다. 그래서 나는 진보적이면서 근본적인 관점을 가지고 노동과 관련된 연구 및 실천 활동에 진력해 온 동료 연구자에게 평가를 부탁했다. 그는 '사회에서 시민인 노동자는 기업 내에서도 시민이어야 한다'는 1980년대 프랑스 노동개혁의 기본 취지를 이야기하면서, 대부분의 노동법 연구자가 법해석과 정책에 주로 집중하는, 군대로 치면 보병형 공부를 하다 보니 이 책과 같은 내용의 글들을 만나기가 쉽지 않으므로 번역을 잘 마무리해서 꼭 출간했으면 좋겠다는 격려를 보내 주었다. 그의 진지한 평가와 격려가 있었기에 이 책이 나올 수 있었다. 그러나 출간 소식을 누구보다 기뻐했을 그는 슬프게도 1년여 전에 세상을 떠났다. 지금은 우리 곁에 없는 고(故) 조임영 교수에게 감사의 마음과 함께 이 책을 드리면서 다시 한번 고인의 명복을 빈다.

마지막으로 어려운 여건에서도 이 번역서의 출간을 맡아 준 서울대학교출판문화원에도 감사의 말씀을 드린다.

2025년 1월

김종서

차례

일러두기

1. 원저는 Elizabeth Anderson, *Private Government: How Employers Rule Our Lives (and Why We Don't Talk about It)* (Princeton University Press, 2017)이다.
2. 국문 책제목은 『 』로, 국문 논문제목은 「 」로, 영문 책제목은 이탤릭체로, 영문 논문제목은 " "로 표시했다.
3. 원문의 이탤릭체에 의한 강조 부분은 굵은 활자로 표시했다.
4. 미주는 모두 원주이며, 각주는 모두 옮긴이주이다.
5. 색인은 원문에 수록된 것에 옮긴이가 일부 항목을 추가하였다.

서론

스티븐 마케도

이 책의 중심을 이루는 두 강연은 사기업과 노동자의 자유 및 존엄 사이의 관계에 대해 근본적으로 다시 생각할 것을 요구한다. 이들 강연은 자유시장 진보주의(free market progressivism)[1]의 수 세기에 걸친 쇠퇴를 개괄적이지만 생생한 붓질로 묘사한다. 이에 따르면 17세기 중엽의 영국 내전 시기를 시작으로 200년 후 에이브러햄 링컨 때까지는 자유시장에 신분과 지위의 평등을 신장시킬 능력이 있다고 보는 낙관주의를 믿을 근거가 충분했다. 그 낙관주의는 산업혁명과 함께—그리고 후술될 원인들 때문에—사업장에서 불평등과 지배가 강해지면서 비관주의에 자리를 내주었다. 자영의 기회가 급격히 감소함에 따라, 사용자의 자의적이고 책임을 수반하지 않는 권위에 대항할 노동자의 대안은 더 줄어들었다. 그 권위의 폭은 극단적으로 넓어서, 노동자는 사업장에서 멀리 떨어진 곳에서 한 발언과 행위를 이유로 해고될

[1] 자유시장은 보수주의(conservatism)와 결합하는 것이 일반적이지만, 마케도는 첫 번째 강연에서 시장을 좌파적이라고 지칭한 앤더슨에 호응하여 자유시장을 진보주의와 결합시키고 있다.

위험에 노출되었다. 오늘날의 학자, 지식인 및 정치가 사이에서 찾아볼 수 있는 자유시장에 대한 생각은 대부분 사적 부문 노동자의 상황을 근본적으로 오해하고 있고, 사적 부문 노동자가 종속되어 있는 자의적이고 책임을 수반하지 않는 권력이 어느 정도인지에 눈감고 있다.

바로 이런 일이 어떻게 일어났는지가, 2014년 초 프린스턴대학에서 열린 엘리자베스 앤더슨의 중요하면서도 시의적절한 '인간 가치에 관한 태너 강좌'의 주제다. 앤더슨은 세계에서 가장 중요한 정치철학자 중의 한 사람으로, 널리 영향력을 떨치고 있는 『윤리학과 경제학에서 가치(*Value in Ethics and Economics*)』(1993)와 『통합의 명령(*The Imperative of Integration*)』(2010)의 저자다. 수많은 논문 중에서도 선구적인 「평등의 핵심은 무엇인가?」(1999)[2]는 오로지 물질적 분배상의 불평등에만 주목하던 사회철학자들의 관심을 사회관계에서의 불평등으로 전환시켰다. 권위(authority), 존경(esteem) 및 지위(standing)의 사회적 평등에 대한 앤더슨 교수의 오랜 관심이 바로 이 책의 핵심을 이룬다.

두 개의 강연 내용에 이어서 역사, 문학, 정치 이론, 경제학 및 철학에 대한 전문성을 바탕으로 저명한 학자들이 처음에는 토론의 형태로 내놓고, 이후 출판을 위해서 수정한 4편의 날카로운 논평이 실려 있다. 이 책은 비판자들의 문제 제기에 대한 앤더슨 교수의 답변으로 마무리된다.

이하에서는 이들 기고 각각에 대한 간략한 개요를 제공하겠다.

[2] Elizabeth Anderson, "What Is the Point of Equality?", *Ethics* 109, No. 2 (University of Chicago Press, 1999), 287-337.

첫 번째 강연에서 엘리자베스 앤더슨은 자유시장의 정치적·경제적 이론이 오늘날에는 자유지상주의자들[3] 및 정치적 우익을 연상시키지만 본래 17세기 영국의 수평파(Levellers)[4]부터 미국의 남북전쟁까지, 평등주의적이고 진보적인 의제로서 창안되었으며, "시장사

[3] libertarianism이 국내에서는 '자유지상주의'로 번역되고 있지만 주장하는 내용의 요체를 살펴보면 '절대적 재산권론'이라고 번역하는 게 옳다는 비판도 있다. 김도균, 『한국사회에서 정의란 무엇인가』(아카넷, 2021), 295쪽의 주 4.

[4] 수평파의 성립과 활동 및 이념을 간단히 정리해 보면 다음과 같다. 청교도혁명의 와중에 대체로 인민주의적 경향을 드러낸 집단이었던 수평파는 종교적으로는 독립교회파에 속했다. 처음에는 시민혁명의 지도자 크롬웰에게 혁명의 완수를 기대했던 수평파는 곧 진정한 의미의 혁명을 실천하기 위해 하급병사를 중심으로 평의회를 구성하고 1647년부터 1650년까지 정당과 같은 뚜렷한 조직체를 가지고 움직였으나 정치적인 목적을 달성하는 데에는 실패했다. 그들이 생각하는 세계는 모든 사람이 각기 제 땅을 소유하고 모든 직인이 제 생산수단을 가지고 모든 상인이 자립하는 세상이었다. 그들은 자연권과 개인의 권리를 바탕으로 하는 인민주권을 강조하여 여러 정치적 개혁안을 제시했고 세 차례에 걸쳐 인민협정(Agreement of the People)을 발표했다. 그들은 온갖 사회·경제적 불평등을 타파하려 했다기보다는 귀족과 상층 부르주아의 정치적 특권과 독점을 반대하고, 소자산계급의 법 앞에 평등과 정치적 평등을 옹호했다고 볼 수 있다. 그들은 철학적으로는 사회주의자라기보다는 개인주의자였고, 목표 면에서는 경제적이기보다는 정치적이었으며, 급진민주주의자들로 이해된다. 이처럼 주로 정치적인 것에 목표를 두었던 수평파와 달리 뒤에 출현한 디거스(the Diggers)는 빈민 대중의 경제적 이해관계를 대변했다. 이들의 입장은 공상적 사회주의의 시초로 이해되며, 경제적 불평등을 근본적으로 시정하지 않는 한 정치개혁은 허구적이라고 이해함으로써 수평파의 입장과 차별화하여 스스로 '진정한 수평파(True Levellers)'라고 불렀다. 이상영·이재승, 『법사상사』(한국방송통신대학교출판부, 2005), 129-131쪽. 그 밖에 수평파(운동)에 관한 국내 문헌으로는 이승영, 『17세기 영국의 수평파운동』(민연, 2001); 임희완, 『영국혁명의 수평파운동』(민음사, 1988) 참고. 특히 이승영의 저작에는 3차에 걸쳐 채택된 인민협정 전문이 수록되어 있고(133-143, 370-373, 374-384쪽), 임희완은 존 릴번, 윌리엄 월윈, 토머스 프린스 및 리처드 오버턴 등 수평파 지도자들의 사상과 활동을 정리하고 있다(89-100쪽). 그런가 하면 17세기 영국 청교도혁명 당시 공화파 군인 내부에서 사적 소유권의 우선성을 주장한 독립파와 인민주권론의 우선성을 주장한 수평파 사이에 벌어진 논쟁에서, 사적 소유제와 인민주권론의 원리상 충돌의 기원을 찾는 이도 있다. 최형익, 「민주공화정의 정치이론: 인민주권론을 중심으로」, 『민주사회와 정책연구』 제25호(한신대학교 민주사회정책연구원, 2014), 142-170쪽, 특히 149-150쪽 참고.

회(market society)"는 종종 "평등한 사람들의 자유로운 사회"로 이해되었다고 주장한다. 앤더슨은 특히 수평파, 존 로크, 애덤 스미스 및 토머스 페인에 초점을 맞추어 근대 초기 자유시장 평등주의의 가장 중요한 부분들을 능수능란하게 그려낸다. 경제적 자유와 자유시장은 경제, 정치, 종교, 사회 및 가족 내 사회적 위계에 반대되는 것이었다. 저자는 이 점을 다음과 같이 정확히 요약한다.

> 경제적 독점에 대한 반대는 길드뿐만 아니라 교회 및 인쇄의 독점, 부자에 의한 투표의 독점, 그리고 남성에 의한 가족권력의 독점 등 사회생활의 모든 영역에서 독점을 폐지하고자 하는, 더 넓은 의제의 일부였다. 독점을 폐지하라, 그러면 훨씬 더 많은 사람이 인격적 독립을 획득하고 주인 없는 남녀가 될 수 있을 것이다.

19세기에 와서야 자유시장 이론은 그 초기의 평등주의적인 정박지에서 멀어지게 되었다. 페인의 뒤를 이어 자유시장 사상가들은 점점 더 국가가 특별한 이익의 이름으로 권력을 남용한다고 여기게 되었다. 또 다른 원인은 산업혁명이었다.

17세기 및 18세기에 수평파 존 릴번과 위대한 정치경제학자 애덤 스미스 같은 사상가들은 자유시장에서 활동하는 자유인이 독립적 장인, 상인 또는 소규모 제조기업 참여자일 것으로 가정했다. 스미스가 분업의 예로 들었던 "핀 공장"에는 10명이 고용되어 있었다. 토머스 페인과 미국의 건국자들은 정치적 자유뿐 아니라 경제적 자유도 지지했는데, 이들은 인구의 대다수를 자영업자로 가정했다. 18세기 후반 및 19세기 초 미국에서 "만성적인 노동력 부족" 때문에 "자유시장에서 임금이 높았고", 백인 남성의 "거의 모두에게 자영업은 당장이라도 택할 수 있는 선택지였다." 따라서 경제적 자유, 자유시장과 독립을 동일시하는 것은 합리적이라고 생각되었다.

더욱이 옛날의 자유시장 평등주의자들은 정책 제안에 있어서 교조적인 자유지상주의자들과는 거리가 멀었다. 스미스와 페인을 비롯해 많은 사람이 공교육을 옹호했고, 페인은 보편적인 사회적 지분급여(stakeholder grants)[5] 체계뿐만 아니라 "가구원이 노동을 할 수 없는 가족을 위해 노령연금, 유족수당 및 장애급여를 포함하는 보편적인 사회보험 체계를 제안했다."

17세기부터 19세기 중엽까지의 자유시장 평등주의를 요약하면서 앤더슨은 이렇게 말한다.

> 스미스의 가장 큰 희망, 즉 수평파에서 차티스트까지, 페인에서 링컨까지 급진 노동활동가들에 의해 공유되었던 희망은 시장을 최대한 자유롭게 하면 미주알고주알 개입하는 사장으로부터 독립하여 자신의 생산활동을 규율하는 데 자질과 판단력을 발휘할 자영업자 계급이 극적으로 확대되리라는 것이었다.

산업혁명은 자유시장 평등주의자들이 의존하고 있던 가정들을 극

[5] 성인이 된 시점에서 모든 시민들이 유의미한 부를 소유할 수 있도록 충분히 큰 일시금을 일회 지급하는 것을 뜻하는 용어로, 액커만과 알스톳이 주창한 것으로 알려져 있다. 브루스 액커만·앤 알스톳·필리페 반 빠레이스 지음, 너른복지연구모임 옮김, 『분배의 재구성』(나눔의집, 2010) 참고.

적으로 바꾸어 놓았다. "규모의 경제는 소경영자의 경제를 압도했"고, "자영업의 기회는 극적으로 위축되었다." 또 산업혁명은 "제조업에서 사용자와 종업원 사이의 간극을 극적으로 넓혔"고, 거기에 더하여 "회사[6] 내의 서열은 그 단계가 크게 증가했다."

산업혁명이 대부분의 노동자에게 가져온 급진적 변화들, 그리고 그에 따른 자유시장 이론과 현실 사이의 불일치는 "오늘날까지 우리의 정치적 담론을 병들게 하고 있는 자유지상주의와 권위주의 사이의 공생관계"를 야기했다고 앤더슨은 말한다.

두 번째 강연에서 앤더슨은 중심적이면서도 가장 흥미를 끄는 주장을 펼친다. 근대적 산업 기업은 자의적이고 책임을 수반하지 않는 "사적 정부" 및 "독재"의 체계에 이르고 있다는 것이다.

> 미국의 노동자는 대부분 그들의 노동생활에서 공산주의적 독재에 의해 지배되고 있다. 대개 그런 독재는 노동자의 근무 외 생활—그들의 정치 활동, 발언, 성적 파트너의 선택, 기분전환용 약물 사용, 음주, 흡연 및 운동—까지도 규율할 법적 권한을 가지고 있다. (…) 대부분의 사용자는 근무 외 생활을 규율하는 이러한 권한을 불규칙하게, 자의적으로, 그리고 예고 없이 행사한다. (…) 근무시간 외 발언에 대해 사용자의 간섭으로부터 부분적으로나마 보호받는 것은 전체 미국 노동자의 약 절반밖에 되지 않는다.

[6] firm, company, corporation 등은 특별히 구분하지 않고 문맥에 따라 '기업' 또는 '회사'로 번역했다.

사람들이 삶의 일부분에서 자신들에게 시시콜콜 명령하고 명령 불이행에 대해 제재를 부과할 수 있는 권위들에 종속될 때 사적 정부는 존재한다고 앤더슨은 주장한다. 더욱이 사업장에서 통치하는 권위들은 노동자에 대해 자의적이고 책임을 수반하지 않는 권력을 보유한다. 자유지상주의자들과 자유시장 경제학자 및 정치가들은 노동자 대부분이 큰 회사에 고용됨과 동시에 그들의 노동생활 너머로까지 확장되는 자의적인 권력에 종속된다는 현실을 무시한 채, "자유"를 사기업과 동일시하는 잘못을 범하고 있다. 앤더슨은 대부분의 미국인 그리고 기타 많은 사람이 자유와 그 반대항—지배와 독재—의 본성을 근본적으로 잘못 이해하고 있다고 주장한다. 사유재산의 보장이 강력한 국가에 달려 있듯, 자유의 여러 형태 역시 강력한 국가에 의존한다.

회사에 관한 현재의 이론들은 왜 대규모 기업들이 존재하고 왜 권위의 위계에 따라 조직되는지를 설명하는 데 도움을 준다. 앤더슨이 "효율적인 고용계약은 (…) 필연적으로 불완전하다"고 말한 것처럼, 사용자가 노동자의 활동을 조정하려면 재량권이 필요하다. 그러나 이들 이론은 사용자의 권위가 노동자의 삶에 얼마나 광범위하게 작용하는지 설명하지 않는다. "임의고용이라는 기준하에서 고용관계가 지속되는 동안에 노동자는 법률에 의해 구체적으로 보장된 권리를 제외하고는 사실상 그들의 **모든** 권리를 사용자에게 양도한다." 그 결과, "단체교섭이나 그 밖의 몇몇 맥락을 제외하고는 (…) 노동자에 대한 사용자의 권위는 전면적이고 자의적이며 책임을 수반하지 않는다. 즉 예고, 절차 또는 이의제기의 적용을 받지 않는다." 사업장 지배 구조는 법에 의해 승인된 "사적 정부의 한 형태"다.

물론 노동자는 고용조건에 동의할 수 없다면 일을 그만둘 수 있다. 그러나 많은 노동자에게 퇴장(exit) 비용은 극도로 높다. 앤더슨에 따르면, 퇴사의 자유를 이유로 노동자에 대한 사용자의 권위를 부인하는 것은 "이탈리아 사람들이 외국으로 이주할 수 있었기 때문에 무솔리니는 독재자가 아니었다고 말하는 것이나 마찬가지다." 자유지상주의에 경도된 사상가들과 정치인들은 산업혁명 이전, 즉 대부분의 노동자가 자영업과 경제적 독립을 이루는 것이 가능했던 시기에만 유효했던 가정들을 암묵적으로 이어 가고 있기 때문에 고용의 현실적 성격에는 눈감고 있다고 앤더슨은 말한다.

오늘날의 자유시장 사상에 대한 고발을 마무리하면서 앤더슨은 경제에서 사적 정부들은 실제 국가가 직접적으로 행사하는 억압적인 권력의 많은 부분을 결여하고 있으며, 노동자의 삶, 특히 고소득 숙련 노동자의 삶에 대해서는 그 권력을 크게 행사하기를 삼가는 경우가 흔하다는 점을 인정한다. 그럼에도 불구하고 "사업장 정부의 구조가 자의적이면서 동시에 독재적"이라는 사실, 그리고 그것이 "효율이나 계약의 자유에 의해서가 아니라 오히려 국가에 의해 지시"된다는 사실에는 변함이 없다.

앤더슨은 자의적인 취급에 맞서 노동자 보호를 증대시키기 위한 여러 가지 방법을 제시하는 것으로 논의를 마무리한다. 여기에는 퇴사권의 신장, 노동자 권리장전의 확립, 그리고 노동조합과 단체교섭에 대한 법적 지원 개선을 통한 "발언권(voice)"의 확대 등이 포함된다. 우리의 공적 담론이 사업장에서 자의적인 사적 정부에 노동자가 종속되어 있는 현실을 인정하고 그것을 바로잡기 위한 방법을 모색해야 한다는 것이 가장 중요하다.

4명의 논평자 중 첫 번째인 앤 휴스는 근대 초기 영국과 영국 내전에 대한 대표적인 역사학자이자 영국 킬(Keele)대학교의 근대 초기 역사학 교수로, "역사적 자료를 상상력의 저장고로, 그리고 현재를 위한 유산[7]으로서 효율적으로 사용하는 모범적인 시연"이라는 말로 앤더슨의 작업에 갈채를 보낸다. 휴스는 영국과 기타 국가에서 진보주의자들이 최근에 수평파를 소환한 것에 주목하면서도 17세기 영국에 대한 "더 어둡고" 더 복잡한 견해를 개진한다. 하나의 예로, 싹트는 시장질서의 효과는 다양했으며 결코 한결같이 긍정적이지는 않았다는 것, 즉 불평등과 사회 양극화는 증대했고, 인구의 상당수가 가끔 또는 자주 공공부조에 의존했다는 것을 그는 강조한다.

그 밖에도 휴스는 수평파가 거지는 물론 하인과 도제 그리고 여성을 비롯해 여러 경우를 참정권에서 배제하는 등, 우리 기준에서 보는 급진적 평등주의와는 거리가 있음을 강조한다. 이에 더해 자유시장적 발상은 수평파의 기초였던 것이 아니라 오히려 "사회생활의 다른 요소들로부터 비롯"되었고, 또한 "시장관계의 경제적·사회적 함의들은 오래전—산업혁명이 시작되기 훨씬 전—부터 애덤 스미스나 앤더슨 교수의 생각만큼 자비롭지는 않았다"고 넌지시 말한다.

시장관계 그 자체는 복잡하고 신뢰와 신용이라는 사회적 현상들에 의존하는 것이었으며, 시장원칙들은 몇몇 관습적 권리에 대한 존

[7] 스티븐 마케도는 "현재까지 이어지는 유산(a legacy to the present)"으로 적었으나 이는 오기로 보이며, 앤 휴스의 논평에는 "현재를 위한 유산(a legacy for the present)"으로 되어 있다.

중뿐만 아니라 "집단적이고 공동체주의적인 적극주의(collective and communal activism)의 감각"에 의해 완화되었다. 마지막으로, 수평파는 "남성이 주도하고 여성은 존중되긴 하나 종속적인 참가자로 존재하는 가구가 사회를 구성한다는 관념"에 계속 의존했기 때문에, 근대 초기의 평등주의에 관한 주장을 더욱 복잡하게 만들었다고 휴스는 강조한다.

두 번째 논평자로, 예일대학 영문학과의 스털링 프로페서(Sterling professor)[8]이면서 정치학, 정치 이론과 역사에 관해 활발한 저술 활동을 한 데이비드 브롬위치는 어떻게 17세기의 경제적 자유와 시장사회에 관한 낙관주의가 앤더슨 교수가 묘사하는 비관주의에 자리를 내주었는지 묻는다. 그는 "정치 이론이 사업장 문 앞에서 멈추어서는 안 된다"는 점에서 앤더슨에 동의하지만, 애덤 스미스 등이 발전시킨 시장자유의 사상이 정치적 자유와 민주적 평등을 위한 충분한 토대를 제공한 적이 있는지에 대해서는 의구심을 표한다. 브롬위치에 따르면 스미스는 "자기이익(self-interest)"이 사회적 및 정치적 행위자들의 "의지와는 거의 독립적으로 (…) 장기적인 사회 이익"을 위해 작동할 것으로 생각했다. 그는 "속속들이 급진민주주의자였던 (…) 토머스 페인은 다른 역사적 맥락에 속할 수도 있다"라는 언급을 통해 페인이 시장을 신뢰한 것은 사실이나 그의 비전은 "본질적으로 정치적이었고 경제적 비전은 부차적인 것일 뿐이었"다고 시사한다.

스미스와 마찬가지로 브롬위치 또한 시장의 확장은 가장 가난한

[8] 예일대학에서 각 분야의 최고권위자로 여겨지는 교수에게 부여하는 직위.

사람을 포함하여 모든 사람의 물질적 복지의 수준을 끌어올린다는 점을 인정한다. 심지어 스미스가 자랑했듯이 상업사회에 사는 "근면하고 절약하는 농민"이라면, 1만 명의 벌거벗은 야만인의 목숨과 자유의 절대적 주인인 아프리카 왕의 것을 크게 넘어서는 "생활시설"을 누릴 수 있다는 점이 밝혀질지도 모른다. 그러나 "아프리카의 왕은 **권력**을 가지고 있고 그 권력 덕분에 불행을 두려워하지 않지만, 이런 사정은 유럽의 농민에게 해당되지 않는다"라고 브롬위치는 말한다. 그는 앤더슨이 "정치권력과 시장평등의 차이"를 과소평가하고 있다고 우려한다.

브롬위치의 논평은 노동 자체를 포함하여 모든 것이 상품이 되는 그런 종류의 세계에 우려를 제기하는 것으로 끝난다. 올리버 골드스미스(Oliver Goldsmith)를 인용하면서 그는 시장 혼란(dislocation)이 전통적 사회에 초래할 인적 비용에 관하여 우려한다. "거래는 삶을 뿌리째 뽑아 버리고 아주 오래된 직업들을 쓸모없는 것으로 만들어 버린다." 그로부터 170년 후에 등장한 칼 폴라니(Karl Polanyi)를 인용하면서 브롬위치는 그 어느 때보다 인간과 자연의 상품화가 더 완전해질 것을 걱정한다. 그는 "우리 자신의 시장사회를 합리화하지만 정당화하지는 못하는 근대 초기의 평등 및 자유의 이론들에 관하여 다시 한번 철저하게 생각해 보도록" 자극해 준 것에 대해서 앤더슨에게 감사를 표하면서 끝맺는다.

세 번째 논평자인 철학자 니코 콜로드니는 앤더슨 교수가 사업장의 불평등한 **사회관계**—"회사 내에서 사용자와 종업원 간에 존재하는 '정부'의 준정치적인 관계들"—에 초점을 맞추고 있는 점에 공감을 표한다. 그러나 그는 이러한 권력관계에 있어 정확히 무엇이 "우리를 불안하게 하는지" 그리고 "원칙적으로나마, 어떤 대안적인 사회적 장치들이 우리를 안심시킬 수 있을지" 묻는다.

콜로드니에 따르면, 문제의 일부는 영리기업들이 종종 경영상의 재량을 요구하지만 그 결과로 나타나는 노동자에 대한 권력은 경제적인 근거가 없는 부당한 목적으로 사용될 수 있다는 점이다. 그리고 이에 더하여, 정당한 목적을 위해서 행사될 때조차 우리는 여전히 사장의 재량에 의해 지배되는 것을 불쾌해할 수 있다고 말한다. 그러나 왜 그런가? 개인적 규칙은 항상 일반 법률의 규칙보다 더 나쁘기 때문인가? 콜로드니는 그것이 문제의 핵심인지 의문을 제기한다. 시장은 예측할 수 없고 융통성을 요구하는 반면에 법률은 인간에 의해 만들어지고 집행된다. 그가 제시하는 바에 따르면, 사업장과 정치적 지배 사이의 기본적 차이는, 민주주의 국가에서 통치는 평등한 인간인 시민에 대하여 책임을 지는 대표가 떠맡는다는 것, 즉 누구도 타인에게 종속되지 않는다는 것이다. 민주적 시민은 통치를 받는 점, 그리고 통치자에게 책임을 물을 동등한 기회를 갖는 점에서 서로 대칭적인 위치에 있다. 반면에 사업장에서는 사장이 자기 권력을 남용할 수 있고, 그렇지 않을 때조차도 노동자에 대하여 책임을 수반하지 않는 권력을 휘두르기 때문에 노동자는 필연적으로 그 권력에 종속된다.

그러나 콜로드니는 글을 맺으면서, 사업장에서의 종속은 얼마나 우려스러운 것인가? 그것은 정치적 종속과 등가적인가? 하는 질문을 던지고는, 세 가지 근거를 들면서 그렇지 않다고 시사한다. 첫째, 일반적으로 사업장을 떠나는 것은 나라를 떠나는 것보다 더 쉽고, 퇴장 비용은 더 낮기 때문이다. 둘째, 우리 나라의 시민권을 획득하는 것과 비교해 보면 우리는 어디에서 일할 것인가에 관해서는 더 큰 수준의 동의권을 향유하기 때문이다. 그리고 마지막으로 사업장 지배 구조는 궁극적으로 정치적 지배에 종속되고, 따라서 "[민주적] 평등의 관점에서 통제되기" 때문이다. 그러므로 결국 "종업원으로서 우리의 권리가 시민으로서 우리의 권리와 같지 않다"라는 점 때문에 우리가 얼마나 고민해야 하는가? 콜로드니는 이에 대해 선불리 답변을 내놓는 대신에 이들 질문의 중요성을 강조하고 있다.

마지막으로 경제학자이자 인기 있는 논평가인 타일러 코웬은 오늘날의 사업장에서 노동자 지배의 정도에 관한 앤더슨의 주장에 대하여 폭넓은 비판을 개진한다. 그는 사적 영리기업을 "우리 가운데 있는 공산주의적 독재"로 묘사한 것의 정확성을 이론적 근거와 경험적 근거 양자 모두에서 부정한다. 그는 노동자의 퇴장 비용이 앤더슨의 생각만큼 높은지, 나아가 개별 기업들이 그들이 채용하는 노동자에 대해 강력한 "수요독점(monopsony)" 권력을 향유하는지에 대해 의문을 제기한다. 오히려 그는 매우 많은 노동자가 그들의 특정한 사업장—동료와 다양한 특전들—에 결합되어 있기 때문에 더 큰 문제는 노동자의 부자유가 아니라 임금 하락이 아닐까 의심한다. 노동자에 대한 수요독점 권력을 가진 회사조차도 노동자의 "양질의 일자리에 대한 선호(job quality preferences)"에 부응하는 경우가 많은 것 같다. 특히 대기업은 노동자에게 보수를 더 많이 지급하고, 일반적으로 노동자의 존엄과 다양성을 보호한다. 이는 부분적으로는 기업의 평판을 지키기 위해서지만, 유능한 노동자를 끌어들이고 붙잡아 두기 위해서이기도 하다.

나아가 코웬은 기업이 "사업장 바깥"에서의 활동을 감시하는 것은 예컨대 인종주의적이거나 성차별주의적인 페이스북 게시물로부터 "**다른 노동자의 자유**"와 존엄성을 보호하기 위한 것일 때가 많다고 언급한다. 실제로 그는 사장에게 해고에 대한 재량권을 부여함으로써 동료 직원과 고객이 상당한 이득을 얻는다고 주장하고, 권력 남용이 존재한다는 것은 의심의 여지가 없지만 그러한 남용이 만연해 있는지에 대해서는 의문을 표한다.

마지막으로 코웬은 모든 지배 구조 장치에는 장단점이 있음을 강조하고, 앤더슨이 현재의 모델에 대한 대안을 제안하면서 이런 점들을 충분히 고려하지 않았다고 우려한다. 더 넓게 보자면, 그는 앤더슨이 사업장에서의 경영권 남용을 과장하고 오늘날의 자본주의 사업장이 "노동자 존엄성, (…) 자유, (…) 기쁨과 성취의 **원천**"이 되는 정도를 무시한다고 생각한다.

앤더슨은 다방면에 걸친 답변에서 자신의 논제를 좀 더 명확히 하면서 비판자들에게 단호히 응수한다.

휴스와 브롬위치에 대한 응답으로 앤더슨은 시장사회가 산업혁명 이전에도 일부 노동자에게 해를 끼쳤다는 점을 인정한다. 그녀의 주된 관심은 수평파로부터 링컨에 이르기까지 발전된, 진화하는 "자유시장 이데올로기"이다. 앤더슨은 애덤 스미스 등 초기의 자유시장 사상가들이 오늘날과 같은 상업사회를 정당화하려 애썼다고 할 수는 없다고 본다. 그러면서 "**적절한 개혁이 동반될 때** 시장사회가 노동자를 어떻게 해방할 수 있는지에 관해 초기 평등주의자들이 추진했던 **모델**이 산업혁명으로 인해 심각하게 훼손되었다"고 주장한다. 그리고 그녀는 "예상할 수 없었던 변화에 의해 파괴된 이상에 희망을 걸었던 초기 사상가들보다는, 그 이상이 현재뿐 아니라 미래에도 실현될 전망이 조금도 없는 세계에서 이를 퍼뜨린 지금의 전파자들이 더 비난받아 마땅하다"고 주장한다.

콜로드니에게 답변하면서 앤더슨은 사업장에서 위계 조직이 필수불가결하다는 점을 인정하지만, 위계가 사용자가 지닌 자의적이고 책임을 수반하지 않는 권위를 정당화하지는 않는다고 주장한다. 인생의 중요한 측면에서 자율성을 행사하는 것은 "기본적인 인간적 요구"라고 앤더슨은 말한다. 그에 따르면 "완전한 사업장 민주주의"가 실현 불가능하다고 해도 노동자는 그들의 사업장이 조직되는 방식에 대해 더 큰 발언권을 가져야 한다.

코웬에 대해서 앤더슨은 "대안적인 사업장 구조의 비용과 편익"은 물론 평가되어야 한다고 인정하지만, 노동자의 자유에 대한 침해는 코웬이 인정하는 것보다 훨씬 더 만연해 있다고 주장한다. 특히 사업장 위계질서의 맨 아래에 있는 덜 숙련된 노동자 사이에서는 권리침해가 횡행하고 있으며, "노동에 관한 학술적 연구는 주변화되어 있고 자금지원도 충분치 않음"에도 불구하고, 임금절도(wage theft),[9] 예측할 수 없는 작업 스케줄, 그리고 성적 괴롭힘까지 확인되고 있다. 근본적인 문제는 노동자가 "**얻는 존중, 지위 및 자율성의 정도는 그들의 시장가치**

[9] 노동자 생계를 위협하는 중대한 범죄라는 의미에서 이 책에서는 '임금체불'과 달리 '임금절도'라는 말을 사용한다. 이와 관련해서는 193쪽의 역자주 [5]를 참고하라.

에 대체로 비례한다"라는 점이라고 앤더슨은 주장한다. 노동자의 퇴사권은 그들의 기본적인 "존엄성과 자율성"을 보장하기에 충분하지 않으며 이에 더해 "발언권", 즉 "사업장의 결정에 대한 일정한 자율성"을 필요로 한다고 코웬에 반박하는 것으로 답변은 끝이 난다.

이 인상적인 책, 그리고 이 안에 담긴 통찰과 논쟁들은 사업장에서 권력과 정의라는, 거의 모든 사람의 삶에 중요하지만 너무나 드물게만 검토되어 왔던 문제들에 새로운 빛을 던지고 있다.

저자 서문

오늘날 사용자가 노동자를 어떻게 통제하는지에 관하여 다음의 사실을 고려해 보라. 월마트는 종업원[1]이 근무 중 통상적인 대화를 나누는 것을 "시간절도(time theft)"라고 부르면서[1] 금지하고 있다. 애플은 매장 노동자의 개인 소지품을 검사하는데, 노동자는 검사를 받기 위해 대기하느라 매일 최대 30분의 시간을 보수도 받지 못하고 잃어버린다.[2] 타이슨은 가금류 관련 노동자의 화장실 사용을 금지한다. 어떤 사람은 어쩔 수 없이 자신의 옷에 소변을 보지만, 그 때문에 감독자의 조롱을 받는다.[3] 미국 노동자의 약 절반이 사용자에 의해 이유 없이 약물 검사를 받았고,[4] 수백만 명이 사용자에게서 특정한 정치적 주장

[1] 원서에서 employer와 employee라는 말이 자주 사용된다. 전자는 '고용주, 사용자' 등으로, 후자는 '종업원, 피용자, 노동자'로 번역될 수 있으나, 여기서는 전자를 '사용자'로, 후자는 '종업원'으로 옮겼다. 이따금씩 등장하는 '사장'이라는 표현은 boss를 번역한 것이다. 이 책이 자본주의 기업 체제에서 노동자에 대한 사용자의 지배를 주로 문제로 삼고 있다는 점을 고려하면 employee를 '노동자'로 번역할 수도 있으나, 원서의 여러 군데에서 worker라는 표현도 자주 사용되고 있어, 구분을 위해 worker를 '노동자'로, employee를 '종업원'으로 번역했다.

이나 후보자를 지지하라는 압력을 받았다.[5]

미국 정부가 우리에게 그런 규제를 부과한다면 우리는 헌법적 권리가 침해되고 있다고 당연히 항의할 것이다. 그러나 미국 노동자는 그들의 사장에 대해 그런 권리를 갖고 있지 않다. 그러한 제약들에 대한 이야기를 꺼내는 것조차 해고의 사유가 될 수 있다. 그래서 대부분은 입을 다문다.

미국의 공적 담론 또한 사용자가 그들의 노동자에게 부과하는 규제에 관하여 대체로 침묵한다. 우리는 저임금과 불충분한 복리후생에 관하여 이야기하기 위해 공정성과 배분적 정의의 언어를 가지고 있다. 최저임금 15달러라는 쟁점에 대해 어느 편에 서 있건 간에, 우리는 이를 위한 투쟁에 관하여 이야기하는 방법을 안다. 그러나 사장이 노동자의 삶을 지배하는 방식에 관하여 이야기할 좋은 방도는 갖고 있지 못하다.

대신, 우리는 마치 노동자가 그들의 사장에 의해 지배되지 **않는** 것처럼 이야기한다. 우리는 규제받지 않는 시장이 우리를 자유롭게 하고, 우리의 자유에 대한 유일한 위협은 국가라는 이야기를 듣는다. 또한 시장에서는 모든 거래가 자발적이라는 이야기를 듣는다. 노동자는 자유롭게 노동계약을 체결하고 퇴장[해지—옮긴이]하기 때문에 계약상 완전히 자유라는 이야기를 듣는다. 즉 사장은 노동자에 대하여 아무런 권한도 갖지 않으며, 이는 소비자가 식료품상에 대해서 아무런 권한도 갖지 않는 것과 마찬가지라는 것이다.

노동운동가들은 오랫동안 이러한 주장이 잘못되었다고 주장해 왔다. 통상적인 시장에서 매도인은 자신의 상품을 매수인에게 팔 수 있고, 일단 거래가 완료되면 각각은 예전처럼 서로 자유롭게 갈 길을 간다. 그러나 자신의 노동을 사용자에게 판매할 때 노동자는 **그들 자신을** 사장에게 넘겨야 하고 이제 사장이 그들에게 이래라저래라 명령하기 시작한다. 노동계약은 [노동력의 — 옮긴이] 판매자를 예전과 같이 자유롭게 내버려두는 것이 아니라 사장의 권위하에 두게 된다. 그러나 노동운동이 쇠퇴한 이래로 우리는 이러한 사실에 관하여, 그리고 사장이 노동자에 대하여 어떤 종류의 권위를 갖거나 갖지 않아야 하는지에 관하여 이야기할 효과적인 방법을 갖고 있지 못하다.

이 책에 실린 강연은 두 가지 질문에 답하는 것을 목표로 한다. 첫째, 왜 우리는 노동자가 직장에서 자유로운 것처럼 이야기하고, 개인적 자유에 대한 유일한 위협이 국가로부터 온다고 말할까? 둘째, 사용자가 노동자의 삶을 제약하는 방법에 관하여 이야기하고, 이를 통해 노동자의 이익에 더 잘 반응하도록 사업장을 어떻게 설계할 것인가에 관한 토론의 장을 열 수 있는 더 좋은 방법은 무엇일까?

두 강연에서 내가 초점을 두는 것은 **이데올로기**이다. 이데올로기는 사람들이 사회적 세계를 표현하고 그것에 대처하기 위해 사용하는 추상적 모델이다. 이데올로기는 세계를 단순화하므로, 그 특징들 중 많은 부분을 무시한다. 길을 잘 찾을 수 있게 우리를 돕는 이데올로기는 좋은 것이다. 이데올로기가 우리를 돕기 위해서는, 세계의 규범적으로 중요한 특징들과, 사람들을 반응하게 하고 자신들의 목표를 촉진할 효과적인 수단을 발견하게 하는 특징들 사이의 주요한 인과적 연계를 확인해야 한다. 이데올로기는 또한 세계 속에서 우리가 이미 좋거나 나쁘다고 생각하는 것을 강조해 보여 줌으로써, 세계에 대한 우리 자신의 현재적 평가가 방향성을 찾도록 돕는다. 끝으로 이데올로기는 우리의 희망과 꿈을 위한 수단이다. 하나의 모델이 현재 우리 세계의 문제들을 드러낼 수도 있지만, 또한 그런 문제들의 원인을 확인하여 제거하거나 그것에 대해 적절한 대응이 이루어진다면 우리가 더 나은 세계를 성취할 수 있도록 만들기도 한다. 달리 말하자면 이데올로기는 또한 **이상**으로서의 기능도 하며, 우리에게 있는 그대로의 세계에 대한 표상들뿐만 아니라 일정한 행동들이 취해진다면 매력적인 것이 **될 수 있을** 세계에 대한 표상들도 제공해 준다.

나는 지금까지 경멸적이지 않은 의미에서 이데올로기라는 용어가 어떤 것인지를 설명했다. 우리가 이데올로기 없이 산다는 것은 불가능하다. 개인적 경험으로는, 우리는 오로지 세계의 작은 부분과만 접촉한다. 더 포괄적인 평가와 계획을 할 수 있으려면 우리는 즉각적으로 경험되지 않는 세계의 측면들을 나타낼 필요가 있다. 그리고 우리는 직접 경험하는 부분조차도 그 경험들이 무엇을 의미하는지 감지하기 위해 우리의 이데올로기로 걸러낸다. 우리가 중요한 일들에 초점을 맞추려면 단순화하는 과정이 필요하다.

우리의 인지적 한계에 관한 이러한 사실들은 세계에 대한 우리의 모델들이 이데올로기적—부정적인 의미에서—일지 모른다는 위험을 야기한다. 우리의 이데올로기가 우리 세계의 문제적 특징들을 은폐할 때, 또는 그러한 특징들을 잘못 조명하여 긍정적이라는 오해를 불러일으킬 때, 혹은 우리의 이데올로기가 무슨 문제를 갖고 있는지 확인하는 데 필요한 규범적 개념들을 결여하고 있을 때, 또는 더 나은 선택지들, 그것들을 실현할 수단이나 선택지의 장점들을 감출 목적으로 가능성의 영역을 잘못 표현할 때 이런 일이 일어난다. 물론 어떤 모델도 세계의 규범적으로 관련 있는 모든 특징들을 포착할 수는 없다. 어떤 모델이 비교적 작고 임의적이며 예외적인 특징들만을 놓친다면, 우리는 그것을 비난해서는 안 된다. 그러나 식별 가능한 사람들의 이익을 심각하게, 또 불필요한 방식으로 체계적으로 저해하기 위해 이런 특징들이 구조적으로 사회적 세계에 새겨질 때에는, 우리는 그 특징들에 관심을 두고 그것을 변화시킬 수단들을 확인하기 위해 우리의 모델을 수정할 필요가 있다. 지배적 이데올로기가 이미 공적 담론을 지배하는 사람들의 이익을 뒷받침하고 있는 경우에 이러한 작업은 더 어려워진다.

강연 1은 자유시장 이데올로기의 역사를 탐구함으로써 나의 첫 번째 질문—왜 우리는 노동자가 직장에서 자유로운 것처럼 이야기하는가—에 답변한다. 원래 많은 시장 친화적 사상가들이 노동자의 자유라는 이익에 민감했고, 자유시장이 노동자를 사용자나 기타 강력한 조직에 대한 종속에서 해방함으로써 도움이 되리라고 그들이 믿었던 데에는 이유가 있다고 나는 주장한다. 그들은 시장을 전체적으로 자유롭게 하면 대부분의 성인—적어도 남자일 경우—이 자영업자가 되는 세계가 될 것이고, 노동시장은 이런 세계의 대수롭지 않은 특징으로 축소될 것[이런 세계에서는 임금노동이 일반적 현상이 되지는 않는다는 의미 – 옮긴이]이라고 예측했던 한 모델에 희망을 걸었다. 산업혁명은 그런 희망들을 파괴했지만 그 희망들이 의거하고 있던 시장사회라는 이상까지 파괴하지는 못했다. 그 결과 우리는 사용자와 종업원 사이의 관계들—우리 대부분은 그 관계 속에서 일하고 있다—을 빠뜨린 세계 모델을 사용하게 되는 것이다.

강연 2는 고용관계가 무엇인지에 관하여 이해하고 이야기할 방법을 제공함으로써 이러한 누락을 교정한다. 고용관계는 **정부**의 한 형태이며, 그 속에서는 사장이 노동자를 통치한다. 미국에서 대부분의 사업장 정부는 독재이며, 그 속에서 사장은 대체로 통치받는 자에 대한 책임을 수반하지 않는 통치를 한다. 그들은 단순히 노동자를 통치하는(govern) 것이 아니라 **지배한다**(dominate). 이것이 내가 **사적 정부**라고 부르는 것이다. 나는 이 모델을 노동자의 핵심 이익에 영향을 미치는, 우리 세계의 중요하면서도 문제적인 특징들—지배 이데올로기는 이를 빠뜨리고 있다—에 초점을 맞추는 데 도움이 될 하나의 비판적 도구로 제시한다. 그러나 사업장 정부의 더 나은 구성을 위한 청사진을 제공하지는 않을 것이다. 내가 제공하는 것은 사업장에 관하여 이야기하는 방법이며, 그 방법을 통해 우리는 사용자가 노동자에게 행사하는 권력에 노동자의 이익이 어떻게 영향을 받는지, 그리고 노동자의 이익에 더 반응하고 노동자의 존엄성과 자율성을 더 존중하도록 사업장 정부의 대안적 구조가 어떻게 설계될 수 있을지 명확하게 설명할 수 있다.

2015년에 인간 가치에 관한 태너 강좌에서 강연을 할 수 있도록 초청해 준 프린스턴대학과 작업을 지원해 준 태너 강좌 조합에 감사드리고 싶다. 돈 허조그는 내 강연의 초안을 읽고 매우 유용한 조언을 해주었고 이 덕분에 나는 강연에 앞서 강의록을 다듬을 수 있었다. 논평자인 데이비드 브롬위치, 타일러 코웬, 앤 휴스와 니코 콜로드니,

그리고 프린스턴대학출판부의 익명의 두 검토자는 훌륭한 코멘트를 해주었고 그 덕분에 나는 생각을 정교하게 다듬고 더 넓은 독자층을 위해 명료히 정리할 수 있었다. 알렉스 구레비치, 스티븐 마케도, 그리고 나의 편집자 롭 템피오 역시 도움이 되는 제안을 해주었다. 훌륭한 대화상대가 되어 준 이들 모두에게 감사드린다.

1

시장이 "좌파적"이었을 때

시장사회[1]의 두 가지 상

자유시장사회의 이상은 좌파의 대의였다. 내가 "좌파"라고 할 때 의미하는 것은, 17세기 중엽 수평파로부터 시작해서 계몽시대, 미국 혁명 및 프랑스 대혁명 그리고 마르크스주의 이전 18세기 말과 19세기 초의 급진주의자들에 이르는, 평등주의 사상가들과 평등주의적 사회운동 참가자들이다. 미국에서 시장사회와 평등주의의 결합은 남북전쟁 내내 계속되었다.[1] 그 이유에 대해 다시 이해할 필요가 있으며, 이를 통해 우리는 어떤 이상을 그 사회적 맥락 속에서 평가하는 것의 중요성과 함께, 평등과 자유의 이상에 관한 현재의 사고방식이 갖고 있는 문제점들을 더 잘 파악할 수 있다.

[1] 현대적 의미의 시장사회는 시장의 자유 또는 교환가치에 의해 지배되는 사회를 가리키며, 자본주의가 고도로 발달한 단계에서 찾아온다고 한다. 여건종, 「시장사회, 문화적 능력, 미디어 리터러시」, 『비평과 이론』 제10권 1호(한국비평이론학회, 2005), 84쪽 및 101쪽. 그러나 이 책에서 앤더슨이 언급하고 있는 시장사회는 자본주의의 발달 단계와 무관하게 '국가를 포함한 외부의 규제를 받지 않는 시장이 경제활동의 핵심적 기제가 되는 사회' 정도를 의미하는 것으로 이해할 수 있다.

시장사회에 관하여 현재까지 쓰인 것 중 가장 유명한 두 개의 구절을 고려해 보라. 첫 번째는 애덤 스미스의 것으로, 시장사회의 이미지를 평등한 사람들의 자유로운 사회로 그리고 있다.

> 동물이 인간이나 다른 동물로부터 어떤 물건을 얻으려고 한다면, 그 사람 또는 그 동물의 호의를 얻는 방법 외에는 다른 어떤 설득 방법도 없다. 어떤 (…) 스패니얼은 먹을 것을 원할 때 온갖 아양을 떨어 식사 중인 주인의 주의를 끌려고 한다. 사람들도 자기의 동료에게 이와 같은 수법을 때때로 사용한다. 그래서 (…) 비굴하고 아양 떠는 온갖 행동으로 남들의 호의를 얻으려고 애쓴다. 그러나 인간은 거의 언제나 동료들의 원조를 필요로 하기에, 오직 동료의 자비에만 기대려는 것은 헛된 일이다. 자기에게 유리하게 동료들의 자기애를 자극해서, 자기의 요청을 들어주는 것이 그들 자신에게도 이익이 된다는 것을 보여줄 수 있다면 성공할 가능성이 더 커질 것이다. 어떤 종류의 것이든 타인에게 흥정을 제안하는 사람은 누구든지 이렇게 하려는 생각을 갖고 있다. 내가 원하는 것을 나에게 주면 너는 네가 원하는 것을 가지게 될 것이다, 그런 모든 제안의 속뜻이 바로 이렇다. (…) 우리가 식사를 기대할 수 있는 것은 정육업자, 양조업자, 제빵업자의 자비에 의한 것이 아니라 그들 자신의 이익에 대한 관심 때문이다. 우리는 그들의 인간성이 아니라 그들의 자기애에 호소한다. (…) 다른 시민들의 자비에 주로 의존하기를 선택하는 것은 거지뿐이다.[2]

두 번째 구절은 카를 마르크스의 것이다. 그는 시장에 대한 스미스식 이미지를 지배와 종속의 관계로 들어가는 입구 정도로 재구성한다.

> 그 경계 안에서 노동력의 매매가 진행되는 (…) 분야는 사실상 천부인권의 참다운 에덴동산이다. 여기에서 지배적인 것은 오로지 자유, 평등, 소유 그리고 벤담이다. 자유라고 한 이유는, 예컨대 노동력 같은 상품의 구매자와 판매자는 오로지 자기들의 자유의지에 의해서만 제약받기 때문이다. 그들은 자유로운 행위자로서 계약을 체결하고, 그들이 이르게 되는 합의는 그들의 공통된 의지에 법적 표현을 부여하는 형식에 지나지 않는다. 평등이라고 한 이유는, 그들 각자가 단순한 상품 소유자와 하는 것처럼 서로 관계를 맺고 등가물을 맞교환하기 때문이다. 소유라고 한 이유는 각자가 자기의 것만을 마음대로 처분하기 때문이다. 그리고 벤담이라고 한 이유는 각자가 자기 자신에게만 관심을 갖기 때문이다. (…)
>
> "속류 자유무역주의자들"에게 자신들의 견해나 사상을 제공하고, 자본과 임금을 기반으로 하는 사회를 판단하는 기준을 제공하는, 이 단순 상품유통 또는 상품교환 분야를 떠나는 즉시, 우리는 등장인물들의 얼굴이 바뀌는 것을 느낄 수 있다고 생각한다. 이전에 화폐 소유자였던 사람은 자본가로서 앞장서 걸어가고, 노동력의 소유자는 그의 노동자로서 그 뒤를 따라간다. 전자는 으스대면서 능청스러운 웃음을 띠고 사업에 전념한 채 걸어가지만, 후자는 자기 자신의 가죽, 즉 노동력을 시장에 팔아 버려서 이제는 자신이 매질당하는 것 말고는 기대할 것이 아무것도 없는 사람처럼 소심하게 주춤거리며 걸어간다.[3]

이 두 구절은 시장사회에 대한 평등주의적 평가에 있어서 18세기와 19세기 사이에 일어난 극적인 변화를 압축하고 있다. **평등주의적**이라는 말로 나는 사회관계에 대한 하나의 이상을 가리킨다. 평등주의자란, 구성원이 평등한 사람으로서 상호작용하는 하나의 사회를 찬미하고 촉진하는 사람이다. 이 모호한 사상은 평등주의적 비판의 대상인 사회적 위계와의 대비에 의해서 그 형체를 얻게 된다. 권위, 존경 및 지위라는 세 가지 유형 또는 차원의 사회적 위계를 생각해 보라. 권위의 위계 속에서는 높은 서열의 점유자가 부하에게 이래라저래라 명령한다. 그들은 하급자에 대하여 자의적이고 책임을 수반하지 않는 권력을 행사한다. 존경의 위계 속에서는 높은 서열의 점유자가 하위 서열의 점유자를 경멸하고, 절하기, 발을 뒤로 빼기, 그리고 그 밖에 아랫사람이 타인의 우월성을 인정할 때 보이는 자기를 낮추는 의식 같은 숭배의 표시들을 그들로부터 끌어낸다. 지위의 위계 속에서는 서열이 높은 사람의 이익은 다른 사람이 볼 때 **중요한** 반면, 하급자의 이익은 그렇지 않다. 그 결과 다른 사람들은 하급자를 무시하고 극단적인 경우에는 그들을 마음대로 짓밟더라도 처벌받지 않는다. 대개 이 세 가지 위계는 결합되어 있다.

스미스는 시장관계를 평등주의적인 것으로 묘사한다. 교환의 당사자들은 평등한 권위, 존경 및 지위의 조건 위에서 상호작용한다. 그는 시장의 교환을, 종속적 당사자들이 자신들이 원하는 무언가를 얻는 대가로 비대칭적인 존경의 징표—"비굴하고 아양 떠는 행동"—를 제공하는 일종의 선물교환인 구걸과 비교함으로써, 그런 평등주의적인 내용을 암시한다. 비굴함과 아양에 의존하는 것은 한 사람의 이익이 다른 사람의 눈에는 대수롭지 않음을 전제로 한다. 개 주인이 자신의 사냥개를 저녁식사 테이블에서 쫓아 보낼 수 있듯이 장래의 후원자도 거지를 쫓아 버릴 수 있다. 그런 거래는 거지에게는 굴욕적인 것이며, 상대방의 권위에 대한 복종을 수반할 수 있다. 비굴함은 하인이 주인을 대하는 방식이다. 표면상으로는 이타적인 모든 선물교환의 이면에는 의존, 경멸과 종속이 숨어 있다.[4] 이와는 대조적으로 정육업자, 양조업자 및 제빵업자와의 시장교환에서는 각 당사자의 이익이 상대방에게도 일정한 가치를 가진다. 상대가 얻을 이익을 그 교환을 받아들여야 할 하나의 이유로 제시하는 것에서 각 당사자의 이러한 인식이 표출된다. 구매자는 호의를 구걸하는 하급자가 아니다. 구매자가 정육업자, 양조업자 또는 제빵업자에게 노동의 산물을 넘기라고 간단하게 명령할 권한이 있는 상급자가 아니라는 점도 마찬가지로 중요하다. 구매자는 **상대방의** 이익을 고려해야 한다. **당사자들 각자는 상대방이 인정하는 존엄성, 지위 그리고 개인적 독립성을 지닌 채 교환에 임한다.** 이것이 자유롭고 평등한 사람들 사이의 사회관계 모델이다.

마르크스는 시장교환에 대한 이 밝고 평등주의적인 이야기를 명백히 피상적인 것으로 묘사한다. 시장은 "모든 일이 표면에서 일어나는 소란스러운 영역"이다.[5] 이것이 에덴동산이라면 추방되기 직전의 상태다. 일단 계약이 체결되고 그것을 집행할 때가 왔을 때 현실적인 중요성을 가진 행위가 발생한다. 노동자는 이제 에덴동산에서 생산영역으로 끌려 나온다. 사용자는 신이라도 되는 것처럼 노동자에게 이마에 땀 맺히게 노동하도록 저주를 내린다. 이제 당사자들이 존경의 서열 어디에 서 있는지는 명백하다. 자본가는 "거드름 부리기"를 즐기고, 그의 종업원은 그 앞에서 소심하고 비굴하다. 그들은 권위의 서열에서 서로 차등적이다. 자본가는 앞서서 걸어가고, 그의 종업원은 사용자가 이끄는 곳이면 어디로든 따라다녀야 한다. 그리고 그들은 지위의 서열에서도 차등적이다. 자본가가 그 관계로부터 이익을 기대하면서 거만하게 미소 짓는 곳에서, 그의 노동자는 "매질당하는 것 말고는 기대할 것이 아무것도 없다." 계약의 실행은 누구의 이익이 **중요한지**에서 심대한 불균형을 구체화한다. 이제부터 노동자는 자신의 이익은 전혀 고려되지 않고 오로지 자본가의 이윤만을 고려한 조건에서 땀 흘려 일해야 할 것이다.

스미스에서 마르크스에 이르는 사이 무슨 일이 있었길래 시장사회에 대한 평등주의적 평가가 뒤집혔을까? 일부 사람이 가정하는 것과 달리, 자기 이익을 다른 사람과 관계를 맺게 되는 동기로 재평가했기 때문은 아니다. 스미스는 시장 거래에서 "각자는 자기 자신에게만 의존한다"라는 마르크스의 주장을 **거부한다**. 그의 설명에 따르면, 성공적인 흥정은 각자에게 자신들이 **상대방에게** 어떻게 이익을 가져다줄 수 있는지를 고려하도록 요구한다. 무엇으로 자기와 거래하는 상대의 관심을 끌 수 있을지 공감에 기반해 평가할 수 없다면, 그리고 상대방을 재산권이 존중되어야 할 독립적 지위를 가진 주체로 인정하지 않는다면 어떤 흥정도 성사되지 않을 것이다.[6] 스미스는 마르크스 못지않게 이기심을 타인과 관계를 맺는 근거로 삼는 것을 비난했다.[7]

평가가 뒤집힌 것[시장관계를 평등주의적인 것으로 보았던 스미스의 평가를 마르크스가 완전히 부정한 것—옮긴이]은 그 사이에 산업혁명이 있었기 때문이라고 나는 주장한다. 스미스가 『국부론』을 쓴 것은 고작 산업혁명의 문턱에서, 산업혁명이 생산관계에 대해 갖는 함의가 완전히 파악 가능해지기도 전이었다. 마르크스는 산업혁명의 와중에, 즉 노동자가 산업혁명의 가장 무서운 희생을 치르던 때에, 그리고 산업혁명의 혜택은 거의 누리지 못하던 시점에 『자본』을 저술했다. 산업혁명은 평등주의자들에게 대격변의 사건이었고 평등주의적 사회사상에는 근본적인 전환점이었다.[8] 산업혁명은 평등한 사람들의 자유로운 사회가 시장사회를 통해 어떻게 건설될 수 있는지에 대한 그들의 모델을 산산조각 내 버렸다. 19세기 평등주의의 역사는 대안적 모델들과 함께한 비범한 혁신과 실험의 역사였고, 그중의 어떤 것은 시장사회를 전면적으로 거부했고 또 어떤 것은 시장사회의 다양한 수정과 보완을 추구했다. 이들 실험 대부분—몇 가지만 예로 들자면, 공상적 사회주의, 무정부주의, 생디칼리슴, 토지가치공유주의(Georgism),[2] 공산주의, 민주적 국가사회주의, 사업장 민주주의 등—은 실패하거나 현실에서 시도되지 않았거나 확대되지 못했다. 가장 가시적인 성공이라 할 수 있는 사회민주주의와 노동조합은 여전히 존재하지만, 전 지구화된 우리의 후기 산업 경제에서 쇠퇴하고 있거나 압박받고 있다.

지적인 측면에서 보자면, 공적 담론은 이러한 도전들에 대처할 준비가 잘 되어 있지 않다. 냉전은 19세기의 투쟁들이 무엇에 관한 것이었는지에 대해 일종의 기억상실증을 유발했고, 대안들에 대해서 근본적으로 환원주의적인 설명을 제시했는데, 특히 미국에서 그랬다. 산업

[2] 지공주의(地公主義)로 번역하기도 한다. 미국의 경제학자이자 사회개혁가인 헨리 조지(1839-1897)에게서 유래한 사상으로, 토지에 공적 재화로서의 성질이 있다고 보고 토지에서 연유한 경제적 지대가 사회 구성원 모두에게 동등하게 귀속되어야 한다고 주장한다. 현재 여러 나라에서 시행되는 지대조세제, 토지공공임대제 등에 영향을 미쳤다.

혁명 이전에는 의미가 있었던 자유시장사회의 이미지들이 오늘날까지도 이상(ideals)의 형태로 계속 유포되고 있는데, 이는 17세기와 18세기 사회에 지배적이던 기본 가정들과 오늘날의 제도적 현실 사이의 심각한 불일치에 눈감고 있는 것이다. 대부분의 성인이 전적으로 **사적 정부**라는 제3의 어떤 것(a third thing) 아래서 노동하는 삶을 살아가고 있음에도, 우리는 여전히 자유시장과 국가통제 사이에서 선택해야 한다는 식의 이야기를 듣는다.

나의 목표는 이 제3의 것이 무엇인지, 그것이 평등한 사람들의 자유로운 사회라는 이상에 어떤 도전을 제기하는지, 그리고 현재의 조건에서 그 이상이 실현될 수 있으려면 어떤 개혁이 가능할지에 대하여 더 명확한 전망을 얻는 것이다. 이를 위해 우리는 산업혁명 이전에, 시장이 "좌파적"이었을 때의 평등주의 사상의 지적 배경을 재발견할 필요가 있다.

산업혁명 이전의 평등주의: 주인 없는 사람들, 수평파 그리고 로크

수평파는 근대세계 최초의 평등주의적 사회운동의 하나를 시작했다. 영국 내전[3] 중에 부상하여 크롬웰의 신형군[4]에서 강력하게 모습을

[3] 잉글랜드의 왕당파와 의회파 간의 내전으로, 1642-1646년의 1차 내전, 1648-1649년의 2차 내전과 1649-1651년의 3차 내전으로 이루어졌고, 1651년 9월 3일 우스터 전투를 마지막으로 의회파의 승리로 끝났다. 찰스 1세는 2차 내전이 끝난 후 의회파에 의해 처형

드러냈던 수평파는 거의 보편적인 남성 선거권, 인구비례적인 의회의 지역대표제, 귀족원 및 귀족 특권의 폐지 그리고 종교적 관용을 포함하는 헌법개혁을 요구한 것으로 잘 알려져 있다.[9] 수평파라는 이름은 민주화가 재산의 대중적 재분배를 가져올까 두려워했던 크롬웰이 붙인 것이었지만, 그들은 사유재산권과 자유무역의 확고한 옹호자이기도 했다. 퍼트니 논쟁(Putney debates)[5]에서 존 클라크(John Clarke) 대위는 자연법이 재산에 대한 권리를 확립한다고 단언했다.[10] 존 릴번(John Lilburne), 윌리엄 월윈(William Walwyn), 토머스 프린스(Thomas Prince) 및 리처드 오버턴(Richard Overton)에 의해 반포된 제3차 인민협정은 국가에 대하여 "사람들이 소유하는 토지를 균등화하고, 재산권을 파괴하거나 모든 물건을 공유로 만들" 권력, 해외 무역의 자유를 방해할 권력, 누구라도 채무의 변제를 면제해 줄 권력, "무역에 극도로 짐이 되

되었다. 이후 크롬웰의 '공화국'을 거친 후 왕이 다시 돌아오기는 하지만, 권력에 있어 의회가 왕을 능가하게 되었다. 송미선, 「잉글랜드 내전기 신형군(New Model Army)의 종교적 한계」(경북대학교 석사학위논문, 2020), 1쪽.

[4] 신형군은 영국 내전을 확실한 승리로 이끌기 위해 의회파 지휘관이었던 올리버 크롬웰의 주도로 창설된 군대였다. 신형군은 기존의 군대처럼 한 지역에 계속 주둔하는 형태가 아니라, 각 지역을 돌아다니며 전투를 행하던 군대였고 그들은 의회의 재정적 지원을 바탕으로 징집된 직업 군인들이었다. 신형군의 성립과 편제 등 특징에 관해서는 송미선, 위의 논문, 특히 5-17쪽 참고.

[5] 1647년 10월 28일부터 11월 9일까지 런던 근교 퍼트니에 있는 세인트메리 교회에서 벌어진 혁명군 지도부와 하급 지휘관 및 일반 병사의 대표 간 논쟁을 가리킨다. 이 논쟁의 핵심은 혁명을 통해 영국의 헌정체제를 어떻게 바꿀 것인가 하는 것이었고, 관습과 실정법의 폐지 여부 및 선거권 확대 여부 등도 주요한 논쟁거리였으며, 이 과정에서 정치권력의 본질, 복종의 의무와 저항권, 정의, 자연법과 이성에 관한 치열한 사상적 논쟁이 전개되었다. 이 논쟁의 배경과 주요 논점 및 주장들, 그리고 그 정치사상사적 의의에 대해서는 유종선, 「계시, 관습, 이성: 퍼트니 논쟁(The Putney Debates, 1647)의 정치언어와 정치사상사적 의미에 관한 고찰」, 『정치사상연구』 제15집 1호(한국정치사상학회, 2009), 187-213쪽 참고.

고 압박이 된다는" 이유로 상품에 대한 영구관세나 물품세를 제정할 권력을 부정했다.[11] 릴번은 출판, 설교 및 해외 무역에 대해 국가가 부여한 독점은, 최근에 금지된 비누, 소금, 가죽, 기타 상품의 독점만큼이나 "영국의 모든 자유인 공통의 권리"에 대한 크나큰 침해라고 공격했다.[12] 그는 이스트랜드 상인들, 모험상인들과 기타 카르텔의 허가받은 독점을 반대하는 윌리엄 사이크스(William Sykes)와 토머스 존슨(Thomas Johnson)의 청원을 「런던의 자유, 사슬에 묶인 채 발견되다」[6]에 포함시킴으로써 전적인 지지를 표명했다.[13] 월윈은 자유무역을 옹호하는 체계적인 주장을 정부에 제안했다.[14]

시장사회가 소득과 부의 불평등을 초래하는 경향들을 고려해 볼 때, 이 평등주의 운동은 사유재산과 자유무역을 고취하는 데에서 어떤 이해관계를 보았을까? 이를 이해하기 위해 우리는 배분적 정의에 관한 현재의 사상들의 관점에서 평등주의를 협소하게 해석하는 것을 넘어서야 한다.[15] 더욱 근본적으로 말하자면 평등주의는 사회적 위계를 제거하거나 약화시키고자 한다. 자유무역에 대한 수평파의 지지는 지배와 종속의 위계로부터 개인을 해방한다는 더 큰 계획의 본질적 부분을 이루고 있었다. 자유시장이 타인의 지배로부터 인격적 독립을 특징으로 하는 삶을 영위할 기회를 확산시킨다는 점을 근거로, 수평파는 평등한 사람들로 이루어진 자유로운 사회의 본질적인 제도적 구성요소가 자유시장에 있다고 보았다.

[6] 런던탑에 투옥되어 있던 존 릴번이 1646년 10월에 발표한 것으로 추정되는 팸플릿. 전문은 〈https://www.exclassics.com/pamphlets/pamph011.htm〉, 검색일: 2023. 12. 1.

이를 이해하기 위해서 우리는 수평파가 반란으로 맞섰던 당시의 사회질서를 살펴보아야 한다. 근대 초기의 영국은 지배와 종속의 위계가 널리 퍼져 있는 것이 특징이었다. 왕을 제외한 대부분의 사람에게는 책임이 거의 수반되지 않는 재량적 권위를 주장하며 그들의 삶을 지배하는 상급자가 있었다. 영주는 봉신과 가신을 통치했고, 주인은 하인을 통치했으며 주교는 사제를, 사제는 교구민을, 선장은 선원을, 길드는 그 구성원을, 남성 가장은 자신의 아내와 아이와 하인을 통치했다.

정부는 어디에나 있었으며, 오늘날 우리가 근대국가와 동일시하는 조직에만 있는 것이 아니었다. 영국국교회는 법원, 검열 및 조세 체계를 별도로 운영했다. 교회법원은 정기적으로 교회법 위반 행위에 대하여, 심지어 그런 행위가 합법적인 경우에도, 교구민을 파문하고 벌금을 부과했다. 또한 교회는 이단이나 불경으로 간주하는 출판물을 검열했다. 교회는 교구민들의 종교적 신념과 관계없이 그들로부터 십일조를 징수했다.[16] 파문은 교회로부터의 추방을 넘어서는 결과를 가져왔다. 심사령에 의해 영국국교회의 영성체를 받은 사람에게만 공직에 취임할 자격이 주어졌기 때문이다. 길드 역시 독자적인 법원을 운영했는데, 이에 따라 그들은 일상적으로 판매할 상품의 가격과 분량, 거래가 허용되는 장소와 날짜 등에 관한 길드 내 세부 규칙을 위반한 (또는 그 규칙을 준수했다는 선서를 거부했을 뿐인) 구성원을 재판하고 벌금을 부과하고 투옥시켰다.[17] 기혼여성의 신분에 관한 보통법[7]

[7] 기혼여성 신분법은 영국 보통법상 혼인한 여성의 법적 존재는 남편의 존재와 융합되는

에 따르면 아내의 법적 인격은 그 남편 아래 포섭되었다. 아내는 재산을 소유할 수 없었고 계약을 체결할 수도, 자신의 이름으로 소송을 하거나 소송의 피고가 될 수도 없었다. 남편은 아내의 임금 전부를 가지고, 이동을 통제하고, 불복종에 대해서 체벌을 가할 법적 권한을 가지고 있었다. 이혼은 인정받기 매우 어려웠다.[18] 물론 법률이 인정하는 것보다는 더 많은 자유를 누리는 아내도 제법 있었다. 이는 주로 남편의 권위를 두고 논쟁하거나 관습에 호소함으로써 가능했고, 혼전 합의를 통하거나 아내의 신분 제약을 제한하는 흔치 않은 법률과 관할권을 이용하는 경우도 드물지만 있었다. 그럼에도 불구하고 아내에 대한 남편의 통치를 말하는 것은 단순히 은유에 그치지 않는다.[19] 생산이 아직 가구로부터 분리되지 않았던 시대에 하인, 즉 계약상 모든 종업원은 사용자의 정부하에서 확장된 가부장적 가족의 종속적 구성

것으로 여겨지며, 따라서 아내는 독립적인 법적 존재로 인정받지 못한다는 것을 주된 내용으로 하는 법이었다. 해당 법은 혼인과 함께 아내는 남편의 보호하에 있는(covert) 여성이 되며 그 법적 권리와 의무는 대부분 남편의 권리와 의무에 포섭된다고 규정했다. 반면, 혼인하지 않은 여성, 즉 독신여성은 재산을 소유하고 자신의 이름으로 계약을 맺을 권리를 가졌다. 기혼여성 신분법은 보통법에서 수 세기에 걸쳐 확립되었으며 미국을 포함한 많은 보통법 적용 국가도 이를 따랐다. 19세기 중반 여성권리운동이 부상한 후에 해당 법은 여성이 통상적인 재산권 행사와 직업 활동을 못하게 하는 억압적인 성격을 이유로 점점 더 비판받게 되었다. 먼저 19세기 말 기혼여성 신분법은 많은 보통법 적용 국가에서 통과된 기혼여성재산권법(Married Women's Property Acts)에 의해 실질적으로 수정되었으며, 이후 여러 개혁에 의해 약화되고 폐지되었다. 기혼여성 신분법의 일정한 측면(주로 남편에게 책임을 지우게 될 주요한 재정적 의무를 아내가 일방적으로 부담하는 것을 금지하는 것과 관련)은 미국 일부 주에서는 1960년대까지도 남아 있었고, 오늘날까지도 완전히 폐지되지는 않았다고 한다. 예컨대 부동산 거래나 고용 및 주택 문제와 관련하여 오늘날에도 여성들은 신분법을 다양한 형태로 경험하고 있다고 한다. Catherine Allgor, "Coverture: The Word You Probably Don't Know But Should", National Women's History Museum, September 4, 2012, 〈https://www.womenshistory.org/articles/coverture-word-you-probably-dont-know-should〉, 검색일: 2023.12.1.

원으로서 생활했다.[20] 도제는 무급으로 일해야 했다. 주인과 하인의 보통법(common law of master and servant)상 정규 종업원(하인)은 일 년 내내 해 뜰 때부터 해 질 때까지 일해야만 임금을 받을 자격이 생겼다. 주인(사용자)은 하인이 단 하루라도 일을 빼먹거나 그들이 보기에 작업의 일부라도 성에 차지 않으면, 비례적 계산을 할 필요 없이 급여를 얼마든지 마음대로 공제했다. 그들은 하인의 야간부업에서 발생한 급여 전부에 대한 권리를 가졌다. 유인금지법(anti-enticement law)은 경쟁 관계의 사용자가 다른 주인과 계약을 맺은 하인에게 계약을 청약하는 행위를 금지했다.[21] 그 밖에 관습과 시장 조건이 하인에게 법률이 규정하는 것 이상의 재량을 허용하는 경우가 종종 있었지만, 오늘날의 기준으로 볼 때 그들이 자유로웠다고 할 수는 없다.

다양한 이데올로기가 이러한 위계를 합리화했는데,[22] 그중 하나는 존재의 대연쇄(great chain of being)**[8]**였다. 만물은 위로는 신까지 이르는 존재의 거대한 권위주의적 연쇄에 연결되어 있으며, 모든 존재는 태어나면서부터 특정한 고리 또는 사회적 서열에 고정되어 있다는 것이다. 모든 사람에게는 자신의 위에도 아래에도 어떤 존재가 있었다. 왕과 교황조차도 신에게는 책임을 져야 했고, 가장 비천한 인간도 동물에 대해서는 지배권을 가졌다. 서열을 깨는 것은 연쇄를 깨뜨려 세계에 파국적인 무질서를 풀어놓는 것이며 만물을 신과의 연결로부터 분리시키게 될 것이었다.[23] 또 다른 이데올로기는 가부장권론(patriarchalism)

[8] '존재의 대사슬' 또는 '존재의 거대한 고리'로 번역되기도 하지만, 이 책에서는 이승영, 앞의 책, 181쪽 이하의 번역과 아서 O. 러브조이 지음, 차하순 옮김, 『존재의 대연쇄』 개역판(탐구당, 2023)의 표제에 따라 '존재의 대연쇄'로 번역했다.

이었다.[9] 왕은 확장된 가족의 모든 구성원—아내, 아이, 하인과 노예—의 아버지처럼, 그의 국민에게 국부(國父)로 존재했다. 아버지가 가구의 종속적 구성원에 대한 절대적 지배권을 향유하고 모든 가족의 재산을 소유했듯이, 왕은 그의 모든 국민에 대하여 절대적 권위를 누리면서 왕국 내 모든 토지를 소유했다.[24] 세 번째 이데올로기는 원죄 이론이었다. 죄를 짓는, 인간의 내재적인 경향은 포괄적인 외부 제약을 정당화했다. 모든 죄인, 즉 모든 사람은 자신들이 규칙을 지키도록 권위를 행사해 줄 누군가를 필요로 했다.[25] 원죄는 타인에 대한 절대적 권위를 합리화했고, 따라서 전통적으로 노예 제도를 정당화하는 데 쓰였다.[26]

16세기 영국에서 경제적 및 종교적 변화들이 다양한 개인을 전통적인 명령 계통에서 해방시키기 시작했고 그 결과 특정한 개인에게 복종할 의무를 지지 않는 "주인 없는 사람들(masterless men)"의 집단을 만들어 냈다.[27] 그 혜택에서 가장 멀리 떨어져 있었던 것은 인클로저

[9] 가부장제(patriarchy)가 가장인 남성이 강력한 가장권을 가지고 가족구성원을 통솔하는 가족형태 또는 가족구성원에 대한 가장의 지배를 뒷받침해 주는 사회체계를 가리키는 것이라면(한국민족문화대백과사전), 17세기 영국에서 발생한 가부장권론은 국가와 국민에 대한 왕의 "아버지로서의(paternal)" 권력을 강조하는 언어를 통해 왕정을 위한 절대권력 개념을 옹호한 정치 이론이다. 가부장권에 기반한 왕의 통치권력은 17세기에 유행했던 종교적 논증에 크게 기대고 있는데, 가부장권론의 대표자로 알려진 로버트 필머(Robert Filmer)의 정치 이론은 이러한 종교적 논증을 통해 가정 내 아버지의 권력을 국가 단위의 정치권력, 즉 왕의 절대권력으로 확장한 것이었다. 그는 「창세기」의 이야기를 인용하며 지상을 통치할 권력은 아담과 함께 생겨났고, 이 권력이 아담의 후손들에게 계승되었음을 성서를 통해 논증하고자 했다. 이러한 가부장권론을 거부한 가장 중요한 인물은 로크였고, 필머에 대한 기본적인 인식틀도 로크의 시각에 의해 형성되었다고 한다. 박정규, 「종교적 맥락에서 본 로버트 필머의 『부권론』」, 『영국 연구』 제44호(영국사학회, 2020), 1-32쪽 참고.

와 소택지 간척 등 농업이 발전하면서 삶의 터전에서 쫓겨난 사람들이었다. 그들 중 일부는 일용직 노동자로서 일자리를 찾아 런던으로 갔고, 일부는 순회 예능인, 무역업자, 그리고 구두수선공이 되었다. 어떤 사람은 관목지대, 황무지와 숲속에서 가난한 농군이나 무단 거주자로서, 동물을 몇 마리 키우고, 뜨개질이나 날품팔이 노동을 하면서, 농촌지역에 계속 남아 있었다. 부랑자나 거지가 된 사람도 있었다. 이러한 개인 대다수는 교구 밖에서 살았고 그렇지 않은 경우에는 파문되었다. 주인 없는 사람들 중 좀 더 수혜받은 부류는 고정된 시설에서 자영을 할 수 있게 된 사람들—자작농(yeoman farmers), 장기차지인(long-term leaseholder), 소매상인, 장인과 인쇄공—이었다.

주인 없는 사람들의 부상은 존재의 대연쇄를 권위 옹호의 근거로 삼는 주장의 설득력을 손상시켰다.[28] 그 논변은 종속적 지위에 고착된 사람이 이미 그들을 쥐락펴락하고 있던 사람에게 복종해야 하는 이유를 설명할 수 있었다. 그러나 권위의 연쇄로부터 풀려난 사람을 부려먹을 사람이 누구인지는 식별해 주지 못했다. 그렇다고 주인 없는 많은 사람이 주인을 찾는 데 큰 관심을 갖는 것도 아니었다. 그들은 스스로 자신의 삶을 만들어 가고 있었다.

17세기에 영국 내전이 발발했을 때 주인 없는 사람들은 크롬웰의 신형군에서 핵심을 형성했는데, 이 군대는 출생보다는 능력을 기준으로 장교를 선발했고 계급 간의 공개토론을 실행에 옮겼다. 많은 병사와 장교는 수평파였다. 수평파는 일반적으로 왕, 귀족 및 의회의 권위를 제한하고 국가가 인민에게 책임을 지도록 만들라는 헌법적 요구를 한 것으로 기억되지만, 그들의 평등주의는 다른 사회적 위계에도 도전하는 것이었다. 영국국교회, 좀 더 일반적으로는 교구민에 대한 성직자의 권위, 여자에 대한 남자의 권위, 장인에 대한 길드와 독점적 상인의 권위가 그것이다.

수평파는 종교적 소요의 시대에 등장했는데, 그 씨앗은 종교개혁 때 심어진 것이었다. 마르틴 루터의 만인사제론은 다양한 프로테스탄트 종파에 의해 그가 의도했던 것보다 더 문자 그대로 받아들여졌다. 인쇄술의 발달로 사람들이 읽고 쓸 줄 알게 되면서 보통 사람들이 책을 읽고 신학적 문제들에 대해 스스로 생각하기 시작했다. 신도가 존재의 연쇄에서 중간 연결고리의 매개 없이 신과 직접 연결될 수 있다면, 왜 주교에게 또는 심지어 사제에게 권위를 부여하겠는가? 영국 내전의 중심적인 종교 갈등은 교회 지배 구조를 둘러싼 것이었다. 청교도는 성공회 주교를 타도하고 연장자에 의한 지배 구조인 장로제 체계를 보편화하기를 원했다. 침례교도, 퀘이커교도, 초기 감리교도(Ranters), 제5왕국파(Fifth Monarchists) 등 훨씬 더 급진민주주의적인 종파가 이 기간에 생겨났고 평신도 설교자들도 등장했다. 수평파의 지도자들은 비국교도 종파들에서 나왔다. 그들은 종교적 관용, 십일조 폐지, 교회법원 및 교회 검열의 철폐를 요구했다. 또한 이 종파들 사이에는 세계를 직접 다스리기 위한 그리스도의 재림이 임박했다는 천년왕국설이 널리 퍼져 있었다. 그리스도의 재림은 원죄로부터 인류의 대속을 의미했고, 이에 따라 원죄 이론의 종언, 그리고 권위주의에 대한 지지의 종언을 시사했다. 그럼으로써 개인은 자유와 평등이라는 (타락 이전의) 자연 상태로 복귀했다.[29]

일부 비국교도 종파는 그들의 신학으로부터 페미니즘적 결론을 이끌어 냈다. "영혼은 성의 차이를 알지 못한다."[30] 여성도 교회 지배 구조에 참여했고, 일부는 유명한 목사가 되었다. 이혼의 자유가 생겨 남성과 여성이 평등하게 배우자와 이혼할 권리를 가졌다. 퀘이커교도의 혼인서약은 남편에게 복종할 아내의 의무를 언급하지 않았다. 퀘이커교의 창시자인 조지 폭스(George Fox)의 아내 마거릿 펠(Margaret Fell)은 그녀의 재산에 대한 남편의 권위를 부정하는 혼전 합의를 했다.[31] 수평파 존 릴번은 아담과 이브, 그리고 이로부터 나온 그 모든 후손은 "본래 평등했고 권력, 존엄성, 권위, 그리고 위엄에 있어서 모두 같았으며, 누구도 본성상 다른 사람에 대한 또는 그 위에 군림하는 권위, 지배나 고압적 권력을 갖지는 못했다"라고 주장했다. 권위주의적인 원죄 이론을 완전히 뒤집으면서 릴번은, 다른 누군가를 당사자의 동의 없이 지배하려는 오만한 시도 속에 아담의 죄, 그리고 비슷하게 행동하는 다른 모든 남성의 죄가 있었다고 주장했다.[32] 처음에 아담이 지배할 사람은 이브뿐이었기 때문에, 릴번의 견해가 갖는 페미니즘적 함의는 명백했다. 엘리자베스 릴번(Elizabeth Lilburne)과 캐서린 치들리(Katherine Chidley) 같은 여성들은 수평파 운동에 적극적이었다. 치들리가 썼다고 알려진 「여성들의 청원(Petition of Women)」은 의회에 청원할 여성의 평등한 권리를 주장하면서, 여성에게도 "이 왕국의 자유에 대해 비례적인 몫을 가질 권리가 있듯이, 남성과 평등하게 그리스도에 대한 관심을 가질 권리도 있다"라고 주장했다.[33] 심지어 제5왕국파는 여성 참정권을 주창하기도 했다.[34]

국가권력에 대한 가부장권론적인 정당화의 맥락에서, 그런 페미니즘 사상들은 왕정을 잠식하는 데도 이바지했다. 남편이 아내에 대하여 절대적인 지배권을 갖지 못한다면, 가구의 남성 가장이 가족의 모든 구성원을 지배하듯 왕이 자신의 신민을 지배해야 한다는 주장은 절대주의뿐 아니라 실제로 어떤 권위도 정당화할 수 없었다. 아내가 남편으로부터 독립적으로 재산 소유권을 가지게 된다면, 영토 내 모든 재산을 소유하려는 왕의 가부장적 주장 역시 물거품이 되는 것이었다.

이 시대에, 사유재산과 자유무역에 대한 지지는 종교적 문제들에 대한 영국국교회의 독점뿐만 아니라 권위에 대한 왕의 가부장권론적 주장들에 대한 도전과 함께 이루어졌다. 주교제의 폐지를 요구했던 1640년의 뿌리와 가지 청원(The Root and Branch Petition)은 독점, 특허와 관세에 대해서뿐만 아니라 일요일에 일하고 가게 문을 열었다는 이유로 교회가 벌금 부과 및 파문을 한 것에 대해 항의했다. 반대자에 대한 교회의 박해는 의류상들을 네덜란드로 몰아냈고, 영국 양모 무역과 그 무역에 의존했던 가난한 노동자의 몰락을 가져왔다. 그 청원은 교회에 반대하는 글을 탄압하고 "국민은 그들의 토지에 대한 어떤 재산권도 갖지 않지만, 왕은 그 토지로부터 원하는 만큼을 가져갈 수 있다"고 주장하는 저작들을 출판하는 데 이용되었던 교회의 출판 통제에 대해서도 비난을 퍼부었다.[35]

사유재산과 자유무역에 대한 수평파의 지지는 이런 맥락에서 이해되어야 한다. 사상과 종교 문제에 있어서 주인 없는 남성과 여성의 인격적 독립은 재산과 무역에서의 독립성에 달려 있었다. 왕이 모든 재산의 소유권을 가지고 있다고 하면, 토지를 가진 신민은 단순한 등본소유권자(copyholders)[10]로 격하될 수밖에 없었고, 관습적으로 보장받던 그들의 재산권은 울타리를 쳐서 주민들을 소택지에서 추방하는 법률과 같이 자신들의 참여 없이 제정된 법률들에 의해 소멸될 수 있었다.[36] 무역을 제한하는 교회법을 위반했다는 이유로 교회법원에서 비국교도들에게 벌금을 부과할 수 있다면, 그들의 종교의 자유뿐만 아니라 삶을 영위하는 방법까지도 파괴될 것이다.

독점상은 소무역상과 장인의 인격적 독립성을 위협하는, 국가가 공인한 또 다른 형태의 사적 정부였다. 자유무역은 경제적 성장을 약속했지만, 수평파의 관점에서 그 주요한 장점은 경제적 독립의 기회를 촉진한다는 것이었다. 길드의 독점권 폐지는 거대 상인과 장인들이 제정한 규칙을 따르려 하지 않았던 영세한 상인과 장인 위에 군림하던 자의적이고 억압적인 길드 정부를 종식시킬 것이었다.[37] (릴번이 그 대의를 옹호했던 윌리엄 사이크스는 영국의 모험상인 카르텔에 의해 네덜란드에서 직물무역과 관련한 그들의 모든 규칙을 준수했다는 선서를 거부했다는 이유로 로테르담에 투옥된 적이 있다.[38]) 이것은 단순히 자유권의 침해만이 아니라 평등의 침해이기도 했다. 대헌장과 기타 영국의 법률에 의하면 "모든 신민은 동등한 자유를 가진다"라는 사실에도 불구하고, "악마 같은 정신으로 가득 찬 특허 단체들은 동료들보다 더 높은 자리에 오르고자, 비밀 특허장에 의해 스스로를 법인화했다." 독점은 사람들을 "예속의 상황으로" 몰아넣어 그들의 마음을 "노예 상태"로 전락시켰다.[39]

[10] 등본소유권(copyhold)은 영국법상 "영지의 관습에 따라 영주의 뜻에 따른 보유"로 정의되는 토지 보유의 형태를 가리키며, 그 기원은 봉건 영주의 영지에 속하는 토지 일부를 농노, 즉 비자유인이 점유한 것에서 발견된다고 한다. 〈https://www.britannica.com/topic/copyhold〉, 검색일: 2023. 12. 1.

독점을 폐지하라, 그러면 자유무역은 이미 존재하고 있던 영세 장인을 자의적인 사적 정부로부터 해방시키는 데 그치지 않을 것이다. 그것은 다른 많은 사람에게 자신의 사업을 창조할—자영업자로, 독립적이고 주인 없는 사람이 될—기회를 확장할 것이다. 독점 특허장은 무역을 특정한 도시에 한정했다. 특허장을 폐지하라, 그러면 무역은 독립을 획득할 기회와 함께 전국으로 확산될 것이다. 무역을 막는 인위적인 장벽을 제거하라, 그러면 "하인조차도" 위험을 무릅쓰고 그것에 투자하여, 독립적인 납세자가 되기에 충분한 이윤을 얻을 기회를 갖게 될 것이다.[40]

수평파는 자영업을 할 수 없는 사람들에게 자유무역이 가져다줄 혜택도 간과하지 않았다. 독점의 폐지는 더 큰 규모의 해외 무역을 감당하는 데 필요한 선박의 증대를 불러와 선원의 교섭력을 강화할 것이고, 물가를 낮춤으로써 "모든 종류의 노동자들"의 구매력을 증가시킬 것이다.[41] 또한 무역량이 더 늘어나면서, 독점하에서는 일자리를 구하지 못해 거지로 전락했던 많은 사람들에게도 일자리가 주어질 것이다.[42] 스미스의 진술들에서 보았던 것처럼, 존경과 지위의 질서 안에서 보자면 자신의 생계비를 버는 것이 구걸보다 더 낫다. 그리하여 자유무역은 많은 사람에게, 심지어 주인의 의지로부터 완전한 독립을 누리지 못하는 사람들에게까지 평등을 증진시킨다.

따라서 수평파는 모든 종류의 사회적 위계를 옹호하는 주요한 주장들—존재의 대연쇄, 가부장권론, 원죄 이론—을 거부했다. 자의적이고 책임을 수반하지 않는 국가권력에 대한 그들의 비판은 다른 지배 형태들, 즉 모든 영국 국민에 대한 교회의 지배, 여성에 대한 남성의 지배, 장인에 대한 길드의 지배를 향한 비판의 일부분이었다. 국가는 독점의 부여(영국국교회 역시 독점의 또 다른 형태에 지나지 않았다), 자유무역에 대한 제약 그리고 영국 국민이 재산의 일종으로 간주했던 생래적 권리의 침해를 통해 이러한 다른 형태의 정부를 승인했다.[43] 수평파는 개인이 타인의 지배로부터 인격적 독립을 확보하고 촉진할 수 있다는 이유에서 재산권과 자유무역을 지지했다.[11] 이들 제도는 남녀가 주인 없는 사람이 될 수 있는 능력을 신장시켰고, 임금과 실질소득을 인상하고 거지를 궁핍에서 고용 상태로 끌어올림으로써 하인으로 남아 있던 사람들의 존엄성과 교섭력을 증대시켰다.

로크 역시 사유재산과 계약의 광범위한 권리를 지지했던 평등주의자였다.[12] 로크가 수평파와 같은 방식으로 평등주의를 재산권 및 계약의 권리와 연결시켰는가? 이에 관해 상술할 지면이 부족한 까닭에, 나는 수평파와 그보다 몇십 년 늦게 저서를 쓴 로크 사이의 몇몇

[11] 앤더슨의 이러한 평가와는 달리, 17세기 영국의 수평파를 연구해 온 국내 연구자들은 수평파가 자본주의와 임금노동이 지배하는 시대를 내다보지 못했고 그들의 헌정 개념은 시대에 앞서 있었으나 경제사상은 낙후되어 있었다거나(이승영, 앞의 책, 199쪽), 그들의 경제이념들은 너무나 비건설적이었고 그들의 정치이념들은 너무나 비현실적이었다(임희완, 앞의 책, 206쪽)고 평가한다.

[12] 로크의 저항권론이 수평파의 급진적 저항권 사상을 발전적으로 계승한 것으로서 미국 독립혁명이나 프랑스 대혁명에서 이념적 투쟁의 무기로 결정적 역할을 했던 것은 사실이지만(국순옥, 「존 로크의 고전적 부르주아 헌법사상」, 『민주주의 헌법론』(아카넷, 2015), 49-50쪽), 노동소유권론을 주장하면서도 소유권에 대한 자연법적 제한(부패제한, 십분제한, 노동제한)을 두어 자연상태 내부의 사적 교통질서와 그 출발점이 되는 자연법적 평등이 교란되는 일이 없도록 세심히 살폈던 로크가 화폐 도입에 동의함으로써 자연법적 제한을 무력화하고 불평등한 사유재산제도를 추인했다는 것(국순옥, 같은 책, 36-39쪽) 역시 사실이다(이에 대해서는 40쪽 각주 [19] 참고). 이런 점을 고려하면 로크를 수평파와 같은 평등주의자로 바라보는 앤더슨의 견해에 전적으로 동의하기는 어렵다.

중요한 유사점만 간단히 언급하고자 한다. 로크의 헌법 원리들—인민주권, 보편적 보장에 가까운 남성 선거권, 법 앞에서의 평등, 지역구의 평등한 대표, 하원의 우위—은 모두 수평파의 원칙이기도 하다.[44] 그 원칙들과 마찬가지로, 자의적이고 책임을 수반하지 않는 국가권력에 대한 로크의 비판은 다른 형태의 정부에 대한 그의 비판과 깊이 연결되어 있다. 특히 로크의 페미니즘(아내가 재산, 계약의 자유, 이혼 및 남편으로부터의 인격적 자율에 대한 독립적 권리를 누릴 자격이 있다는 그의 주장)은 절대군주제의 가부장권론적 옹호에 대한 그의 비판에 있어서 필수불가결하다.[45] 그는 또한 재산소유자가 자의적 권력에 대한 복종을 생계 제공의 조건으로 삼아 가난한 사람들을 착취할 자격은 없다고 주장하기도 한다.[46] 수평파와 마찬가지로 일단 우리가 지배와 종속의 관계에서 탈피하려는 평등주의적 관심에 초점을 맞추고 나면, 17세기 제도의 맥락에서 시장사회가 어떻게 평등주의적인 대의일 수 있었는지를 이해하기가 훨씬 더 쉬워진다.

산업혁명 이전의 평등주의: 스미스

우리는 17세기 평등주의자들이 시장사회의 성장이 지배와 종속의 사회적 위계를 해체하는 데 도움을 줄 것이라고 기대하며 사유재산과 자유무역을 지지했음을 보았다. 국가가 부여한 독점들은 높은 서열의 사람이 중하위 서열의 사람을 억압적으로 통치하는 장치가 되었다. 경제적 독점에 대한 반대는 길드뿐만 아니라 교회 및 인쇄의 독점,

부자에 의한 투표의 독점, 그리고 남성에 의한 가족권력의 독점 등 사회생활의 모든 영역에서 독점을 폐지하고자 하는, 더 넓은 의제의 일부였다. 독점을 폐지하라, 그러면 훨씬 더 많은 사람이 인격적 독립을 획득하고 주인 없는 남녀가 될 수 있을 것이다. 하인으로 남아 있는 사람들조차도 소득이 증가하고 주인과의 관계에서 교섭력이 커지는 만큼 존경과 지위를 획득하게 될 것이다.

이러한 비전은 18세기 내내 지속되었는가? 정답을 알려면 18세기의 대표적인 시장사회 옹호자인 애덤 스미스를 참고하면 된다. 오늘날 스미스는 경제성장과 효율적인 자원 배분을 가능케 하리라는 이유로 시장사회를 옹호한 것으로 독해되고 있다. 이것이 그의 저작들에서 중요한 주제라는 점은 의문의 여지가 없다. 그러나 그는 경제성장과 효율성을 시장사회의 대표적인 미덕이라고 생각하지는 않았다. 오히려 봉건주의에서 시장사회로의 변화는 상업과 제조업의 성장에 의해 추동되었는데, 이는 "질서와 좋은 통치를, 그리고 이와 함께 과거에는 거의 이웃과의 항시적인 전쟁 상태에서, 그리고 상급자에 대한 비굴한 종속 상태에서 살아왔던 (…) 개인의 자유와 안전"을 가져왔다고 보았다. "이것이 (…) **그 모든 효과 중 단연코 가장 중요**하다."[47]

이런 긍정적인 효과를 낳은 핵심적인 매개 요소는 개인이 자신의 욕구를 충족시켰던 주된 기반의 변화, 즉 선물교환에서 시장교환으로의 전환이었다. 봉건주의는 "호의(hospitality)"에 근거했다. 시장이 발달되지 않은 탓에 지주가 자신의 잉여자원을 소비할 수 있는 방법이란,

> 100명 또는 1,000명 정도의 인원을 유지하는 것 이외에는 달리 없었던

것이다. 그러므로 지주는 늘 수많은 가신들과 종자들에 둘러싸여 있으며, 그들은 자신의 생계를 유지해 주는 데 대한 보답으로 돌려줄 등가물을 전혀 갖고 있지 않아서 전적으로 지주의 하사품에 의해서만 부양되기 때문에 지주에게 복종해야만 한다. (…) 토지의 점유자는 모든 점에서 대지주의 가신들 못지않게 대지주에게 의존하고 있었다. 농노 상태에 있지 않았던 사람들조차도 임의차지인(tenant at will)이었다. (…) 임의차지인은 (…) 어떤 하인이나 가신 등에 못지않게 토지소유자에 의존적이며 따라서 거의 유보조건 없이 지주에 복종해야 한다. (…) 양자—임의차지인과 가신 및 하인—의 생계수단은 모두 지주의 하사품으로부터 유래하며 그 지속은 지주의 선의에 달려 있다. 고대 귀족의 권력은 대지주가 (…) 봉신과 가신에 대하여 필연적으로 가졌던 권위에 근거를 두고 있었다. 대지주들은 필연적으로 그들의 땅 위에 거주하는 모든 사람에게 평화 시에는 판사가 되었고, 전시에는 지휘자가 되었다. (…) 민사 및 형사의 최고 관할권뿐만 아니라 군대를 징발하고 화폐를 주조하며 심지어 그들 자신의 인민을 통치하기 위한 세칙(bye-laws)을 제정하는 권력조차도 모두 대지주들이 완전 사유지 소유에 따라 가졌던 권리였다.[48]

자신의 생존을 위해 다른 사람의 선의에 의존하는 것은 자신을 다른 사람의 자비에 맡기는 것이고, 결국 그에게 복종하는 것이다. 선물은 공짜가 아니다. "호의"는 복종의 대가로 주어진다. 그 결과는 **사적 정부**이다. 이는 선물을 제공하는 사람이 그 선의를 수령하는 사람에 대해 행사하는, 책임을 수반하지 않는 지배를 말한다. 그러나 사적 정부는 **나쁜** 정부였다. 그로 인해 대부분의 사람이 "비굴한 종속"의 상태로 전락했을 뿐만 아니라, 봉건영주들은 항상 서로 전쟁을 하면서 나라를 "폭력, 약탈과 무질서의 현장"이 되도록 방치해 버렸다.[49]

상업과 제조업의 부흥은 역설적으로 유익한 결과를 가져왔다.

> 우리 자신에게는 모든 것을 주고, 타인에게는 아무것도 주지 말라고 하는 것은 이 세상 그 어떤 시대에서든 인류 지배자들의 비열한 좌우명이었던 것 같다. 그러니 자기 지대의 모든 가치를 스스로 소비할 수 있는 방법을 찾자마자, 그들은 그것을 다른 어떤 사람과도 나누려 하지 않게 되었다. 어쩌면 한 쌍의 다이아몬드 버클처럼 하찮고 쓸모없는 어떤 것과 맞바꾸기 위해 1,000명의 1년치 생계수단, 혹은 바꿔 말하자면 생계수단의 비용을 지불했고, 그와 함께 그 생계수단이 자신들에게 부여할 수 있는 모든 영향력과 권위도 넘겨 버렸다. (…) 이리하여 그들은 가장 유치하고 가장 비천하며 가장 더러운 허영심을 채우는 대가로 점차 그들의 권력과 권위 전부를 넘겨주었던 것이다.[50]

스미스의 설명에 따르면 상업과 제조업의 부흥은 사람들로 하여금 영주의 토지를 떠나 장인과 상인이 되도록 하는 결과를 낳았다. 장인과 상인이 된 사람들도 여전히 생계비를 대지주의 지출에 의존했지만, 이제 영주가 장인이나 상인의 생계에 미치는 영향은 미미해졌다. 이런 이유로 어떤 영주도 그들 중 누구에게도 명령할 처지가 아니었다. 이제 그는 지불의 대가로 버클만을 얻을 뿐 권위는 얻지 못하게 되었다. 시장교환이 선물교환을 대체함으로써 장인과 상인을 "비굴한 종속"에서 해방시켰다. 이와 비슷한 과정으로 농민도 해방되었다. 가신들을 떠나보냄으로써, 영주는 수백 명 또는 수천 명을 유지할 목적으로 수확의 많은 부분을 탈취해 갈 필요가 없게 되었다. 그래서 영주는 많은 임의차지인을 해고하는 한편, 남은 차지인에 대해서는 지대를 인상했다. 남은 차지인은 더 높은 지대를 기꺼이 지불할 의향이 있었지만, 그 대가로 장기임대를 요구했다. 이 방법으로 농민 역시 영주에 대한 비굴함에서 해방되었다. 이전에는 임의차지인들이 지주의 모든 변덕을 맞춰 주지 않으면 추방될까 봐 두려워하며 지주 앞에서 굽실거리고 설설 기어야 했지만, 장기임대에 의해 보호받게 된 농민은 이제 지대만 지불하면 되었다. 시장연계(market nexus)는 지배와 종속의 관계를, 상호적 이해관계와 인격적 독립을 기초로 한 공정거래로 대체한다. 지주의 권위를 잠식함으로써 시장사회는 또한 평화, 질서와 법의 지배를 가져오는 국가정부의 권력을 증가시켰다.[51]

지금까지 살펴본 시장사회의 부상에 대한 스미스의 설명은 역사학적인 것이다. 그것은 시장을 **자유롭게** 만드는 것, 즉 거래에 대한 모든 독점화된 제약을 제거했을 때의 **기대**효과를 고려하지 않는다. 이와 같은 제약 중 으뜸은 장자상속과 한사상속(entails)으로, 이는 거의 모든 토지를 분할도 하지 않은 채 소수의 거대 가문의 장남들 소유로 묶어두는 것이었다. 스미스는 이들 제약이 "후대의 모든 사람이 땅에 대하여 평등한 권리를 갖지 않는다는 최고로 불합리한 가정에 근거하고 있"고, 심지어 토지소유가 "약 500년 전에 죽은 사람들의 기호"에 제약받는다는 점을 비난했다.[52] 대토지소유자는 "작은 절약과 작은 소득에" 공들이고 주의를 기울여야 하는 토지 개선보다는 눈에 잘 띄는 소비에 더 관심을 갖기 때문에, 이러한 제도는 비효율적이다.[53] 가장 효율적인 농업생산자는 자작농, 즉 자신의 땅을 경작하는 소지주다. 소작인도 임의차지인도, 심지어 장기임차인조차도 토지 개선에 투자할 커다란 동인을 갖고 있지 않았는데, 그것은 그들의 지주가 수확의 일부 또는 전부를 전유할 것이기 때문이었다. 노예는 열심히 일하려는 동기가 없기 때문에 노예제도 효율적이지 못했다.[54] 장자상속과 한사상속이 폐지된다면 대토지는 소유자가 사망하는 즉시 분할되고 매각될 것이었다. 더 많은 토지가 시장에 공급될 것이기 때문에 토지 가격은 하락할 것이다. 이는 농장이 가장 생산적인 사람들인 자작농의 수중에 들어가게 할 것이다. 스미스는 북아메리카를 재산이 그리 많지 않은 개인조차도 자신의 농장을 소유할 수 있으며, 그 결과 자작농이 농업 부문을 주도하게 되는 미래의 모델로 기대했다.[55]

스미스는 완전히 자유로운 시장에서는 독립적 장인과 상인이 몇 명의 종업원만으로 운영하는 소규모 기업에 의해 상업 및 제조업 부문이 지배될 것이라고 믿었다. 대규모 기업은 국가가 부여한 독점, 관세, 기타 중상주의적 보호정책의 산물이었다. 그것은 단지 주식회사들이 혁신이나 기업가적 비전을 전혀 요구하지 않는 네 가지 "전형적인" 사업—은행업, 보험, 운하 및 수리 사업—을 위해 이용하던 대규모 자본집중을 더 강화하기 위한 것일 뿐이었다. 국가의 특별한 보호책이 있든 없든 이 사업들은 실패할 가능성이 크다.[56] 진입장벽이 제거된 자유시장에서는 소유자에 의해 운영되는 기업이 임원들에 의해 운영되는 주식회사보다 경쟁에서 우월하다. 왜냐하면 소유자는 자신의 자금을 걸고 자신의 사업에 더 많은 에너지, 관심과 기술을 투자할 것이기 때문이다. 공개된 시장에 더 많은 진입자가 있으면 이윤율은 하락할 것이다. 이윤이 낮으면 대규모 재산은 거의 축적될 수 없고, 따라서 거의 모든 자본소유자가 생계를 위해 노동을 해야 할 것이다.[57]

효율적인 분업을 갖춘 스미스의 기업 모델인 핀 공장에 노동자가 단 10명뿐인 것은 놀라운 일이 아니다.[58] 『국부론』은 1776년에 출판되었고, 스미스는 겨우 산업혁명이 시작되는 문턱에서 책을 썼을 뿐이었다. 제니 방적기는 1764년에 발명되었지만, 1770년에 특허를 받을 때까지는 비밀에 부쳐졌고 1776년에는 고작 몇몇 공장에서만 이용되기 시작한 상태였다. 그러한 빈약한 증거를 근거로 하여 블레이크가 언급한 "어두운 악마의 공장들"[13]의 부상을 예견할 수 있었던 사람은 아무도 없었다. 스미스가 대부분의 상품 생산에 있어 규모의 경제는 무시될 수 있다고 믿은 것은 합리적이었다고 할 수 있다.

따라서 우리는 자유시장사회에 대한 스미스의 경제적 비전이 그보다 한 세기 이상 앞선 수평파의 비전과 일치한다는 걸 알게 된다. 길드, 독점, 관세, 토지매매에 대한 제약, 그 밖에 "자연적 자유"에 대하여 국가가 집행하는 제약을 폐지하라, 그러면 거대한 부의 집중은 사라지는 반면 노동은 "풍부한 보상"을 향유하게 될 것이다.[59] 부의 불평등이 일부 남는다 해도 문제 되는 일은 거의 없을 것이다. 스미스의 시대에 재산이 많지 않은 사람의 손에는 닿지 않고 거대한 부가 있어야만 살 수 있는 것은 단 두 가지, 즉 타인에 대한 지배와 허영뿐이

[13] Dark Satanic Mills. 이는 윌리엄 블레이크(William Blake)가 「예루살렘」이라는 시에서 착취가 횡행하던 영국의 자본주의를 비유적으로 표현한 것으로 알려져 있다.

었다.[60] 시장사회가 부상하자 부자는 지배의 추구를 사소한 허영의 추구로 대체했다. 이는 평등주의적 관점에서는 거대한 승리였다. 자유시장으로 가는 장벽을 제거하라, 그러면 부자의 재산은 금방 사라지는 반면 자영업을 위한 기회는 확산될 것이다.[61] 이는 평등의 관점에서는 또 다른 거대한 진전일 것이다. 그것은 무척이나 인간적인 비전이다.

산업혁명 이전의 평등주의: 페인에서 링컨까지

거의 모든 사람이 자작농, 장인, 소상인과 같은 자영업자거나 아니면 지금은 작은 공장의 노동자여도 몇 년 후에는 능히 자신의 농장이나 사업장을 마련하기 위해 저축을 할 수 있을 만큼 벌이가 충분하고 또 점점 더 벌게 되는, 그런 자유시장경제를 상상해 보라. 시장은 완벽히 경쟁적이어서 아무도 타인에 대한 시장지배력을 갖지 못할 것이다. 이윤은 낮고 모든 사람이 생계를 위해 일을 해야 하기 때문에 노동이 경시되지 않을 것이다. 물질적 불평등은 출생, 국가가 부여한 특권, 자본의 소유, 타인의 노동에 대한 지휘권에 기인한 불평등이 아니라 본인의 노동 성과 및 숙련도에서 나타나는 개인차에 한정될 것이다. 모든 사람은 평등한 기반 위에서 다른 모두를 만날 것이다. 모든 사람은 개인적 독립을 향유할 것이다. 아무도 타인의 지배에 종속되지 않을 것이다. 이것이 평등주의적인 유토피아, 진정 평등한 사람들의 자유로운 사회에 가깝지 않겠는가?

평등주의자들은 그러한 유토피아가 아메리카에서 등장하는 것을 목격했다고 생각했다. 오늘날 미국이 전 세계의 부자 국가 가운데 단연 가장 불평등하다는 점을 고려하면, 이는 상상하기 힘든 일이다. 그러나 스미스의 시대부터 링컨의 시대에 이르기까지 아메리카는 대서양 양안에서 평등주의자들의 주된 희망이었다.

노예제는 그 희망에 묻은 거대한 오점이었음에 틀림없다.[62] 그러나 의기양양했던 아메리카 혁명과 초기 공화국 시기에는 낙관주의가 지배적이었다. 1787년의 북서부영지법(Northwest Ordinance)[14]은 북서부 속령에서 노예제의 확산을 금지했다. 1804년까지 모든 북부 주에서 노예제를 폐지하는 법안이 통과되었다. 노예제는 스미스가 주장했듯이 비효율적인 생산 형태로서 자연사를 앞두고 있다고 생각한 사람이 많았다.

혁명의 시대에 아메리카는 전 세계 다른 어떤 나라와도 달리 자유노동자가 될 기회를 제공했다. 자유 인구의 대다수가 자영업자였는

[14] 공식 명칭은 '미합중국의 오하이오강 북서부 속령의 통치를 위한 법'으로, 1787년 7월 13일 연합의회에 의해 채택되었다. Ordinance는 오늘날 city나 town이 제정하는 조례를 가리키지만, 북서부영지법은 미합중국 최초의 의회인 연합의회에 의해 제정된 것으로 일종의 연방법이었다. 북서부영지법은 북서부 속령 지역의 통치 방식을 정했는데, 이 법에는 세 가지 주요 조항이 규정되었다. 첫째, 북서부 속령은 3개 이상 5개 이하의 주로 분할된다는 규정. 둘째, 연합에 새로운 주를 받아들이기 위한 3단계 방법을 정한 규정. 1단계로는 지사, 장관 및 3명의 판사를 의회가 임명하고, 2단계로 속령의 유권자 수가 5,000명에 도달하면 연합의회에 투표권을 가지지 않은 대표를 선출할 수 있으며, 3단계로 속령 인구가 6만 명에 도달하면 주 헌법을 기초하고 연합의 구성원 자격을 요구할 수 있었다. 셋째, 종교의 자유, 인신보호영장과 배심재판의 혜택을 받을 권리, 기타 개인의 권리들을 보호하는 권리장전. 이 법은 이러한 권리장전에 더하여 교육을 장려하고 노예제를 금지했다. National Archives 참고. 〈https://www.archives.gov/milestone-documents/northwest-ordinance〉, 검색일: 2023.12.1.

데, 어떤 사람은 자작농이었고 어떤 사람은 독립적 장인이나 상인이었다. 직인들도 몇 년 후에는 자신의 기업을 소유할 기회가 충분했다. 북부에서는 노예제뿐만 아니라 도제제도와 연한부 계약 노동(indentured service)[15] 등 다른 형태의 비자유 노동도 가파르게 쇠퇴하고 있었다.[63] 미래가 만인에게 진정한 인격적 독립을 약속하는 것처럼 보였다.

토머스 페인은 혁명기에 3개 국가에서 이러한 비전을 열렬히 옹호한 인물이었다. 퀘이커교도로 자라나 코르셋 제조자로 도제수업을 받았던 페인은 사회적 위계를 경멸했고 평등을 위한 정치적 운동에 일생을 바쳤다. 그는 그 당시까지 가장 대중적이고 영향력 있던 정치 팸플릿 『상식(*Common Sense*)』을 집필한 미국 혁명의 영웅이었다. 『상식』은 단순히 독립을 바라면서 식민지 사람들을 끌어모은 것이 아니었다. 아메리카가 하나의 공화국으로서 평등한 사람들의 자유로운 사회가 어떤 모습인지를 전 세계에 보여 줄 수 있다는 생각으로 사람들을 집결시켰다. 프랑스 대혁명기에 페인은 국민의회에 선출되었다. 또한 19세기에 이르기까지 그의 저작이 활발히 읽혀, 그는 아메리카와 영국의 급진적 노동운동가들에 의해 추앙되었다. 1838년부터 1848년까지 활동했던 차티스트들은 페인의 저작을 자신들의 필독서로 삼았다.

페인의 경제적 견해는 넓은 의미에서 자유지상주의적이었다. 개인은 자신의 일에 국가가 간섭하지 않아도 스스로의 힘으로 거의 모

[15] 17-19세기 북미와 유럽에서 흔했던 제도로, 계약을 맺은 사람이 일정 기간 동안 노동을 제공하는 대가로 이주 비용, 생활비, 교육 등을 지원받는 형태를 말한다. 보통 계약 기간 동안 사실상 강제 노동에 가까운 환경에 놓이는 경우가 많았다.

든 문제를 해결할 수 있다.[64] 생산 기술의 모든 진전은 기업가 개개인 덕분이며, 이들은 정부가 자신들을 그냥 내버려두기를 바랄 뿐이다.[65] 훌륭한 정부는 직업을 자유롭게 추구하면서 노동의 결실을 향유하고 가능한 한 가장 낮은 수준의 세금만 부담하도록, 개인을 "평화롭고 안전"하게 지켜주는 것 이상의 역할을 하지 않는다.[66] 페인은 평생 상업, 자유무역과 자유시장의 옹호자였다.[67] 그는 노동자가 자유시장에서 임금 교섭을 해야 한다고 주장하면서, 국가의 임금 규제에 반대하는 주장을 펼쳤다.[68] 재정에 대한 일반 대중의 의심과는 대조적으로 페인은 북아메리카은행(Bank of North America)의 설립을 옹호한 대표적인 인물이었다.[69] 이는 장인들에게 신용을 제공하고, 동시에 국가가 너무 많은 지폐를 발행하지 못하도록 막기 위해서였다.

그는 대부분의 문제가 정부에 의해 발생한다고 주장했다. 지폐의 과도한 발행(인민대중이 추측하는 것처럼 축적이 아니라)이 인플레이션의 원인이라고 보았다. 그래서 그는 혁명전쟁기 인플레이션 상황에서 제기된 가격통제 요구를 비판했고 프랑스 국민의회에서도 가격통제에 반대하는 주장을 했다.[70] 그는 경화(hard money)와 재정적 책임을 요구했으며,[71] 다음과 같은 주장을 펼쳤다. 대부분의 국가—영국이 그 대표적 사례다—에서 정부는 전쟁을 일으키고 채무를 과도하게 증가시키며, 부담스러운 조세를 부과하는 등 사회에 주요한 부담을 초래한다. 정부지출은 대개 낭비적이다. 과세는 도둑질이며 정부는 "전쟁과 강탈의 체계"다.[72] 정부의 녹을 받아서 먹고사는 사람들은 사회적 기생충이며 근면한 사람들을 억압한다.[73] 또한 정부는 빈곤의 주요한 원인이기도 한데, 빈곤은 "정부의 탐욕스러운 손이 산업의 모든 틈새에까지 구석구석 파고들어가 대중이 일궈 놓은 노력의 산물을 잡아채 가는 것"에 기인한다.[74] 또한 그는 가난한 사람들이 납부를 강요당했던 억압적 세금을 환급함으로써 영국에서 빈곤을 몰아낼 계획을 제안했다. 세금을 극적으로 감축하라, 그러면 가난한 사람들은 잘 지내게 될 것이고, 부자는 더 이상 복지체계를 뒷받침하기 위해 구빈세를 납부하지 않아도 될 것이다.[75]

정치경제에 대한 페인의 견해는 오늘날의 기득권층인 공화당의 전술서에서 찢어 낸 것처럼 보인다.[76] 이를 고려할 때, 1809년에 사망한 그가 수십 년이 지난 후에 미국과 영국에서 급진적 노동운동가들의 영웅이 될 수 있었던 이유는 무엇일까? 그는 자유시장에 대한 강한 신뢰를 보여 주며, 19세기 정치의 특징이었던 반자본주의적 계급투쟁의 흔적이라고는 그에게서 전혀 찾아볼 수 없는데 말이다. 그 해답은 급진적 노동운동가들이 자영업에 가까워지는 것을, 빈곤을 피하고 사회에서 평등한 사람으로서의 지위를 획득하는 핵심으로 보았다는 것에서 찾을 수 있다. 18세기 말과 19세기 초에 가장 급진적인 노동자는 신흥 산업 프롤레타리아트가 아니라 자신의 기업을 운영했던 장인이었다.[77] 그들은 자본가인 동시에 노동자였고, 자신의 자본을 소유했지만 생계를 위해서는 노동 또한 해야 했다. 소규모 사업의 운영자로서 그들은 상업과 시장과 신용에 대한 공개된 접근을 선호했다. 거의 완전한 자영업의 보편화가 실현되었거나, 아니면 자유노동자에게 현실적인 전망으로 여겨지던 아메리카는 해당 개념을 증명해 보였다. 페인은 미국적 실험을 대중화한 가장 위대한 인물이었다.

자영업자가 자신의 지위와 기회가 강력한 제도에 의해 위협받고 있다는 것을 깨닫게 되는 경제적 맥락에서, 노동자를 자본가에 맞서 싸우게 하는 것은 앞뒤가 맞지 않는다. 그 대신 대중정치는 보통의 노동자로 하여금 엘리트, 즉 더 강력한 제도를 통제하는 모든 사람에 맞서 싸우도록 한다. 또한 그것은 보통의 노동자를 게으른 사람, 즉 귀족처럼 생계를 위해 노동할 필요는 없지만 타인의 노동에 기대어 살아가는 사람들에 맞서 싸우게 하기도 한다. 수평파는 국가가 지주, 국교회, 길드, 가부장 등 모든 형태의 억압적인 사적 정부를 승인한다고 보았다. 그러나 페인에게 있어 산업화 이전 시대의 평등주의적 비전은 국가에 초점을 맞추는 관점으로 협소해졌다.[16] 미국을 제외한 대부분의 국가는 부패했다. 국가가 평범한 노동자들을 희생시켜 엘리트를 편들 때, 즉 국가가 "불공평한 선호와 억압에 근거해" 행동할 때에는 언제나 부패가 존재한다.[78] 페인은 이러한 부당한 편애로 인해 평범한 노동자들이 억압당한 몇몇 사례를 열거했다. 게으른 지주들은 귀족원에서 특별한 대표성을 부여받고 그들에게만 적용되는 별도의 법률도 마련되어 있었다.[79] 국가는 거래에 참여하려는 모든 사람의 권리와 경제성장을 희생시키면서 엘리트에게 특허장(독점허가증)을 부여했다.[80] 국가는 국왕과 그의 게으른 신하들에게 자금을 넉넉하게 지원하기 위해 노동하는 사람들에게 세금을 부과했다.[81] 국가는 의회 의원들의 표를 매수하고, 장자상속 제도하에서 아무런 유산도 받

[16] 페인의 『상식』과 『인권』을 새롭게 번역한 박홍규는 페인의 최대 관심사가 전제주의 타파와 공화국 수립이었다고 본다. 토머스 페인 지음, 박홍규 옮김, 『상식, 인권』(필맥, 2017), 401쪽.

지 못할 쓸모없는 젊은 귀족 아들들에게 일자리를 제공하기 위해 한직(sinecures)을 나눠주었다.[82] 최악의 부패는 단연 국가가 일으키는 전쟁이었다. 약탈과 제국주의를 뒷받침하기 위해 조세부담과 공공채무를 급증시키는 희생을 하면서 엄청난 비용을 써서 전장에 피를 흘리게 하는 것이 바로 국가다. 귀족계급이 조세체계를 통제했기 때문에, 그들은 대부분의 세금에서 스스로를 면제시켰고, 억압적 영업세를 통해 전쟁에 수반되는 비용을 노동하는 사람들에게 전가했다.[83]

페인의 저과세·자유무역의 자유지상주의적 의제들은 높은 곡물가격에 직면한 수출주도형 농업경제에서는 상당한 합리성을 가졌고, 이는 18세기 말의 아메리카에 있어서 타당한 것이었다. "아메리카를 부유하게 만든 상업은 생활필수품 거래이고, 유럽 사람들이 먹는 것을 관습처럼 즐기는 한 상업은 언제나 시장을 확보할 것이다."[84] 만성적인 노동력 부족을 겪는 나라, 그리고 자영업이 거의 모두에게 당장이라도 택할 수 있는 선택지였던 나라, 즉 아메리카에서는 자유시장에서 임금이 높았다.[85] 인구 대부분이 자영업자일 경우에 국가 간섭으로부터 벗어나게 해 달라는 요청은 오늘날의 경우와는 상당히 다른 문제가 된다. 노동자가 거의 없고 사실상 모든 사람이 기꺼이 퇴직하여 자영업으로 전환할 가능성을 가지고 있다면 고용 규제에 대한 요구는 크지 않다. 어떤 기업도 시장지배력을 가질 정도로 충분히 크지 않을 때에는 반독점 규제도 필요하지 않다. 토지가 풍부하고 사실상 무상이라면 사람들은 널리 흩어져서 살고 환경에 대한 영향(당시에 사람들이 이해하는 한에서는)은 최소한이기 때문에, 토지 이용 및 오염 규제는 거의 필요없다. 사람들이 거의 모든 판매용 상품들의 품질을 검사 즉시 평가할 수 있고 거의 모든 사람이 자신이 먹는 것을 스스로 재배할 때에는 소비재의 안전을 규제할 법률도 크게 필요하지 않다. 은행업이 원시적이고 경제의 많은 부분이 화폐화되어 있지 않은 시대에는 불가해한 재정 법령들이 경제를 굴복시킬 수 없었다. 그러므로 복잡한 재정 규제 역시 거의 필요하지 않다. 중앙은행이나 현대적 통화정책에 대한 어떤 관념도 없는 시대에는 국가가 지폐를 마음대로 발행할 수 있도록 허용하는 것—페인의 시대에 파괴적인 인플레이션을 낳았던 관행—보다는 금본위제가 더 나은 정책이다. 페인의 아메리카는 아마 전 세계 어느 곳보다도 현대의 경제학자들이 정의하는 시장실패의 예방에 근접했던 것 같다.

그럼에도 불구하고, 페인을 생애의 거의 마지막까지 계속해서 괴롭혔던 문제가 있었다. 그것은 광범위한 빈곤이었다. 『인권(*The Rights of Man*)』[17] 에서 페인은 영국의 왕, 신하, 한직, 군대와 식민지 체제를 유지하기 위해 가난한 사람들이 납부한 세금을 환급함으로써 영국의 빈곤이 해결될 수 있다고 주장했다. 이 낭비적인 지출을 줄이고 구빈세를 종식시키고도 여전히 잉여분이 있다면 빈민에게 환급하거나 그들의

[17] 『인권』은 프랑스 대혁명에 대한 옹호에서 출발하여 전횡적인 정부의 해악과 가난, 문맹, 실업, 전쟁 등에 대한 해결책을 찾고자 한 책이다. 박홍규는 『인권』을 잉글랜드 노동계급 운동의 원천을 이루는 저작이라고 평가한 톰슨을 인용하여 그 가장 중요한 부분이 2부 5장, 즉 상업과 산업 활동을 찬양하고, 식민지 지배를 탄핵하며, 형법을 비판하고, 폐쇄적인 특허장, 신분단체, 독점 등을 규탄하며 세금부담을 강력히 비난한 뒤 여러 가지 사회개혁 방안을 제시한 부분이라고 강조한다. 이 개혁안은 영국 중산층과 노동계급의 일상적인 경제적 궁핍의 경험과 결부되어 개혁을 위한 선전활동 전체에 새로운 건설적 성격을 제공했기에, 톰슨에 따르면 페인이 영국 민중에게 준 것은 급진적 평등주의의 새로운 수사법이었다고 한다. 토머스 페인, 앞의 책, 400쪽.

아이들이 빈곤한 성인이 되지 않도록 교육시키는 데 지출할 수 있다.

그의 사상에는 빈곤의 원인에 대한 더욱 체계적인 평가가 암시되어 있었다. 빈곤을 단순히 낭비적 지출을 하느라 과도한 세금으로 빈민을 억압하는 부패한 국가의 탓으로, 또는 독점화나 기타 형태의 국가의 편애 탓으로만 돌릴 수는 없을 것이다. 사람들이 빈곤을 면하려면 교육에 접근할 수 있어야 했다. 더 나아가 페인은 「농업의 정의(Agrarian Justice)」[18]에서 그가 아메리카에서 본 보편에 가까운 자영업 체계에 대해서까지 그 적합성을 문제 삼기에 이르렀다. 그런 체계의 큰 결함은 가족이 빈곤을 피하기 위해 노동에 의존하게 된다는 것이다. 노령, 장애, 질병 또는 죽음 때문에 가족 중 일할 수 있는 사람이 아무도 없게 된다면 무슨 일이 벌어지겠는가? 부자는 일하지 않고도 살 수 있는 비축 자본이 있었다. 빈곤을 방지하기 위해서는 모든 사람에게 그에 상응하는 어떤 것이 필요할 것이다. 페인은 더 이상 일할 수 있는 사람이 없는 가족을 위해 노령연금, 유족수당, 그리고 장애급여를 포함하는 보편적 사회보험체계를 제안했다. 게다가 그는 인생에서 새로운 삶을 시작하는 청년을 위한 보편적 사회적 지분급여 체계를 제안했다. 청년은 이 보조금을 자신의 노동으로 빈곤을 피하기에 충분한 돈을 벌게 해줄 심화교육이나 수단을 얻는 데 쓸 수도 있을 것이다. 이것은 전 세계 최초의 현실적인 포괄적 사회보험 제안이었고, 빈곤을 종식시키기 위한 최초의 현실적 제안이었다.

[18] 「농업의 정의」는 1797년에 토머스 페인에 의해 작성된 팸플릿이다. 이 팸플릿의 원문은 미국 사회보장국(The United States Social Security Administration, SSA) 홈페이지에서 찾아볼 수 있다. 〈https://www.ssa.gov/history/tpaine3.html〉, 검색일: 2023.12.1.

페인은 이것이 사유재산과 자유시장에 대한 자신의 원칙들을 포기한다는 의미는 아니라고 주장했다. 최후까지 개인주의자였던 페인은 그의 사회보험체계를 엄격한 로크적 재산 원칙들[19]을 근거로 정당화했다. 사회보험을 위한 세입은 그의 시대에는 토지세와 마찬가지였던 상속세로부터 나올 것이다. 토지소유자가 원래 만인의 공동재산으로 여겨졌던 지구의 일부에 울타리를 둘러치면서도 그 수용에 대하여 다른 모두에게 보상을 하지 않았기 때문에, 이는 정당한 것이었다. 그들이 최초의 전유 과정에서 토지에 그들의 노동을 혼합했다고 하더라도 오로지 그들의 노동이 토지에 보탠 가치에 대해서만 권리를 가질 수 있었다. 그들은 원래 그대로의 자연자원의 가치나, 토지의 시장가격을 향상시킨 근린생활시설 용도의 가치를 누릴 자격이 있다고 주장할 수는 없었다. 사회의 각 구성원은 이들 가치의 1인당 지분에 대한 권리가 있었으므로 토지소유자는 여전히 모든 사람에게 지대를 빚지고 있었다. 이러한 추론에 의해 페인은 사회보험을 자선이 아니라 보편적인 권리로 정당화했다.[86]

[19] 노동소유권에 대한 일종의 자연법적 제한으로서 로크가 설정한 세 가지가 부패제한, 십분제한, 노동제한이다. 부패제한은 어떤 자원이든 썩지 않을 정도로만 소유할 수 있다는 제한이고, 십분제한은 사적으로 소유하더라도 다른 사람들에게 돌아갈 토지가 충분히 있어야 한다는 제한(충분제한이라고도 함)이며, 노동제한은 자연상태에 자기의 노동을 결합시킴으로써만 그 획득한 결과(비옥한 토지 등)를 그 노동의 주체가 소유할 수 있다는 제한을 말한다. 그런데 화폐라고 하는 부패하지 않는 수단으로 무제한적인 재산 축적이 가능해지면서 부패제한이 무너졌고, 토지의 자유로운 소유가 생산력의 비약적 증대를 가져옴으로써 토지를 소유하지 못한 사람도 혜택을 받는다는 발상으로 십분제한이 무력화되며, 소유의 근거가 자기 노동을 넘어서 반대급부를 지급한 타인 노동으로도 확장된다고 함으로써 노동제한 역시 무너지게 된다. 로크의 노동소유권론 개념과 그 한계에 대한 이런 비판은 국순옥, 앞의 책, 36-40쪽 참고.

국가가 베푼 부패한 특혜들과 결부시키지 않고 빈곤에 대해 체계적으로 설명한 경제학적 견해가 이렇게 등장했지만, 페인주의적인 급진적 노동이데올로기에서는 그런 견해가 더 이상 발전하지 못했다. 윌리엄 코빗(William Cobbett) 같은 영국의 급진주의자들과 차티스트들은 계속해서 독립적 노동자를 억압하는 원천으로서 정치적 부패에 초점을 맞추었다. 자유시장을 소득 분배를 위한 유일한 장치로 삼는 체계에 내재한 문제를 체계적으로 해결하기 위한 방안으로 사회보험이라는 발상이 다시 채택된 것은 사회주의가 부상한 이후였다. 그런데 후에 역설적으로 그것은 사회주의의 적들에 의해 채택되었다. 독일사회민주당의 활동을 금지했던 악명 높은 반사회주의자였던 비스마르크가 전 세계에서 최초로 사회보험 제도를 실시했던 것이다.

산업혁명이 유럽에서 사회주의 이전 시대의 평등주의적 노동급진주의를 종식시켰을 때—차티스트운동은 1848년에 마지막 순간을 맞았다—조차도, 미국에서 독립 소생산자를 기반으로 하여 구축된 평등한 사람들의 자유로운 사회라는 꿈은 남북전쟁 기간 내내 지속되었다. 이것은 전쟁 이전 시기에 공화당이 근거로 삼고 있던 이상이었다. 그 핵심 원칙인 반노예제는 단순히 노예들에게 끼친 도덕적 잘못에 근거한 것이 아니라(물론 이러한 잘못은 인정되었지만), 노예제가 자영노동자에게 제기했던 위협에 근거를 둔 것이었다. 전쟁 전 공화당의 핵심적 강령은 속령에서 노예제 확산을 금지하는 것이었다. 속령에서 거대한 노예 플랜테이션이 만들어지면, 자유민이 자작농으로 자리 잡기 위해 이용할 수 있었을 토지를 흡수해 버리고는 그들을 남은 평생 동안 임금노동자로 전락시킬 것이었다.[87] 링컨 대통령은 자기 정당의 견해를 분명히 밝혔다. 그는 모든 노동자가 임금노동자이거나 노예여야 하며(자본에 의해 고용되거나 매입되어야 하며), 고용된다면 "평생 그 상황에 고정"되어야 한다는 이론을 거부했다. 이것을 그는 사회의 "최하층 빈민(mud-sill)" 이론—노예제 옹호론자인 사우스캐롤라이나의 제임스 해먼드(James Hammond) 상원의원이 개진한 것으로, 튼튼하게 지어진 모든 집이 지하층 토대에 기초를 둘 필요가 있듯이, 모든 사회는 문명의 기초를 놓기 위한 단조롭고 고된 일을 떠맡을 열등한 계급의 사람들을 필요로 한다는 사상—이라고 비판했다.[88] 링컨은 그에 대항하는 견해를 이렇게 개진했다.

> 당연하게도, 평생 그 상황에 고착되어 있는 자유로운 고용노동자와 같은 것은 결코 없다. (…) 이 의회에 있는 많은 독립적인 사람들이 몇 년 전에는 고용된 노동자였음은 의심의 여지가 없다. 그리고 그들의 경우가 거의—완전히는 아니더라도—일반적이다. 세상에서는 알뜰하고 무일푼인 초보자가 잠시 임금을 위해서 노동을 하고, 자신을 위해 도구나 토지를 구입할 잉여분을 저축하며, 나아가 또 잠깐을 자기 책임하에 노동하고 한참 후에는 자신을 도와줄 다른 새로운 초보자를 고용하게 된다. 그 옹호자들은 이것이 바로 자유노동—만인을 위해 길을 열고, 만인에게 희망을 주며, 만인에게 에너지와 진보 그리고 조건의 개선 가능성을 부여하는, 정의롭고 관대하며 번영하는 체계—이라고 말한다.[89]

이렇게 자유노동이 완전한 자영업으로 나아가는 것이 바로 "평등

한 사람들의 사회"가 의미했던 것이다.[90]

공화당의 약속은 진정으로 "만인을 위한" 것이었을까? 1862년 홈스테드법(Homestead Act)[20]은 그 약속을 실현하기 위한 하나의 시도였다. 그러나 북부 대도시들의 임금노동 대중에게 이것은 이미 노동자로서 그들의 요구에 대해서는 이야기하지 않는, 비현실적인 꿈이었다. "준자유 노동의 중간지점"을 점했던 자유 흑인, 중국인 연한부 계약 노동자, 멕시코계-미국인 날품노동자(peons)와 아메리칸 원주민에게 이는 훨씬 더 비현실적이었다.[91] 노예제를 폐지한 수정 제13조[21]는 비백인을 위해 그 약속을 앞당기려고 시도했다. 수정 제13조에 따라 날품노동자와 기타 형태의 비자발적 노역은 금지되었다. 비록 다양한 형태의 날품노동에 반대하는 소송은 보편적인 자영업의 꿈이 영원히 좌절되어 버린 지 한참 후인 1940년대까지도 계속되었지만 말이다. 우리의 관점에서 볼 때 더욱 의미심장한 것은 수정 제13조가 재산의 매매와 임대에서 인종차별을 금지한 1866년 민권법의 토대였다

[20] 1860년 의회를 통과했으나 당시 뷰캐넌 대통령에 의해 거부되었다가 1862년 링컨이 서명, 공포한 법으로, 160에이커의 공유토지를 일정한 조건을 충족하는 개인에게 무상으로 지급하는 것이었다. 21세가 되거나 세대주인 사람으로서 미합중국에 적대적이지 않고 미합중국의 적을 지원하지 않는다는 조건을 충족하면 누구나(흑인과 이민자를 포함) 약간의 신청비만 부담하면 신청할 수 있었다. 신청 후 5년 이상 일정한 토지에 가옥을 짓고 거주하면서 토지를 개선하기 위한 노동을 한 사람은 해당 토지에 대한 소유권을 취득할 수 있었다. 1세기 이상 그 효력이 지속된 이 법에 따라 배분된 토지 면적은 약 2억 7천만 에이커(1억 9백만 헥타르)에 달했다고 한다. 〈https://www.britannica.com/topic/Homestead-Act〉, 검색일: 2023.12.1.

[21] 수정 제13조(노예제도 폐지)
제1절 노예제도 또는 강제노역제도는 당사자가 정당하게 유죄 판결을 받은 범죄에 대한 처벌이 아니면 미국 또는 그 관할에 속하는 어느 장소에서도 존재할 수 없다.
제2절 연방 의회는 적당한 입법에 의해 본 조의 규정을 시행할 권한을 가진다.

는 사실이다. 노예제를 폐지하는 법률이 토지를 구매할 권리를 지지했다는 것은, 노동자가 자신의 자본을 구입하거나 임대할 수 있어야 한다고 요구하는 자영업과 자유노동을 동일시한 배경 이데올로기를 고려할 때에만 이해가 된다. 그러나 그 약속은 급진 공화주의자의 재건(Reconstruction), 즉 해방된 사람들에게 과거의 노예제 플랜테이션을 분배하려던 비전이 실패함으로써 실현되지 못한 채 방기되었다.

급진 공화주의적 재건 계획이 입법화되었다고 하더라도, 자유노동의 이상은 이미 그 운명이 정해져 있었다. 미국에서 희망찬, 영감을 주는 평등주의적 이상으로서 시작되었던 것은 세 가지 방식으로 자멸했기 때문이다.

첫째, 보편적 자영업의 이상은 가족생활에 필수적이면서 압도적으로 여성에 의해 수행되는 무급가사노동을 결코 포함하지 못했다. 수정 제13조에 대한 의회의 논쟁은 완전히 자유로운 노동의 약속에서 여성이 배제되었음을 분명히 보여 주었다. 수정 조항에도 불구하고 남편은 여전히 아내의 노동으로 얻은 재산을 소유했다.[92] 남성의 독립은 아내의 노동에 대한 그들의 지배에 의존하고 있었기 때문에, 이것은 자유노동의 이상에 내재해 있는 모순이었다.[93] 그 표면상의 보편주의와 초개인주의의 이면에는, 아내와 아이들의 노동에 대한 남성의 지배 구조라는 전제가 감춰져 있었다. 노예제 폐지 운동에서 발생했던 페미니즘 운동은, 여성이 사업장과 가정에서 독립적이고 평등한 지위를 요구하게 됨에 따라서, 이러한 모순을 강조하려고 했다.

둘째, 독립노동의 이름으로 노예제를 종식시킨 남북전쟁은 역설적으로, 백인 남성 계급조차도 닿을 수 없도록 그 이상의 보편화를 더 멀어지게 했던 힘들을 촉발했다. 남북전쟁은 산업화의 강력한 동인이었고, 따라서 임금노동체계를 이용하는 대기업이 영세 사업자에게 승리를 거두게 하는 강력한 추동 요인이기도 했다.

셋째, 그 이상은 궁극적으로 평등주의적 열망을 전복시키게 된 암묵적인 존경의 위계를 내포하고 있었다. 유일하게 완전히 존중할 만한 노동이 독립적인 자영노동이라면, 평등한 사람으로 인정받을 방법이 자기 자신의 기업을 운영하는 것이라면, 그렇다면 전 생애 동안 임금노동자로 남아 있는 사람들에 대해서는 어떻게 해야 하는가? 링컨의 입장은 명확했다. "누구든지 평생 동안 고용노동자의 상태에 머무른다고 하면, 그것은 시스템의 오류가 아니라 그것을 더 선호하는 의존적 성격 때문이거나 경솔함, 어리석음 또는 기이한 불운 때문이다."[94] 변경이 아직 열려 있던 1861년에조차도,[22] 이주와 도시산업화의 급성장 속도는 서부로 진출하는 사람들의 흐름을 넘어서고 있었다. 임금노동자를 폄하하는 링컨의 판단은 의자뺏기게임에서 게임의 구조가 그 결과와 아무런 관계도 없다고 부정하면서, 의자를 차지하지 못하고 서 있는 사람들을 비난하는 것과 비슷하다. 그러므로 평등주의적 이상으로 시작했던 것이 존경의 위계를 위한, 즉 사업가를 임

[22] 미국 역사지리학에서 변경(frontier)은 정착민이 드문 개활 자유토지 또는 1평방마일당 정착인구가 2명 미만인 토지의 경계선으로 정의된다. 역사학자 터너(Frederick J. Turner)는 1893년 미국역사학회 연설에서 1890년 인구조사로 변경은 소멸되었다고 선언했고, 터너의 주장은 미국의 대학에서 널리 받아들여지는 지배적 견해로 자리잡았다. 그러나 1980년대 중반 일부 역사학자가 문제를 제기하면서 이후 지금까지 논쟁이 계속되고 있다고 한다. John Whitehead, "How Have American Historians Viewed the Frontier?", "Meeting of Frontiers" Conference, May 17, 2001, 〈https://www.loc.gov/rr/european/mofc/whitehead.html〉, 검색일: 2023. 12. 1.

금노동자보다 더 높이기 위한 또 하나의 근거가 되고 만 것이다.[95]

산업혁명의 대격변

산업혁명은 생산의 영역에서 보편적 자치라는 평등주의적 이상을 산산조각 내 버렸다. 규모의 경제는 소경영자의 경제를 압도하여, 많은 노동자를 고용한 대기업이 소경영자를 대체했다. 자영업의 기회는 19세기 동안 극적으로 위축되었고 오늘날까지 계속해서 위축되어 왔다. 산업혁명은 또한 노동의 성격과 제조업에서 소유자와 노동자 사이의 관계들을 바꾸었으며, 양자 사이의 간극을 더 넓혔다.

산업화 이전의 소규모 공방에는 장인 아래 직인과 도제라고 하는 위계가 있었다. 특히 도제는 (오늘날 미국의 많은 인턴과 같이) 임금에 대한 권리가 없어 자유롭지 않았다. 그러나 여러 가지 요소가 이러한 위계를 제약했다. 장인은 직인과 함께 일했고, 도제에게 기술을 가르치면서 동일한 노동을 수행했다. 그들이 같은 공방에서 그들의 하급자와 동일한 종류의 노동을 수행한다는 사실은 노동조건을 편하게 만들었다. 장인은 너무 불편하거나 안전하지 못해서 스스로도 일하기 어려운 환경의 공방에서 하급자에게 일을 시킬 수 없었다. 그들이 몸소 감내할 수 있는 것보다 더 가혹한 작업 속도를 강요할 수도 없었다. 전형적인 장인 공방의 작업 속도는 느슨했으며 많은 휴식 시간을 포함하고 있었다. 장인은 그들의 직인과 친하게 지냈다. 심지어 노동 시간 중에도 장인과 직인 사이에 자유롭게 술잔이 오갔다. 마지막으로 미국에서 19세기 초반부 내내 숙련된 직인이, 링컨이 표준이라고 생각했던 식으로, 몇 년 동안 임금노동을 한 후에는 스스로 공방을 차릴 수 있을 거라고 기대한 것은 합리적이었다. 하나의 서열에서 다음 서열로 가는 그렇게 짧고 쉬운 연결이 있었기 때문에, 노동자가 엄연히 존재하는 위계를 평등주의적인 공화주의적 가치들과 조화시키기가 비교적 쉬웠다.[96]

산업혁명은 제조업에서 사용자와 종업원 사이의 간극을 극적으로 넓혔다. 사용자는 실제로 일을 하더라도 더 이상 종업원과 동일한 종류의 일을 하지는 않았다. 정신노동은 육체노동과 분리되었고, 육체노동은 급격하게 탈숙련화되었다. 회사 내의 서열은 그 단계가 크게 증가했다. 최고 경영진은 심지어 같은 건물에서 일하지 않을 수도 있었다. 그로써 노동조건은 쉽게 악화되었다. 노동자는 시계와 기계의 끊임없는 혹독한 규율에 종속되었다. 사용자는 그들의 노동자와 한잔하는 대신 절제, 근면, 시간엄수 및 규율을 설교했다. 조건은 열악했고 노동 시간은 길었으며 임금은 낮았고, 승진의 전망은 누가 얼마나 열심히 일했는가와 관계없이 최소한에 그쳤다.

19세기는 교도소, 수용소, 병원, 공원, 구빈원, 공장 등 사회 전역에 걸친 전체기관(total institutions)[23]의 확산을 목격했다. 제러미 벤담

[23] 사회학자 고프먼(Erving Goffman)이 창안한 개념으로, "유사한 처지에 있는 많은 사람들이, 상당 기간 동안 더 넓은 공동체로부터 격리되어, 폐쇄되고 공식적으로 관리되는 일상생활을 하는 곳으로서 노동과 거주가 함께 이루어지는 장소"를 말한다. 전체기관의 핵심적 특징은 통상적으로 다양한 생활 영역들을 분리하는 울타리들의 붕괴라고 할 수 있다. Christie Davies, "Goffman's Concept of the Total Institution: Criticisms and Revisions", *Human Studies* 12, No. 1/2(1989), 77-95, 특히 77쪽 참고.

의 악명 높은 감옥 계획인 판옵티콘은 이런 다른 기관들에 모델이 되었다.[97] 조지프 프리스틀리(Joseph Priestley) 등 다른 자유주의자들은 이런 새로운 유형의 과도한 규율이 지배하는 기관을 후원하기 위해 공장 소유자 및 사회개혁가들과 연합했다. 여기에 새로운 자유주의 질서의 핵심적 모순이 있었다. "이들 급진주의자는 정치체제와 시장에서는 독립, 자유와 자율을 설교했지만, 공장, 학교, 구빈원 및 교도소에서는 질서, 관례 그리고 복종을 설교했다."[98]

산업화 이전의 급진적 노동운동가들은 장인의 지위와 비교하여 새로운 생산질서가 자율, 존경과 지위를 크게 저하시키는 것을 보면서 그 생산질서를 **임금노예제**(wage slavery)라고 불렀다. 반면 자유주의자들은 그것을 **자유노동**(free labor)이라고 불렀다. 이러한 관점의 차이는 마르크스가 강조했던 바로 그 지점에 있었다. 노동계약을 개시하고 그것에서 퇴장하는 조건만 보자면 노동자는 자유롭고 평등하게 사용자와 마주하는 것처럼 보인다. 자유주의적 견해는 이 점을 강조했다. 그러나 노동자가 계약을 이행하는 과정에서 경험하는 실제 조건을 본다면, 노동자는 그들의 사용자에 대해 심각한 종속의 관계에 있다. 급진적 노동운동가들은 그 점을 강조했다.

이에 비추어 이제 이 강연의 시작 부분에 등장했던 스미스와 마르크스 사이의 대조로 돌아가 보자. 시장사회에 대한 그들의 상이한 평가는 흔히 근본적으로 상반된 가치들에 근거한 것으로 추정되곤 한다. 그러나 두 사람 모두 시장사회가 혁신, 생산 효율, 그리고 경제성장을 이끄는 방식에 경탄했다. 그리고 양자는 모두 점점 더 세밀해지는 노동분업이 노동자에게 미치는 탈숙련화 및 마취 효과를 개탄했다.[99] 오히려 그들이 의견을 달리했던 것은 시장사회가 노동자에게 무엇을 가져다줄 것인지에 관한 기대였다. 스미스의 가장 큰 희망, 즉 수평파에서 차티스트까지, 페인에서 링컨까지 급진 노동활동가들에 의해 공유되었던 희망은 시장을 최대한 자유롭게 하면 미주알고주알 개입하는 사장으로부터 독립하여 자기 자신의 생산활동을 규율하는 데 자질과 판단력을 발휘할 자영업자 계급이 극적으로 확대되리라는 것이었다. 시장관계에 대한 스미스의 낙관적 표상이 독립적 경영자인 정육업자, 양조업자 및 제빵업자에 초점을 둔 것은 놀랍지 않다. "과거에는 그들의 상급자에 대한 비굴한 종속(…)이 거의 지속되는 상태에서 살았던 (…) 개인의 (…) 자유"가 자유시장사회의 "단연코 가장 중요한" 효과인 한, 그것은 평등주의적 대의로서, "좌파적인" 것으로서 옹호될 수 있었다. 그러나 산업혁명과 함께, **노동**에서 시장의 파급은 제조업 노동자를 상급자에 대하여 과거보다 훨씬 더 깊이 종속된 상태로 되돌려놓았다. 이기심을 경멸했고, 방대한 재산을 축적하고자 하는 욕망을 비난했으며, "부자와 권력 있는 자들(…)을 찬양하고 거의 숭배하기까지 하는 성향을 우리 도덕감정이 타락하게 된 크고도 가장 보편적인 원인"으로 인용했던 스미스라면 달가워하지 않았을 것이다.[100]

산업화 이전의 평등주의자들은 산업혁명의 도전에 대한 해답을 가지고 있지 않았다. 거의 보편화된 자영업을 매개로 한 자유시장을 통해 평등한 사람들의 자유로운 사회를 실현하려 했던 그들의 모델은 산산조각 났다. 그들의 선배들이 예견하고 찬양하던 것과 정반대되는 효과를 낳은 사회적 맥락에, 시장사회를 옹호하는 초기의 주장들을 태평하게 적용했던 자유방임 옹호자들은 옛날의 주장들이 더 이상 들어맞지 않는다는 것을 깨닫지 못했다. 오늘날까지 우리의 정치적 담론을 병들게 하고 있는 자유지상주의와 권위주의 사이의 공생관계가 그렇게 하여 생겨났다. 왜냐하면 우리는 우리 앞에 놓인 도전의 본질을 아직도 제대로 파악하지 못하고 있기 때문이다. 그것은 바로 **사적 정부**다.

2

사적 정부

우리 가운데 있는 공산주의 독재

거의 모든 사람에게 그들이 복종해야 하는 상급자를 지정하는 정부를 상상해 보라. 상급자는 대부분의 하급자에게 따라야 할 일과를 제시하지만, 법의 지배는 존재하지 않는다. 명령은 자의적일 수 있고 사전 통지 없이 언제라도 바뀔 수 있으며, 항의할 기회조차 주어지지 않는다. 상급자는 자신이 시시콜콜 명령을 내리는 사람들에게 책임을 질 필요가 없으며, 하급자에 의해 선출되지도 않고 하급자에 의해 해임될 수도 없다. 하급자는 엄격하게 정의된 몇몇 경우를 제외하고는 자신들이 어떤 취급을 받고 있는지에 관하여 법정에서 항변할 권리도 없으며, 주어지는 명령에 자신의 의사를 반영시킬 권리도 없다.

이러한 정부에 의해 지배되는 사회에는 서열이 있다. 사람들이 받는 명령의 내용은 각자의 서열에 따라 달라진다. 상위 서열에 속한 개인은 명령을 어떻게 수행할지를 결정함에 있어 상당한 자유를 부여받을 수 있고 일부 하급자에게 약간의 명령을 할 수도 있다. 최상위 서열에 있는 개인은 어떠한 명령도 받지 않고 숱한 명령을 내리기만 한다. 최하위 서열에 속한 사람은 거의 하루 종일 자기 몸의 움직임과 발언을 세세히 규제당한다.

이런 정부는 제재로부터 자유로운, 개인적이거나 사적인 자율 영역을 인정하지 않는다. 복장 규정을 두거나 특정한 헤어스타일을 금지할 수도 있다. 명령에 순종하고 있다는 것을 확실히 하기 위해 모두가 감시하에 살게 된다. 상급자는 하급자의 이메일을 엿보고 그들의 통화 내용을 기록한다. 아무런 의혹이 없는데도 그들의 신체와 소지품을 검사하는 일이 일상적으로 일어날 수 있다. 의료 검진을 받으라는 명령을 하는 것도 가능하다. 정부는 사용 언어를 지정하고 그 밖의 언어로 하는 모든 소통을 금지할 수도 있다. 일정한 토론 주제를 금지할 수도 있다. 사람들은 합의에 의한 성적 행위나 배우자 또는 생활 동반자 선택을 이유로 제재를 받을 수도 있다. 그들은 자신의 정치적 활동을 이유로 제재당할 수도 있고 그들이 동의하지 않는 정치적 활동에 참여하도록 요구받을 수도 있다.

이러한 정부에 의해 운영되는 사회의 경제체제가 공산주의이며, 정부는 자신이 통치하는 사회에서 노동 이외의 모든 생산수단을 소유하고 중앙계획에 의해 생산을 조직한다. 이러한 정부의 형태는 독재다. 어떤 경우에는 독재자가 과두정에 의해 임명되기도 하고, 독재자 스스로 그 자리에 오르는 경우도 있다.

이러한 정부가 그 구성원에 대하여 행사하는 통제는 광범위하지만, 그 제재력은 제한적이다. 명령을 위반했다는 이유로 누구도 처형하거나 투옥할 수는 없다. 정부는 사람들을 하위 서열로 강등시킬 수 있으며, 가장 흔한 제재는 추방이다. 개인 역시 자유롭게 이주할 수 있다. 비록 한번 이주하면 대개 돌아올 수는 없지만 말이다. 추방이나 이주는 그에 따른 심각한 결과를 가져올 수 있다. 대다수의 사람들은 다른 공산주의적 독재국가—여럿 중에서 고를 수는 있겠지만—로 이주를 시도하는 것 외에는 달리 현실적 선택지가 없다. 몇몇 사람은 겨우 무정부주의적 배후지로 도피하거나 자기 자신의 독재국가를 수립할 수 있을 뿐이다.

이런 정부는 대개 당근을 통해 복종을 확보한다. 사회의 모든 소득을 통제하기에, 명령을 특별히 잘 따르는 사람들에게 더 많은 금전적 보상을 제공하고 상위 서열로 승진도 시킨다. 소통을 통제하므로, 이런 정부에는 흔히 많은 사람을 설득하여 체제를 지지하도록 하는 선전기구도 있다. 여기에는 세뇌까지도 필요 없다. 사람들은 자신을 체제와 동일시하고 그것으로부터 이익을 얻기 때문에, 자발적으로 체제를 지지하고 그 명령에 따르는 경우가 많다. 어떤 상급자에게 종속되긴 하겠지만 아랫사람에 대해서는 지배를 행사할 수 있다는 이유로 체제를 지지하는 사람들도 있다. 서열이 높을수록 이와 같은 이유로 체제를 지지하는 경향이 증가한다는 사실은 놀라운 일이 아니다.

그러한 정부의 지배를 받는 사람들이 자유롭겠는가? 예상컨대, 미국 사람 대부분은 그렇지 않다고 생각하겠지만, 실제로는 대부분이 바로 그런 정부 밑에서 일하고 있다. 그 정부란 바로 현대 사업장이며, 미국에 있는 대부분의 기관[1]에는 그런 정부가 존재한다. 독재자

[1] 앤더슨은 '기관(establishment)'이란 단어를 자주 사용하는데, 문맥상으로는 거의 '기업'을 가리킨다. 그럼에도 '기업'과 '기관'이라는 단어를 함께 사용하는 것은 노동자를 고용하여 지배하는 것이 사기업에 국한되지는 않기 때문일 것이다.

는 최고경영자(CEO)이고 상급자는 관리자(managers)이며, 하급자는 노동자다. 소유 공개 기업에는 최고경영자를 임명하는 과두정이 존재하는데, 그것은 바로 이사회다. 추방의 처벌이란 해고되는 것을 말한다. 현대 사업장의 경제체제는 공산주의다. 왜냐하면 정부, 즉 기관이 모든 자산을 소유하며,[1] 기관에서 위계의 최상위자가 생산계획을 설계하고 하급자는 그것을 실행하기 때문이다. 현대 사업장에 내부시장은 없다. 실제로 회사의 경계는 시장이 끝나고 권위적이고 중앙집중화된 계획과 지시가 시작되는 지점으로 **정의된다.**[2]

미국의 노동자는 대부분 그들의 노동생활에서 공산주의적 독재에 의해 지배되고 있다.**[2]** 대개 그런 독재는 노동자의 근무 외 생활—그들의 정치 활동, 발언, 성적 파트너의 선택, 기분전환용 약물 사용, 음주, 흡연 및 운동—까지도 규율할 법적 권한을 가지고 있다. 대부분의 사용자는 근무 외 생활을 규율하는 이러한 권한을 불규칙하게, 자의적으로 그리고 예고 없이 행사하기 때문에, 노동자는 대부분 그것이 얼마나 전면적인 것인지를 깨닫지 못한다. 예컨대, 대다수는 자신이 근무 외 시간에 올린 페이스북 게시글을 이유로, 또는 사장이 반

[2] 국내에서는 사회주의자를 자처하는 임승수가 앤더슨처럼 자본주의 기업을 독재라고 분명하게 지적한 바 있다. 다음과 같은 그의 언급들은 앤더슨과 거의 유사하다. "자본주의 기업은 소유권자인 자본가가 이윤 추구를 목적으로 사업 계획을 세우고 고용한 노동자에게 상명하달식으로 업무를 지시한다. 그런 의미에서 철저한 독재 시스템이다."(임승수, 『사회주의자로 산다는 것』(수오서재, 2023), 110쪽); "왕이 성군인지 폭군인지에 따라 사회의 거대한 영역이 좌지우지되는 게 바람직하지 않듯이 소수의 독점 자본가가 사회적 자본의 상당 부분을 배타적으로 통제하며 나라 경제를 좌지우지하는 상황을 민주주의라고 부를 수는 없다. 온갖 미사여구로 그 본질을 가린다 한들 자본주의란 결국 대다수 노동자를 소수 자본가의 지배하에 두는 경제적 독재 시스템일 뿐이다."(같은 책, 116쪽)

대하는 정치적 후보자를 지지했다는 이유로, 자신들을 해고할 수는 없다고 믿는다. 그러나 근무시간 외 발언에 대해 사용자의 간섭으로부터 부분적으로나마 보호받는 것은 전체 미국 노동자의 약 절반밖에 되지 않는다.[3] 엄격히 정의된 상황을 제외하고는 직무에 관한 발언에 대해 법적 보호를 향유하는 사람은 그보다 훨씬 적다. 노동조합 활동을 촉진하는 발언처럼 그들이 법적 보호를 받을 권리가 있는 경우에조차 그들의 법적 권리는 느슨한 집행 때문에 사실상 무용지물이 되는 경우가 많다. 노동조합을 배제하기로 결심한 사용자는 감히 노동조합을 언급하는 모든 노동자를 즉시 해고하는데, 소송비용 때문에 노동자가 사용자에게 이에 대한 책임을 묻기란 불가능하다.

우리 가운데 있는 공산주의적 독재—이런 독재는 우리 삶을 널리 지배하고 국가보다 통제 범위가 훨씬 더 큰 경우가 많다—에 대한 이런 설명은 대부분의 사람에게 몹시 놀라울 것이라 예상한다. 확실히 스스로를 자유지상주의적 개인주의자라고 생각하는 미국의 많은 최고경영자는 자신들이 작은 공산주의 정부의 독재자로 묘사되는 것을 보고는 놀랄 것이다. 우리 사회에서 흔히 볼 수 있는 그런 모습을 우리는 왜 있는 그대로 인정하지 않는가? 적어도 민주국가에 대해서 하는 만큼 이런 형태의 정부를 비판적으로 검토해야 하지 않겠는가? 이 강연에서 나의 목표는, 왜 공적 담론과 정치철학이 우리의 노동 및 근무시간 외 생활에 권위주의적 지배 구조가 만연해 있다는 사실을 대체로 무시하는지와 왜 우리가 다시 이 점에 주목해야 하는지를 설명하고, 이와 관련해 우리가 할 일은 무엇인지 몇몇 생각을 개략적으로 제시하는 것이다. 왜냐하면 이들 쟁점이 등한시된 것이 비교적 최근의 일이기 때문이다. 그것들은 산업혁명부터 뉴딜에 이르기까지 공적 담론, 학술적 및 법적 이론화, 그리고 정치적 선동의 뜨거운 주제였다. 그러나 지금 이 영역에서는 주변화된 학술적 하위분야의 구성원—즉 노동역사학자, 노동법학자 및 일부 노동경제학자—과 일부 노동변호사 및 노동활동가만이 활동할 뿐이다.

우리가 노동생활을 포착하기 위해 현재 사용하는 지배적인 도구들은 산업혁명 이전에 만들어진 것이고, 원래는 미래를 향한 뷰파인더로 고안된 것이었다. 그러나 산업혁명으로 인해 노동자의 전망에 근본적으로 불가역적인 변화가 생겼음을 인식하면서 생겨난 조직노동운동은 이 도구들을 쓸모없는 것으로 여기며 거부했다. 조직노동운동이 심각하게 쇠퇴한 이후 이 도구들이 다시 도입되었지만, 지금은 노동에 대한 우리의 실제 제도적 풍경을 덮는 눈가리개 역할을 할 뿐이다. 우리가 사업장 지배 구조에 관한 현재 제도의 규범적으로 유의미한 특징들을 포착하기 위해서는 다른 도구가 필요하다. 특히 우리는 **사적 정부**의 개념을 부활시킬 필요가 있다.

사적 정부: 바로 그 사상

대부분의 현대 사업장은 사적 정부다. 이는 단순히 그들이 소위 사적 부문에 있고 일정한 내부 권위 구조—예컨대, 기업 지배 구조를 위한 규칙에 명시된 것과 같은—를 가지고 있다는 것만을 뜻하지는 않는다. 오히려 내가 가리키는 것은 특별한 종류의 정부 구조, 즉 그 치하의 국민에게는 자유가 없는 정부 구조다.

사적 정부라는 개념은 용어상의 모순처럼 보일 수 있다. 왜냐하면 당대의 공적 담론의 빈약한 어휘에서, 그리고 당대의 정치철학 상당 부분에서 **정부**는 국가와 동의어로 취급되는 경우가 많은데, 정의로 추정되는 것에 따르면 국가는 **공적 부문**의 일부이기 때문이다. 그 추정상의 대응물인 **사적 부문**은 정부가 끝나고 이에 따라 개인적 자유가 시작된다고 상상되는 영역이다. 미국의 공적 담론에서 이러한 견해를 가리키는 특징적인 표현은 다음과 같다. "정부가 우리의 사적인 생활에 더 깊이 간섭하도록 허용하는 체계를 위해 다름 아닌 우리의 자유를 포기하는 것(…)은 답이 아니다. (…) 정부가 자신의 권력을 증대시키려고 하는 일은 하나하나가 자유라는 파이에서 **정부 몫의 조각**을 키우게 된다. (…) 두 조각밖에 없기 때문에, 그 파이에서 정부 몫의 조각이 커질 때마다 시민의 조각은 **줄어든다.**"[4] 이것은 버지니아주 법무부장관을 지낸 켄 쿠치넬리(Ken Cuccinelli)가 한 말이다. 그러나 그런 생각이 그에게서 나온 것은 아니다. 그는 단지 공적 담론에서 널리 받아들여지고 있는—자유지상주의자 사이에서는 확실히 그렇지만, 그들 사이에서만 그런 것은 아니다—하나의 견해를 표현하고 있을 뿐이다. 그 혼란의 실체를 밝혀 보자.

첫째, 누군가가 타인에게 하나 또는 그 이상의 생활영역에서 제재로 뒷받침되는 명령을 내릴 권한을 가지는 곳이면 어디에나 정부가 존재한다.[5] 근대 **국가**는 정부의 여러 가지 형태 중 하나일 뿐이며, 막스 베버는 영토에 대한 물리력의 정당한 사용을 독점적으로 결정할 수 있다고 주장하는 "강제적인 조직"이라고 정의했다.[6] 19세기 이전의 대중적인 용례는 오늘날 우리의 정부/국가 구분보다 훨씬 더 명확하다. 존 애덤스(John Adams)[3]는 "여성들을 기억하라"고 그에게 요구하는 애비게일(Abigail)[4]의 유명한 편지에 이렇게 답했다.

> 우리는 우리의 투쟁이 도처에서 정부의 속박을 느슨하게 했고, 아이들과 도제는 순종하지 않으며, 학교와 대학은 무질서해졌고, 원주민은 그들의 후견인을 경시하고 흑인은 그들의 주인에게 무례해졌다는 말을 들어 왔습니다. 그러나 당신의 편지는 다른 모든 부족보다 수도 더 많고 힘도 더 강한 또 하나의 부족이 불만을 품게 되었다는 (…) 최초의 암시였습니다. 염려 마세요, 우리의 남성적(masculine) 체계를 폐기할 만큼 우리가 어리석지는 않으니까요.[7]

여기서 애덤스는 정부가 "도처에" 있다는 것, 즉 부모(와 여성 **가정교사들**)가 아이들에 대해, 장인이 도제에 대해, 선생이 학생에 대해, 후견인이 원주민에 대해, 주인이 노예에 대해, 남편이 아내에 대해 지배권을 행사한다는 것을 솔직하게 인정하고 있다. 앞선 강연에서 이미 정부의 범위에 관한 이러한 이해가 17세기 영국에 살았던 인물들에게도 똑같이 친숙한 것이었음을 보았다.

이제 공(public)/사(private) 구분을 고려해 보라. 어떤 것이 당신**으로부터**(*from* you) 사적인 것으로 보호받는 것이 정당하다면, 그것은 당신

[3] 미국의 제2대 대통령.

[4] 존 애덤스의 아내이자 미국 제6대 대통령인 존 퀸시 애덤스의 어머니.

이 상관할 일이 아니라는 뜻이다. 이는 적어도 다음의 결과 중 하나를 수반한다. 당신이 그것에 관하여 알 권리가 없거나, 당신의 이해관계는 그것에 관한 결정을 하는 데 아무런 관계가 없거나, 당신은 그것에 관하여 결정을 할 권리가 없거나, 그들의 결정이 당신에게 미치는 영향에 대해 책임을 물을 권리가 당신에게 없다. 그것이 당신**에게**(*to* you) 사적인 것이라면, 그것은 당신의 일**이고, 따라서** 당신은 다른 사람들이 그것을 자신의 일로 만들지 못하게 할 수 있다는 의미다. 이는 적어도 다음의 결과 중 하나를 수반한다. 당신은 다른 사람들이 그것에 관하여 알지 못하도록 할 권리가 있거나, 그리고/또는 그것에 관하여 결정을 할 때 타인의 이해관계를 고려할 필요가 없거나, 당신이 그 결정에 대하여 다른 사람들에게 책임을 질 필요가 없거나, 당신에게는 다른 사람들을 그에 관한 결정에서 제외할 권리가 있다.

어떤 것이 **공적**이라면, 그것은 다소간 잘 정의된 집단의 사람들(**공중**의 구성원)의 일이어서, 누구도 그 집단 구성원이 그것을 자신의 과업으로 삼는 것을 막을 권리가 없다는 뜻이다. 정보를 제공한다는 의미에서 공공성(publicity)은 통상적으로 지위, 의사결정 및 책무성과 관련한 공공성보다 훨씬 더 확장된다. 뒤의 세 범주는 문제 되는 바로 그 어떤 것의 지배 구조를 가리킨다. 지배 구조의 측면에서 그것의 공적 지위는 공중이 그 지배 구조와 관련해 무언가 요구할 만한 지위를 주장할 수단과, 그것에 관한 집단적 결정을 하기 위해, 또는 그런 결정을 하도록 선출되거나 임명된 개인에게 책임을 묻기 위해 스스로를 조직할 수단을 수반한다.

프라이버시는 사람에 따라 상대적이다. 어떤 사람들에 관해서는 사적인 일이 다른 사람들에 관해서는 공적일 수 있다. 사적 클럽은 비회원에게는 사적이지만, 일반적으로 그 구성원에게는 공적인 일이다. 통상적으로 클럽은 회원들을 초대하여 모임을 가질 것이고, 그 모임에서 회원들은 클럽의 활동과 재정에 관하여 알게 되고, 클럽의 운영에 자신들의 이익이 반영되기를 요구하고, 클럽에 관하여 결정을 내리며, 클럽의 간부에게 책임을 묻는다. 따라서 사회에는 완전히 공적인 영역이나 완전히 사적인 영역은 존재하지 않는다는 결론에 도달한다. 많은 영역이 있고, 그중 어떤 것이 공적인지 사적인지는 당신이 누구인지에 달려 있다.[8]

오늘날 우리는 국가를 "그" 공적 영역과 관련시키며, 국가의 사무가 아니라 개인들 자신의 사안은 "그" 사적 영역과 관련시킨다. 이러한 연상이 자연스럽게 여겨지는 한, **사적 정부**라는 개념은 모순적으로 보일 것이다. **사적 영역**의 모든 것이 개인의 자유에 속하는 것 아닌가? 그리고 **공적인**(정부의—혼란스럽게도 국가에 한정되긴 하지만) 통제를 받는 모든 것은 개인의 자유에 대한 제약 아닌가? 그것이 쿠치넬리의 생각이며, 그것은 당대의 공적 담론에 자리 잡은 연상을 반영하고 있다.

물론 국가를 공적 영역과 관련시키는 것이 당연한 것은 아니다. 그것은 엄청나게 큰 중요성을 가지는 경험적인 사회적 성취다. 인민주권과 공화주의적 정부 형태를 위한 수세기에 걸친 투쟁은 국가를 공적인 것으로, 즉 인민과 관계되고 인민에게 투명하며 인민의 이익에 봉사하고 그 속에서 인민이 발언권을 가지고 지배자에게 책임을 물을 권력을 가지는 어떤 것으로 만들기 위한 시도들이다. 권위주의적 정부들은 정반대의 주장을 한다. 국가의 일은 지배자의 사적인 일이라고.

이 점은 국가에 의해 운영되는 정부뿐만 아니라 **모든** 정부에 일반화된다. 당신은 다음과 같은 경우에는 언제나 **사적 정부**에 종속된다. (1) 당신이 매사에 당신에게 명령하고 생활의 특정 영역에서 명령 불이행을 이유로 당신을 제재할 수 있는 권력자(authorities)에 종속되는 경우, (2) 광범위한 사례에서 권력자가 자신이 어떤 명령을 내리는지 또는 왜 자신이 당신을 제재하는지는 당신이 상관할 일이 아니라고 취급하는 경우. 정부는 어떤 국민의 특정 생활 영역에서 그 국민에게 제재가 수반되는 명령을 내릴 수 있지만, 그 국민은 정부가 어떻게 운영되는가에 대해 어떤 발언권도 없고 매우 엄격하게 정의된 상황이 아니고서는 정부가 내리는 결정들에서 그들의 이익을 고려해 달라고 요구할 지위도 없다면, 그런 정부는 그 국민에 대하여 사적이다. 사적 정부는 자신이 통치하는 사람들에 대하여 자의적이고 책임을 수반하지 않는 권력을 갖는 정부다. 물론 이것은 정도의 문제다. 다른 정부나 사회규범, 기타 압력에 의해서 일정한 방식으로 견제될 수도 있기 때문이다.

정부의 사적 성격(privacy)**은 국가와의 관계가 아니라 피치자와의 관계에 따라서 정의된다**는 데에 주목하라. 국가로부터 사적인 정부라는 개념은 우리에게 훨씬 더 친숙하다. 우리는 국가와의 관계에서 사적인 법적 실체들을 언급하면서 기업 지배 구조, 교회 지배 구조, 기타 등등을 말한다. 그러한 사적 정부의 개념은 피치자와 그들이 이들 정부와 맺는 관계로부터 도출한 것이다. 그러나 이 개념은 국가가 이들 정부의 결정 과정에서 물러나 있다는 사실에만 초점을 맞추고 있다. 사적 정부에 대한 나의 정의는 이들 중 많은 정부에서 피치자 역시 결정 과정에서 제외되어 있다는 사실에 초점을 둔 것이다.

이제 자유와 정부의 관련성을 생각해 보라. 쿠치넬리는 국가의 자유와 시민의 자유 사이의 제로섬 상쇄(trade-off)를 묘사한다. 그러나 자유의 개념에는 적어도 세 가지가 있다. 소극적 자유, 적극적 자유 그리고 공화적 자유가 그것이다. 당신이 소극적 자유를 가지고 있다면 아무도 당신의 행동에 간섭하지 못할 것이다. 당신이 적극적 자유를 가지고 있다면, 당신이 가진 자원을 통해 효과적으로 접근할 수 있는 선택지가 많을 것이다.[9] 당신이 공화적 자유를 가지고 있다면, 아무도 당신을 지배하지 못할 것이다. 즉 당신은 자의적이고 책임지는 일은 없는 그 누군가의 의지에 종속되지 않을 것이다.[10] 이 세 종류의 자유는 서로 구분된다. 무인도에 홀로 있는 사람은 완전한 소극적 자유와 공화적 자유를 누리지만, 코코넛을 먹는 것 이외에는 아무 할 일이 없기 때문에 사실상 적극적 자유는 전혀 누릴 수 없다. 절대군주로부터 폭넓은 특권과 벌이가 좋은 한직을 하사받은 총신은 상당한 수준의 소극적 자유와 적극적 자유를 향유할 수 있다. 그러나 군주는 그들의 특권을 회수해 갈 수 있고 마음 내키는 대로 그들을 지하감옥에 집어넣을 수도 있기 때문에, 그들에게 여전히 공화적 자유는 없다. 풍요로운 사회민주주의 국가의 시민은 상당한 적극적 자유와 공화적 자유를 누리지만, 생활의 다양한 측면에서 자신의 선택을 제한하는 복잡한 국가 규제의 형태로 소극적 자유에 대한 수많은 제약을 받게 된다.

세 가지 종류의 자유는 모두 소중하며, 이들 자유 사이에 절충점을 찾아야 할 타당한 이유가 있다. 우리가 순수하게 소극적 자유에만 초점을 맞추고 순전히 경합재(rival goods)만을 고려한다면, 자유라는 파이의 크기가 고정되어 있다는 쿠치넬리가 옳은 것처럼 보일 **수도 있다**. 경합재 G에 대한 한 행위자의 자유는 그것에 대한 다른 사람의 자유를 배제하는 것처럼 보일 것이다. 그러나 이는 소극적 **자유**를 **배타적 권리**와 혼동한 것이다. 모든 사람이 모든 경합재를 취하거나, 그것을 소유하기 위해 경쟁할 소극적 자유를 가진다는 홉스적 자연 상태에는 어떤 모순도 없다. 그것은 완전한 소극적 자유를 이룬 사회 상태일 것이다. 그것은 세계가 하나의 규제되지 않은 공유지(commons)인 무정부주의적 공산주의 상태다. 그러한 상태는 또한 파멸적이기도 하다. 누구든지 다른 사람이 노동을 통해 생산한 것을 무엇이든 자유롭게 가질 수 있다면 생산은 붕괴될 것이다. 지구의 천연자원조차도 규제되지 않은 공유지에서라면 급속히 고갈되고 말 것이다. 그러므로 재산권, 즉 다른 사람을 배제할 권리가 없다면 사람들은 매우 가난하고 불안정해질 것이다. 기회들, 즉 **적극적** 자유는 재산권 체계가 수립됨으로써 훨씬 더 확대된다.

이것이 사유재산권 체제를 옹호하는 표준적인 논변이다. 그것은 논리적으로 흠잡을 데가 없지만 그 함의들은 종종 간과되고 있다. 사유재산 **권리**의 수립에는 소유자의 허가 없이는 타인의 재산에 간섭을 하지 말아야 한다는 의무가 수반된다. 이는 재산권과 상관관계가 있는 의무로서, 개인이나 국가에 의해 강제적으로 집행될 수 있다. 따라서 사유재산권은 소극적 자유가 극대화된 상태와 비교할 때 소극적 자유의 대규모 순손실을 수반한다. 랄리타(Lalitha)라는 여성이 한 필지의 토지를 사유재산으로 가지고 있다면, 그 토지에 대한 그녀의 자유는 해당 필지에 대한 70억 명의 다른 사람들에게 주어진 동등한 소극적 자유를 희생시키는 **배타적인 권리**에 의해 확보된다. 우리가 선량한 자유지상주의자들이라서 자유에 대한 제한을 정당화하기 위해서는 반드시 더 중요한 몇몇 다른 자유에 호소해야 한다고 주장한다면, 그 때 사유재산에 대한 자유지상주의적 옹호의 성패는 많은 경우에 적극적 자유가 소극적 자유보다 당연히 우선한다는 점을 인정하는가 여부에 달려 있다. 그 결과 (자유의 관점에서 사유재산을 정당화할 수 있는 모든 설명이 그래야 하듯이, 소극적 자유보다 적극적 자유에 더 높은 가중치를 부여하는 설명에서는) 소극적 자유에 대한 (사유재산권 집행의 형태로 이루어지는) 대규모의 국가 제약조차도 전체 자유를 증대시킬 수 있게 된다.

소극적 자유에 대하여 국가가 강제하는 제약은 또한 공화적 자유를 고양함으로써 전체 자유를 증대시킬 수도 있다. 이것은 공화주의적 전통에서 나오는 유서 깊은 논변이다. 즉 국가는 전제정으로 타락하여 국민에 대하여 자의적인 권력을 행사하기 쉽기 때문에, (우리가 보았듯이 소극적 자유의 대규모 순손실을 수반하는) 사유재산권의 확고한 보호 없이는 공화주의적 정부 형태는 불안정하다. 이 논변은 현대의 자유지상주의적 저술에서도 이어져 왔다.[11]

이런 형태의 논변은 국가 아래에 있는 사적 정부에도 똑같이 적용할 수 있다. 어떤 사람이 자신이 사적 정부에 종속되어 있음—공화적 부자유의 상태—을 깨닫게 되면, 시시콜콜 명령하거나 명령 불복종에 대해 제재를 부과하는 사적 통치자의 권력에 소극적 자유의 제약을 부과함으로써 자신의 자유를 고양할 수 있다. 이는 사적 정부에 대한 국가 규제를 포함할 수도 있다. 예컨대, 성적 지향이나 성 정체성을 근거로 하여 종업원을 차별하지 말아야 한다는 요건을 국가가 사용자에게 부과하는 것은 자신의 성 정체성을 표현하고 성적 파트너 및 생활 동반자를 선택할 노동자의 공화적 자유 및 소극적 자유를 고양한다. 그러한 국가 규제는 또한 더 많은 사람이 성 정체성을 드러낼 수 있도록 하고 그럼으로써 성 소수자들(LGBT people)이 유사한 성적 지향을 가진 다른 사람들과 교류할 수 있는 기회를 증가시킴으로써 적극적 자유도 고양한다. 이렇게 국가가 일정한 사람들의 소극적 자유에 제약을 가함으로써 더 많은 사람의 세 가지 자유 모두를 고양시킬 수 있다.

따라서 사적 정부는 완전히 일관성 있는 개념이다. 그것을 파악하기 위해 우리는 정부의 범위를 국가로 한정하는 잘못된 인식을 거부할 필요가 있고, 국가로부터 사적인 상태에 있는 활동의 영역들에서 사적 통치자에 의해 자유가 제약될 수 있다는 것과 사람들의 소극적 자유에 대한 국가의 제약이 증가하면 개인의 적극적 자유 및 공화적 자유에 대규모의 순이익을 가져올 수 있다는 것을 인정할 필요가 있다. 국가에 의해 제약을 받는 사람들이 다른 사람과의 관계에서 사적 통치자라면, 이를 통해 심지어 소극적 자유에서도 순이익을 창출할 수 있다.

사업장 정부와 이데올로기적 눈가리개로서 기업 이론

내가 정의한 바에 의하면, 종업원은 광범위하게 사적 정부에 종속되어 있다. 왜 그런가? 종업원을 통치할 사용자의 법적 권한과 관련되는 한, 산업혁명이 중요한 단절을 만들어 내지는 않았기 때문이다. 법적으로 말하자면, 사용자는 가구원을 통치할 가부장적 권리의 확장으로서 항상 권위주의적인 통치자였다.

산업혁명은 유급노동의 주요한 현장을 가정에서 공장으로 이동시켰다. 원칙적으로 이는 해방적 순간일 수 있었다. 사업장의 지배 구조를 가정의 지배 구조로부터 분리할 가능성을 열었다는 점에 있어서는 말이다. 그러나 산업 부문 사용자들은 종업원의 가정생활까지도 통치할 법적 권한을 보유했다. 20세기 초, 포드 자동차 회사는 종업원이 단정한 삶을 영위하고 있는지 확인하기 위해 종업원의 가정을 사전 통보 없이 조사하는 전담 부서인 사회부(Sociological Department)를 설립했다. 노동자는 포드의 유명한 5달러 일당[당시 일당의 2배 수준—옮긴이]을 받을 자격이 있었지만, 오로지 가정을 청결하게 유지하고 건강에 좋은 식사를 하고, 음주를 삼가고 욕조를 적절하게 사용하며, 하숙생을 두지 않고 외국에 있는 친척들에게 너무 많은 돈을 보내지 않으면서 미국의 문화적 규범에 동화되는 경우에만 그러했다.[12]

오늘날 노동자들은 안도의 한숨을 내쉴지 모르지만, 그들 대부분은 여전히 사생활에 있어 사용자의 통제를 받고 있다. 사용자가 제공하는 건강보험계획에서처럼 어떤 경우에는 이런 점이 분명히 드러난다. '부담적정보험법(Affordable Care Act, ACA)'[5]에 따르면, 사용자는 보험 적용 노동자들이 운동 프로그램, 식이요법, 알코올 및 기타 물질의 절제를 처방할 수 있게 되어 있는 웰니스 프로그램을 따르지 않는 경우 이들 노동자에게 30%의 할증 벌금을 부과할 수 있다. 이러한 규정에 따라 펜실베이니아 주립대학은 최근에 혼인상태, 성행위, 임신 계획, 개인 재정 등에 관한 질문이 포함된 건강설문조사에 응하지 않는 노동자에게 월 100달러의 추징금을 부과하겠다고 경고했다.[13] 노동자의 근무 외 생활에 대한 사용자의 권한이 암묵적으로 부여되는 경우도 있는데, 이는 임의고용(employment-at-will)**[6]** 규칙의 부산물이다. 즉 사용자는 어떤 이유로든 또는 아무 이유 없이 노동자를 해고할 수 있기 때문에, 사용자는 노동자의 성적 활동, 파트너 선택이나 그 밖에 노동자가 사용자로부터 벗어난 사적인 영역이라고 생각하는 선택을 이유로 하여—국가가 특별히 이런 사유를 근거로 한 사용자의 차별을 금지하는 법률을 제정하지 않는 한—노동자를 해고할 수도 있다. 사업장 권위주의는 여전히 우리와 함께하고 있는 것이다.

보편에 가까운 자영업을 향한 친시장적 평등주의자들의 열망은 거의 모든 사람에게 자기 자신의 사장이 될 기회를 열어줌으로써 그러한 지배 구조로부터 노동자를 해방하는 것을 목표로 했다. 그것은 왜 실패했는가? 왜 노동자는 독재에 종속되는가? 경제학 분야에서는 기업 이론(theory of the firm)이 이 문제에 답할 것으로 기대된다. 기업 이

[5] 흔히 '오바마케어'라고 부르는 건강보험개혁법을 가리키는 것으로, 공식 명칭은 '환자보호 및 부담적정보험법(Patient Protection and Affordable Care Act)'이다.

[6] 미국 노동법상 어떤 이유로든, 즉 정당한 사유를 제시하지 않고도, 그리고 사전예고 없이도 그 사유가 불법이 아닌 한 사용자가 언제든지 종업원을 해고할 수 있는 고용 형태를 말한다.

론은 대부분의 생산이 자율적인 개별 노동자에 의해서가 아니라 노동자가 사장에게 종속되는 계층적인 조직에 의해 이루어지는 이유들, 즉 정치적으로 중립적이고 기술적이며 경제적인 이유들을 제공하는 것을 목적으로 한다. 기업 이론은 선진화된 경제에서 생산조직에 대한 중요한 통찰을 포함하고 있다. 그러나 그것은 사용자가 노동자에 대하여 가지는 광범위한 권한을 설명하지 못한다. 설상가상으로 기업 이론의 전문가들은 때때로 많은 공적 담론의 특징을 이루는 노동자의 자유에 대한 환상을 반영하고 강화하는 용어들을 통해 노동자가 사장의 권한 아래 놓여 있다는 것을 **부정하기**까지 한다. 기업 이론과 공적 담론은 모두 노동자가 사용자의 **사적 정부**에 종속되어 있다는 중요한 현실을 놓치고 있다.

친시장적 평등주의자들의 꿈이 실패한 것은 부분적으로는 규모의 경제 때문이었다. 산업혁명을 추동했던 기술적 변화들은 막대한 자본의 집중을 수반했다. 증기기관을 이용하는 면직공장, 제철소, 시멘트 또는 화학 공장이나 철도를 작동시키려면 많은 노동력이 필요했다. 놀이공원, 도축장, 회의용 호텔과 대형 소매상 같은 저기술 사업장뿐만 아니라 공항, 병원, 제약실험실과 컴퓨터 부품 공장 같은 현대적 사업장도 사정은 다르지 않다. 대규모의 비분할 자본(indivisible capital)[7]을 투입하는 생산의 효율성이 더 크다는 점은 왜 거의 대부분의 개별 노동자가 자신의 자본을 투입할 수 없는지를 설명해 준다. 그것은 친시장적 평등주의자들의 희망과는 반대로 대부분의 생산을 책

[7] 사업을 통한 이윤을 배당하지 않고 적립하는 자본을 말한다.

임지는 기업이 개인기업(sole proprietorships)이 아닌 이유를 밝혀 준다.

그러나 규모의 경제만으로는 자본을 임차하여 외부의 감독 없이 행동하는 독립사업자(independent contractors)가 왜 생산을 잘 해내지 못하는지를 충분히 설명하지 못한다. 일군의 자영 독립사업자에게 공간과 기계를 임대하고 재료를 공급하는 제조 기업을 상상해 보자. 각 사업자는 다음 생산 단계의 사업자에게 판매하기 위해 제품의 일부를 생산하거나 제조 과정의 한 단계를 맡게 될 것이다. 마지막 사업자는 완제품을 도매업자에게 판매하거나 자본공급자에게 되팔 수도 있다. 실제로 뉴잉글랜드 공장 중 일부는 남북전쟁부터 제1차 세계대전 때까지 이러한 방식으로 운영되었다. 하지만 그 공장들은 계층적으로 조직된 기업들로 대체되었다. 기업 이론에 따르면, 이는 생산요소 공급자 사이의 계약 체결 비용이 과도했기 때문이다.[14] 실패한 뉴잉글랜드 시스템에서 독립사업자는 일련의 쌍방독점(bilateral monopolies)[8] 관계에 놓이게 되었고, 이는 기회주의적 협상들로 이어졌다. 주기적으로 요율(rates)을 재협상해야 한다는 요구로 인해 사업자들은 전략적 이유로 정보를 감춰 두고 혁신을 지연시키게 되었다. [자신에게 주어진 공정만 처리하면 되었던—옮긴이] 독립사업자는 기계를 너무 빨리 마모시켰고 다른 생산 단계에 있는 노동자와 긴밀하게 조율하여 생산하지 못해 중간생산물의 과잉 재고가 발생했으며, 또 그들에게는 재료 절감이나 신제품 개발 같은 혁신을 할 동기가 없었다.[15]

현대의 기업은 노동자 사이의 계약관계 그리고 노동자와 다른 생

[8] 수요와 공급이 각각 독점되는 것을 말한다.

산요소 소유자 사이의 계약관계를 중앙집중화된 권위로 대체함으로써 이러한 문제들을 해결한다. 관리자 또는 관리자 계층은 중앙집중화된 목표를 달성하기 위해 노동자에게 명령을 내린다. 이는 서로 다른 노동자들을 긴밀하게 조율할 수 있게 하고, 전체 회사 안에서 이루어지는 모든 혁신의 혜택을 내부화한다. 사용자는 노동자가 열심히 일하고 동료 노동자와 협력하며 자본을 낭비하지 않도록 감시할 수 있다. 그들은 노동자에 대하여 제한 없는 권한을 행사하기 때문에, 혁신 구현을 이유로 노동자의 활동을 재배치하고 결근자를 교체하며 예상치 못한 난관들에 대처한다. 권위 관계는 기업 생산에 참여하는 구성원들 사이의 항상적인 교섭 및 계약 관련 비용을 없애 준다. 핵심을 다른 말로 표현하자면, 위계가 갖는 우월한 효율성은 사용자의 제한 없는 권한에서 비롯된다. 노동자가 해야 할 일에 대한 처음 합의를 변경해야 할 수도 있는 모든 우발적 사태를 미리 명시하는 것은 불가능하다. 그러므로 효율적인 고용계약은 필연적으로 불완전하다. 즉 그것은 노동자가 요구받을 수 있는 모든 일을 엄밀하게 명시하지 않는다.[9]

그러나 이 이론은 왜 기업이 존재하는지 그리고 왜 기업이 권위의 위계로 구성되는지는 설명하지만, 미국에서 노동자에 대해 사용자의 권한이 미치는 전면적 범위는 설명하지 못한다. 예컨대, 그것은 성적 파트너나 정치적 후보자, 또는 페이스북 게시물에 대한 노동자의

[9] 이는 노동법 이론에서 '근로자' 개념을 설명할 때 사용자의 지휘감독하에 있는 종속노동을 이야기하면서도 지휘감독의 범위에 대해서는 따로 언급하지 않는 것을 연상케 한다.

선택이 생산 효율성과 아무런 관계가 없는데도, 왜 사용자가 노동자의 근무 시간 외 생활에 계속해서 권한을 행사하는지를 설명하지 못한다. 설상가상으로, 기업 이론가들은 권위주의적인 기업 지배 구조가 어떠한 것인지를 인지조차 못하는 것 같다. 주요 이론가들은 그들이 설명할 것으로 기대되는 바로 그 권위를 별로 심각하지 않은 것처럼 다루거나 심지어 부정해 버리기까지 한다.

기업 이론의 창시자인 로널드 코스(Ronald Coase)를 생각해 보라. 그는 기업이 "의식적 권력을 가진 섬들(islands of conscious power)"이라는 점을 인정한다.[16] 고용계약은 노동자가 "기업가의 지시에 복종하겠다고 동의하는" 계약이다. 그러나 그는 "그 계약의 본질은 기업가 권력의 한계를 진술해야만 한다는 것에 있다"고 주장한다.[17] 이것은 사용자 권력의 한계가 협상의 대상이거나 적어도 당사자 간의 소통 대상임을 시사한다. 하지만 단체교섭이나 고위급 직원의 경우가 아니고서는 이는 대체로 사실이 아니다. 대부분의 노동자는 사용자의 권한의 내용에 관해 어떤 협상도 없이, 그리고 그 권한에 어떤 제한을 특정하는 서면 또는 구두 계약도 없이 고용된다. 그들이 그러한 제한을 기술하고 있는 종업원교본**[10]**을 교부받는다 하더라도, 단순한 면책 조항이 포함되어 있다면(이것이 표준적 관행이다), 대부분의 주(state)에서

[10] 원문의 employee handbook은 '취업규칙'으로 번역하기도 하지만, 비치나 교부가 법적으로 강제되는 것은 아니고, 그 형식도 취업규칙과는 달리 조문 형식을 취하고 있지도 않다는 점에서 취업규칙과는 구분해야 할 것으로 보인다. 종업원교본은 법률상 요구되는 사항을 포함하고 있을 수도 있지만, 그 밖에도 기업의 정책이나 사업 운영의 방향, 종업원이 알아두면 유용한 사례, 복장이나 외모 및 개인위생 관련 사항, 보안과 점검, 노동조건과 복지, 종업원 혜택 등을 전반적으로 소개하는 직원 실무 지침서라고 할 수 있다.

임의고용에 대한 어떤 계약상의 묵시적인 예외도 무효화된다.[18] 노동자가 너무 매력적이라는 이유로,[19] 사장이 선호하는 정치적 후보자를 지지하는 집회에 참석하지 않았다는 이유로,[20] 심지어 노동자의 딸이 사장의 친구에게 강간을 당했다는 이유로[21] 사장이 그 노동자를 해고할 때 노동자가 충격을 받고 격분하는 것은 당연하다.

당사자 간 의사의 합치가 아니라면, 도대체 사용자 권한의 범위와 한계를 결정하는 것은 무엇인가? 그런 일을 하는 것은 국가다. 즉 국가는 복잡한 법체계—노동법뿐만 아니라 기업 지배 구조, 사업장 안전, 복리후생, 차별, 기타 문제를 규율하는 법률들—를 통해 그렇게 한다. 미국에서 기본적인 고용계약은 임의고용 형태다. 이 원칙에는 연방법상 몇 가지 예외가 있으며, 대표적인 것은 차별, 육아 휴가 및 질병 휴가, 그리고 노동조합 활동과 관련된 것이다. 그러나 대부분의 경우, 어떤 이유로든 또는 이유 없이도 노동자를 해고할 권한을 사용자에게 부여하는 임의고용은 노동자의 노동생활에 대해서뿐만 아니라 근무시간 외 행위에 대해서도 전면적인 법적 권한을 사용자에게 부여한다. 임의고용이라는 기준하에서 고용관계가 지속되는 동안에 노동자는 법률에 의해 구체적으로 보장된 권리를 제외하고는 사실상 그들의 **모든** 권리를 사용자에게 양도한다. 단체교섭이나 대학교수의 정년보장과 같은 그 밖의 몇몇 맥락을 제외하고는, 노동자에 대한 사용자의 권위는 전면적이고 자의적이며 책임을 수반하지 않는다. 즉 예고, 절차 또는 이의제기의 적용을 받지 않는다. 사업장 정부의 구조를 사적 정부의 한 형태로 확립한 것은 바로 **국가**다.

이러한 현실을 인정하는 것에 대한 저항이 기업 이론가 사이에 만연해 있는 것 같다. 예컨대, 아르먼 알키안(Armen Alchian)과 해럴드 뎀세츠(Harold Demsetz)는 이 주제에 관한 그들의 고전적 논문에서 다음과 같이 말한다.

> 명령, 권위 또는 징계 조치를 통해 문제를 해결할 권력을 기업의 특징으로 보는 것은 흔한 일이다. (…) 이것은 망상이다. 기업은 (…) 어떤 두 사람 사이에서 계약을 체결하는 통상의 시장과 조금이라도 다른 어떠한 명령권, 권위, 징계 조치도 갖고 있지 않다. 우리의 교환협정을 존중하지 않는 어떤 경우에 대해서도 내가 너를 "처벌할" 수 있는 방법은 미래의 사업을 철회하거나 법원에 구제 요청을 하는 것밖에 없다. 어떤 사용자라도 정확히 그것 말고는 할 수 있는 일이 없다. 사용자는 해고를 하거나 소송을 제기할 수 있는데, 그것은 내가 식료품상과 거래를 중단함으로써 그를 해고하는 것 혹은 결함 있는 제품을 인도한 데 대해서 그를 상대로 소송을 제기하는 것과 다르지 않다. 그러면 노동자를 관리하고 다양한 업무에 배정한다고 추정되는 권력의 내용은 무엇인가? 자신의 식료품상을 관리하고 다양한 업무에 배정하는 어떤 작은 소비자의 권력과 정확히 같다. (…) 노동자를 관리하고 그에게 지시하고 그를 다양한 업무에 배정한다고 말하는 것은 사용자가 양 당사자 모두에게 틀림없이 받아들여질 조건들로 계약을 재협상하는 데 지속적으로 관여한다는 사실을 기만적으로 가리키는 방법이다. 종업원에게 그 서류를 정리하기보다는 이 편지를 타이핑하라고 말하는 것은 식료품상에게 저 상표의 빵이 아니라 이 상표의 참치를 내게 팔라고 말하는 것과 같다. 내가 그 식료품상에게서 구입을 계속해야 할

계약을 체결하지 않듯이, 사용자도 종업원도 그 관계를 지속해야 할 어떤 계약상의 의무에도 구속되지 않는다.[22]

알키안과 뎀세츠는 개인이 관계에서 자유롭게 퇴장할 수 있는 경우라면 그 관계에서 권위란 존재할 수 없다고 주장하는 듯이 보인다. 이것은 마치 이탈리아 사람들이 외국으로 이주할 수 있었기 때문에 무솔리니는 독재자가 아니었다고 말하는 것이나 마찬가지다. 이주권은 통치자들이 자발적으로 그들의 권력을 자제하는 데 관심을 갖도록 할 수는 있지만, 그러한 권리가 권력을 해소시키는 경우는 거의 없다.[23]

그 대신 그들은 불복종에 대한 유일한 제재가 추방이나 민사소송인 경우에는 권위가 존재하지 않는다고 주장할 수도 있다. 그런 주장은 오로지 민사적 제재에만 의존하는 수없이 많은 국가 규제[11]들을 받고 있는 사람들에게는 놀라움으로 다가올 것이다. 국가 규제가 갖는 권위는 그 위반에 대한 유일한 제재가 한 사람을 그의 일자리에서 강제로 쫓아내는 것뿐인 경우에도 없어지지 않는다. 마지막으로 사용자는 해고와 제소 이외에도 그들이 마음대로 할 수 있는 수많은 제재 수단을 가지고 있다. 그들은 종업원을 강등시킬 수 있고 또 종종 그렇게 하며, 임금을 삭감하기도 한다. 그들에게 불편한 시간을 배정하거나 근무시간을 너무 많이 혹은 적게 배정하기도 한다. 그들에게 더 위

[11] 예컨대 환경 법령 위반에 대한 민사적 제재로는 정액범칙금, 유동범칙금, 원상복구명령, 중지명령, 이행명령, 이행약정 등이 있다. Environmental Agency, Quick Guide: Civil Sanctions, May 2012, 〈http://www.fwr.org/WQreg/Appendices/Civil_Sanctions_Quick_Guide_geho0512bupt-e-e.pdf〉 참고.

험하고 더럽고 비천하거나 힘든 업무를 배정하기도 하고, 노동 강도를 증가시키기도 한다. 노동자가 실패할 수밖에 없도록 만들기도 하며, 아주 넓은 범위에서 그들을 모욕하고 괴롭히기도 한다.

아마도 그 생각이 뜻하는 바는, 당사자 사이의 관계가 동의를 통해 조정되는 경우에 그 관계는 권위에 대한 종속의 관계일 수 없다는 것이리라. 그렇다고 하면 사회계약의 전통을 통틀어 매우 놀라운 일이 될 것이다. 왜냐하면 사회계약의 전통은 정확히, 사람들이 정부에 어떻게 동의할 수 있는지에 관한 것이기 때문이다. 아니면 그 사상은 하급자들이 명령에 맹목적으로 그리고 자동적으로 복종하는 경우에만 권위가 존재한다는 것인가? 그러나 그렇다면 권위는 거의 어디에도 존재하지 않을 것이다. 가장 억압적인 체제들조차도 대부분은 체제에 대한 순종을 이끌어 내기 위해 적나라한 공포와 세뇌 이외의 수단에 의존하며, 설득과 보상에 더 초점을 맞춘다.

알키안과 뎀세츠가 고용계약의 표면상 균형에 속았을 수도 있다. 임의고용에 따르면 노동자 역시 어떤 이유로든 또는 아무 이유 없이도 그만둘 수 있기 때문이다. 이는 사직(quitting)이 자신의 사장을 해고하는 것에 상응한다는 생각으로 그들을 이끈다. 그러나 노동자는 회사 내에서 사장을 그 자리에서 끌어내릴 어떤 권력도 갖고 있지 않다. 그리고 사직은 해고되는 것보다 훨씬 더 큰 비용을 노동자에게 부담시키는 경우가 많다. 왜냐하면 사직은 그들에게서 실업급여 수령 자격을 박탈하기 때문이다. 사장이 노동자에게 가할 수 있는 최악의 제재[해고－옮긴이]로 받는 고통보다 노동자가 사장을 견제하기 위해 가지고 있다고 하는 권력[사직－옮긴이]을 행사함으로써 받는 고통이 더 크다면, 그것은 이상한 종류의 대항권력이다. 위협이 효과가 있으려면 그 내용이 믿을 만해야 한다.

아이러니한 것은 알키안과 뎀세츠가 제공하는 이론이 기업 이론이라는 것이다. 그 이론이 답할 것으로 예상되는 문제는 왜 생산이 전적으로 독립된 자영업자 사이의 시장 거래가 아니라 오히려 권위관계에 의해 처리되는가이다. 즉 기업 이론은 산업혁명 이전 시대의 친시장적 평등주의자들이 가졌던 희망이 왜 성공하지 못했는지를 설명해 줄 것으로 기대된다. 알키안과 뎀세츠는 심지어 시장과 기업 사이의 경계를 설명하는 데 전념한 논문에서조차도, 그 경계를 인정하는 일의 권위주의적인 의미를 완전히 담아내지 못한다. 그래서 그들은 시장의 은유를 기업의 내부관계로 확장하려고 시도하며, 노동에 있어서 모든 상호작용은 사용자와 노동자 사이의 협상에 의해 조정되는 것처럼 가장한다. 그러나 그 이론에 따르면 기업의 핵심은 시장의 비용, 즉 노동자 사이에서 그리고 노동자와 사용자 사이에서 이루어지는 모든 거래에서, 협상을 통해 내부가격을 설정할 때에 발생하는 비용을 제거하는 것이다.

이렇게 주장하는 것은 알키안과 뎀세츠만이 아니다. 마이클 젠슨(Michael Jensen)과 윌리엄 메클링(William Meckling)도 권위는 회사와 무관하고 그것은 단순히 독립적 개인 간 계약의 연쇄일 뿐이라는 그들의 견해에 동의한다.[24] 존 토마시(John Tomasi)는 요즘도 글을 쓰면서, 계속해서 종업원의 이미지를 특유의 요구 사항에 꼭 맞는 노동조건을 획득하기 위해, 계약조건을 놓고 사용자와 자유롭게 협상하는 독립사업자에 유사한 것으로 승격시킨다.[25] 소수의 엘리트 운동선수, 예능인 및 스타 학자와 기업 계층 구조의 정상에 있는 노동자들이 그러한 자유를 누리긴 하지만, 토마시는 노동조합에 의해 대표되지 못하는 대다수의 노동자는 사용자 권위의 조건들을 협상할 여지가 없다는 사실을 간과하고 있다. 국가 법령에 따라 노동자는 일자리 제안을 받아들이자마자 국가가 그들에게 유보하지 않은 모든 자유를 자동적으로 양도하는데, 사용자가 그들의 요구에 왜 신경 쓰겠는가?

기업 이론가들뿐만 아니라 공적 담론 역시 종업원이 독립사업자인 것처럼 표상하는 경향이 있다.[26] 이는 사업장이 마치 서로 대등한 입장에서 하는 시장거래의 연장선인 것처럼 보이도록, 애덤 스미스의 정육업자, 제빵업자나 양조업자에게서 물건을 구매하는 것과 노동계약이 전혀 다르지 않은 것처럼 보이도록 만든다.[12] 알키안과 뎀세츠는 고용관계를 고객-식료품상 관계로 유추함으로써, 이 점에 있어 노골적인 입장을 보인다. 그러나 정육업자, 제빵업자와 양조업자는 각자의 제품을 판매한 후에도 그들의 고객으로부터 여전히 독립적이다. 그와 대조적으로 고용계약에서 노동자는 스스로를 자신이 판매하는 노동으로부터 분리할 수 없고, 사용자는 노동에 대한 지배권을 구매함으로써 사람들에 대한 지배권도 획득하게 된다.

이러한 오류를 어떻게 설명할 것인가? 산업혁명 이전 시대의 평등주의자들이 시장사회가 노동자에게 마련해 주리라고 희망했던 것에 대한 표상이 산업혁명 이후의 세계에도 맹목적으로 전해져 왔다는 데

[12] 학습지 교사, 골프장 캐디, 레미콘 기사 등 이른바 특수고용노동자를 근로기준법 또는 노동조합법상 근로자로 인정하지 않거나 아주 예외적으로만 인정하고 있는 한국의 노동 관계 실무와 판례를 떠올리게 하는 대목이다.

에서 부분적으로 그 답을 찾을 수 있다. 시장사회가 원래의 열망을 구현하는 데 실패한 지 오래인데도 사람들은 계속해서 시장사회에 대한 동일한 정당화, 즉 시장사회가 자의적인 권한으로부터 노동자의 개인적 독립성을 보장해 주리라는 정당화를 펼치고 있다. 그 결과는 일종의 정치적인 편측공간실인(hemiagnosia)이다. 자기 신체의 절반을 인지할 수 없는 환자와 같이, 상당한 공적 추종자를 갖고 있는 자유지상주의 편향의 사상가와 정치가의 거대한 계급은 경제의 절반을 인지할 수 없다. 즉 그들은 고용계약이 받아들여진 **후에** 시장 **너머에서** 생겨나는 절반을 인지하지 못한다.

산업혁명으로 이행하는 과정에서 평등주의적 비전이 협소해지면서 이런 경향은 강화되었다. 수평파와 17세기 중반의 기타 급진주의자들은 모든 종류의 자의적 정부에 반대하는 목소리를 냈지만, 토머스 페인은 그의 비판 대상을 주로 국가의 권력 남용으로 좁혔다. 유사하게 공화당도 주로 사업가, 그리고 스스로 사업가가 되기를 희망하는 사람들의 이익을 주로 대변했다. 심지어 압도적인 다수의 노동자가 이러한 지위를 획득할 현실적 전망이 없다는 것과 가장 영향력 있는 사업가는 링컨이 희망했듯이 개인 사업자(기껏해야 몇 명의 종업원만 고용하고 있고 종업원의 대다수가 몇 년 후에는 자영업자의 지위에 오르게 되는 형태)가 아니라 대규모 조직에 있는 사용자이고, 직장 생활의 전 기간 동안 임금노동자로 살게 될 운명에 처한 노동자를 사용자가 통치하리라는 것이 명백해진 후에도 마찬가지였다. 따라서 과거에는 해방적일 뿐만 아니라 평등화하는 결과를 약속했던 정치적 의제가 방대한 다수에 대한 사적이고 자의적이며 책임을 수반하지 않는 정부를 강화하는 의제로 변질되었다.

마지막으로, 국가권력에 대한 적대와, 과도한 규율이 지배하는 전체기관들에 대한 열광을 기묘하게 결합시켰던 19세기 자유방임주의자들은 공장의 실상은 보이지 않게 하는 반면 그들의 초점을 노동계약의 체결과 해지 조건에 한정함으로써, 이런 모순적 성향들을 조화시키려고 했다. 실제 그들이 추동했던 것은 노동계약의 체결과 해지에 있어 노동자가 누리는 자유의 극적인 개선이었다.[27] 전통적인 주인과 하인의 관습법상 종업원은 1년 계약에 의해(도제와 연한부 계약 노동자는 더 긴 시간) 사용자에게 매여 있었고, 기간을 채우기 전에는 그간 누적된 임금 전체를 잃을 각오를 해야만 그만둘 수 있었으며, 야간 부업으로 버는 임금에 대한 권리도 없었다. 그들이 아직 계약되어 있는 동안에는 다른 사용자가 그들의 노동력을 두고 흥정하는 것도 금지되었다.[28] 노동자는 19세기 동안 이들 제약으로부터 해방되었다.[29]

주지하듯이 이 해방은 양날의 칼이었다. 사용자 또한 노동자를 고용할 어떤 의무로부터도 해방되었기 때문이다. 이미 지적했듯이 노동자가 사장에게 할 수 있는 최악의 일은 사장한테 당할 수 있는 최악의 일만큼의 고통을 수반하는 경우가 많았다. 위계의 바닥에 있던 대부분의 노동자 입장에서 보면, 이러한 일은 파업의 형태로 집단 행사하지 않는 한 위협으로서의 장점도 그리 크지 못했다. 그들은 이러한 조건 때문에 사업장 권위주의로부터 해방될 어떤 현실적 희망도 가질 수 없었다.

19세기 중엽 영국 노동자의 중심적 투쟁이 노동시간의 제한을 위한 것—임금 인상 이상으로—이었음은 놀랍지 않다. 이 산업혁명 시기의 노동자가 "엥겔스의 휴지기(Engels's pause)"—임금 인상이 이루어지지 않았던 산업혁명의 첫 오륙십 년—내내 고통받고 있었음에도 불구하고 그랬다.[30] 그들과 마찬가지로 나의 초점도 임금이나 배분적 정의의 문제들이 아니라 노동자의 자유에 있다. 산업혁명은 노동자가 직장에서 그들 스스로 사장이 될 수 없다는 것을 의미했음에도 불구하고, 적어도 노동자는 다른 누구의 명령을 따르기보다는 자신들이 맘대로 쓸 수 있는 일정한 시간을 가지기 위해 노동 일수를 제한하려고 시도할 수는 있었다.[31]

그것이 19세기 중엽 유럽 노동자 운동의 즉각적인 목표였다. 19세기가 진행되면서 노동자는 대체로 친시장적인 개인주의적 평등주의의 꿈을 버리고 사회주의적·집단주의적 대안들, 즉 사업장의 내부 지배 구조를 재구조화하는 방안으로 전환했다. 문제는 노동자에게 열려 있는 선택지들이 거의 전적으로 사적 정부로 구성되어 있다는 것이었다. 자유방임적 자유주의자들은 자유시장의 자유를 선전하면서 노동자에게 말했다. 당신의 리바이어던을 선택하라고. 이는 마치 동유럽 공산주의 블록의 시민에게, 철의 장막 뒤에 머물러 있는 한 어떤 나라로든 이주할 권리가 있으니 당신들의 자유는 보장된다고 말하는 것이나 마찬가지다. 물론 인구이동은 공산주의 통치자에게 어느 정도 압박을 가해 그들의 지배를 느슨하게 만들 수는 있을 것이다. 그러나 경쟁이 일어날 기준을 왜 리바이어던이 설정해야 할까? 어떤 자유주의자나 자유지상주의자도 이 기준에 따라 정해진 경쟁균형에 만족하지 않을 것인데, 그 기준이 국가 정부의 선택에 의해 좌우되기 때문이다. 노동자 운동들도 그것을 거부했는데, 비국가 정부라는 이유에서였다.

노동자 운동의 반대에 대해 자유지상주의자들과 자유방임 자유주의자들은 확실한 대답을 내놓지 못했다. 노동관계의 경쟁균형이 항상 순수한 계약의 자유—오직 개인의 특유한 선호에 따라 그 결과가 결정되는—에 의해 조정된, 정치적으로 중립적인 시장 세력에 의해 수립되었다고 추정하는 어리석음을 범하지는 말자. 이것은 사업장이 권위주의적이지 않다고 상상하는 것만큼이나 큰 착각이다. 모든 경쟁균형은 국가가 확립한 재산권과 기타 권리의 설정을 배경으로 하여 수립된다. 국가는 발달된 경제에 필수적인 법적 기반을 일종의 공공재로 공급하는데, 오늘날의 풍요롭고 고도화된 경제의 특징을 이루는 광범위한 협력을 용이하게 하기 위해 그렇게 할 필요가 있다.[32] 따라서 사업장 지배의 기본 구조를 확립하는 주체도 국가다. 이 구조는 권위주의적이고 사적인 정부의 한 형태인데, 그 안에서 노동자는 임의고용에 따라, 법률에 의해 구체적으로 노동자에게 유보되어 있는 권리를 제외하고는 자신의 **모든** 권리를 사용자에게 양도한다.

어떤 고용관계에서도 입사 및 퇴사의 자유가 그런 결과를 정당화하기에는 충분하지 않다. 이와 유사한 경우로서, 국가가 오랫동안 기본적인 혼인계약으로 확립해 놓았던 기혼여성 신분법을 고려해 보라.[33] 해당 신분법하에서 여성은 남편과 결혼하자마자 재산을 소유할 권리, 자신의 이름으로 계약을 맺을 권리를 전부 상실했다. 남편이 그녀의 이동을 제약하고, 그녀가 벌어들이는 모든 임금을 몰수하며, 그녀를 때리고 강간할 권리를 가졌다. 이혼은 인정받기가 매우 어려웠다. 결혼계약은 양 당사자가 자발적으로 수락한 경우에만 유효했다.

하지만 이 계약은 종속으로 향하는 계약이었으며, 남편이라는 사적 정부에 대한 아내의 복종을 수반했다. 이 가부장적 지배 체제를 수정하여, 어느 쪽 배우자가 원하건 자유롭게 이혼할 수 있도록 하고 계약 조항을 혼전 합의에 의해 변경할 수 있도록 허용한다고 상상해 보라. 이것은 자유방임적 자유주의자들이 사업장의 사적 정부에 추가한 수정과 비슷하다. 여성들은 여전히 남성이 사실상 모든 카드를 쥐고 있는 가부장적 기준선을 유지한다는 점에서 이 수정을 거치고도 자신들의 자유를 온전히 보장받지 못할 거라고 항의할 충분한 이유가 있다. 그러한 수정은 몇몇 운 좋은 여성이 남편에 대한 종속을 피할 수 있도록 하겠지만, 대다수의 남성이 자신의 아내에 대하여 갖는 가부장적 권위를 정당화하기에는 충분하지 않다.[34] 세트 안에 포함된 하나의 옵션에 동의했다는 것이 그 세트 자체를 정당화할 수는 없다.

미래로의 귀환

나의 역사적 탐사는 시장사회와 그 약속에 대한 일정한 자유지상주의적 사고방식이 왜 산업혁명 이전의 원래 맥락에서는 상당한 의미를 가졌는지, 그리고 왜 평등주의자들이 당시에 그것을 지지한 것이 합리적이었는지를 설명해 준다. 그러나 산업혁명은 그 비전이 의미를 가졌던 맥락을 파괴해 버렸다. 새로운 맥락은 과거에는 해방적이고 평등주의적이었던 비전을 널리 퍼져 있는 사업장 권위주의—자의적이고 위계적이며 사적인 정부—에 대한 지지로 변질시켰다. 19세기에 등장했던 자유방임적 자유주의의 진화하는 수사(rhetoric)는 현실적 쟁점들을 미봉책으로 가렸고, 오웰적[13]인 방식으로 종속을 자유로 표상했다.

19세기 중엽부터 제2차 세계대전까지의 노동자 운동은 이것에 속지 않았다.[35] 이는 노동자 운동 전체가 견실한 사상을 바탕으로 문제를 해결할 방법을 모색했다는 말이 아니다. 민주적 국가사회주의가 저지른 어리석음을 하나하나 열거할 지면상의 여유는 없다.[36] 전체기관의 원 설계자들이 갖고 있던 것과 똑같은 전체주의적 비전에 지배되었던 국가공산주의의 파국들을 하나하나 열거할 여유도 없다(단지 국가공산주의의 전체주의적 비전은 원 설계자들의 것보다 더 극적으로 확대되었고 더 폭력적이었으며 국가권력에 관한 어떤 회의도 섞이지 않은 것이었다). 전체기관의 원 설계자들처럼 국가공산주의자들은 자유나 평등의 이상이 아니라 오히려 공리주의적 진보에, 그리고 사적 정부의 힘 아래서 인간이 완전해질 가능성에 기대를 걸었다.

오히려 내 주장의 요점은 조직 노동의 철저한 쇠퇴와 함께, 그리고 특히 냉전이 종식된 후 표면상 자유시장의 승리와 함께 19세기 조직 노동자가 분명하게 보았던 문제인 직장에서 사적 정부의 만연함을 공적 담론과 학술적 담론이 대체로 시야에서 놓쳐 버렸다는 것이다. 우리 대부분은 여기에 있고, 공산주의적 독재자의 권위하에서 고되게 일하고 있지만, 우리는 있는 그대로의 현실을 보지 못하고 있다.

[13] 소설 『1984』에서 전체주의를 역설적으로 묘사한 조지 오웰을 빗대서 앤더슨은 이를 '오웰적'이라고 표현하고 있다.

우리들 중 많은 사람, 특히 이 강연록을 읽고 있는 대부분의 사람들은 상황이 그리 나쁜 것은 아니라고 생각할 것이다. 아마도 나의 독자들은 정년보장을 받았거나 정년보장 트랙에 있는 교수로서, 미국의 미조직 노동자 가운데 거의 유일하게 적법 절차의 권리를 누리고, 종업원 중 다른 어떤 경우에도 거의 유례를 찾을 수 없는 수준의 자율성을 직장에서 향유하는 사람들일 것이다.[37] 독자들이 대학생이거나 졸업생이라면 그들은 지금 사적 정부의 독재자 혹은 고위간부이거나 아마 향후 그렇게 될 것이다. 혹은 그들은 그 체계를 벗어나서 종업원을 두지 않은 자영업자라는 아주 드문 계급에 속할 것이다. 내가 걱정하는 사람들은 자신이 직장에서 독재 아래 있다는 것을 인식하고 있는 25%의 종업원과,[38] 확실한 자영업자도 아니고 상층 관리자도 아니며, 그렇다고 자신이 부르는 대로 고용계약을 받아쓰게 할 권력을 가진 비경영인 스타들로 구성된 극소수 엘리트층(운동선수, 연예인, 슈퍼스타 학자)도 아니고, 심지어 갈수록 감축되는 단체협약에 따라 계속 움츠러드는 노동자 계급도 아닌 55%의 다른 직원들이다. 이 55%도 단 한 번만 경영진의 자의적이고 억압적인 결정을 접하게 되면 25%가 이미 알고 있는 것을 금방 깨닫게 될 것이다. 그러나 이 80%는 공적 담론과 학술적 담론에서 거의 아무런 주목을 받지 못하고 있다.

나는 직장에서 사적 정부들이 국가만큼 강력하다고 주장하지는 않는다. 그들의 제재 권력은 더 낮고 억압적 사적 정부로부터의 이주비용은 일반적으로 국가로부터의 이주비용보다 더 낮다. 그러나 사적 정부는 민주적 국가가 교도소와 군대 이외의 어떤 영역에서 부과하는 것보다 훨씬 더 상세하고 엄격하며 전면적인 규제를 종업원에게 가한다. 민주국가가 유죄판결을 받지도 않았고 군대에 있지도 않은 시민에게 부과한다면 위헌이 될 통제들을, 사적 정부들은 노동자에게 부과한다.

대부분의 노동자가 실제로 향유하는 소극적 자유는 사용자 아래서 그들이 법적으로 가질 자격이 있는 것들보다 훨씬 더 크다. 시장 압력, 사회 규범, 관심 부족, 그리고 단순한 체면 유지가 대부분의 사용자로 하여금 자신들의 권위를 최대한으로 행사하지 않게 만들기 때문이다. 그럼에도 불구하고 우리는 종업원이 누리는 자유의 불안정성에 주목해야 한다. 그들은 정당한 이유나 사전예고, 절차적 보호나 이의제기의 기회 없이 자유를 박탈당하기 쉬운, 공화적 자유가 결여된 상태에서 일한다. 법적으로 보장된 것보다 실질적으로 더 큰 소극적 자유를 향유한다는 사실은 그들이 공화적 자유를 박탈당하는 것을 정당화하지는 못한다. 이는 대부분의 아내가 법적으로 인정받는 것보다 더 큰 자유를 향유했다는 사실이 기혼여성 신분법—또는 심지어 자유 이혼이 가능하게끔 수정된 신분법조차—을 정당화할 수 없는 것과 같다.

자신들이 사적 정부하에 있다는 것을 사람들이 깨닫는다고 가정해 보라. 이것은 공화적 자유가 결여된 상태, 다른 사람의 자의적 의지에 종속된 상태를 의미한다. 또한 그것은 대개 소극적 자유에 대한 실질적 제약의 상태이기도 하다. 사람들은 어떤 수단을 사용하여 자유를 얻을 수 있는가? 한 가지 방법은 정부에 대한 종속을 한꺼번에 종식시키는 것이리라. 그 정부가 국가라면 이것은 무정부주의적인 해결책이 될 것이다. 정부가 사용자라면 산업혁명 이전의 많은 평등주의자들이 선택했던 해답은 자영업을 촉진하는 재산체제를 진전시키는 것으로, 자영업을 적어도 남성에게는 거의 보편적으로 접근 가능한 기회로 만들려고 했음을 우리는 보았다. 이는 무정부주의를 사업장 질서의 주요한 형태로 촉진하는 것에 해당한다.

기업 이론은 이러한 접근이 왜 대규모 생산의 영리적인 이점을 보전할 수 없는지를 설명한다. 회사 내의 시장관계를 대체하기 위해서는, 노동자 집단에 대한 권한이 말하자면 불완전하게 지정될 필요가 있다. 그러나 기업 이론은 위계의 필요성은 설명할 수 있지만, 사업장에서 사적 정부를 설명하거나 정당화하지는 못한다. 사업장 정부의 구조가 자의적이면서 동시에 독재적인 것은 효율이나 계약의 자유에 의해서가 아니라 오히려 국가에 의해 지시되기 때문이다. 계약의 자유가 더 이상 균형 사업장 구조(equilibrium workplace constitution)[14]를 설명하지 못하는 것은 기혼여성 신분법이 존재하던 시기에 혼인의 자유가 여성의 가부장적 종속을 설명하지 못하는 것과 같다.

달리 말하자면 생산양식에 관한 개인주의와 집단주의 사이의 거대한 경쟁에서 집단주의가 결정적으로 승리했다. 이제 거의 모든 생산은 공동으로 보유된 불가분적인 형태의 대형 자본설비를 이용하는 노동자 팀에 의해 수행된다. 이들 팀의 활동은 중앙집중화된 생산계획에 따라 사용자가 통제한다. 이것이 산업혁명의 결과였고 자본주의자와 사회주의자 모두 이를 수용했다. 자본주의를 옹호하는 이들

[14] 여기서 앤더슨이 말하는 균형 사업장 구조란 국가의 명령이 뒷받침하는 위계에 의해 조직되는 사업장 구조를 가리킨다. 앞서 언급된 '경쟁균형'이란 표현도 같은 의미다.

이 자신들이 선호하는 생산체계가 "개인주의"를 지지하는 것처럼 주장하는 것은 단순히 제도적인 편측공간실인의 징후일 뿐이다. 이는 시장사회가 가져올 성과에 대한 산업화 이전의 희망찬 비전을 잘못 전개하여, 그 비전이 마치 광범위한 생산 영역에 걸쳐 시장관계가 지배관계로 대체되고 있는 현재의 현실을 묘사하는 것처럼 주장하는 것이다.

19세기의 노동자는 사업장 지배 구조에 대하여 개인주의적 해법에서 집단주의적 해법으로 전환했는데, 이는 그들이 개인 간 권위—노동자 집단 위의 정부—가 새로운 산업질서에서는 불가피하다는 것을 깨달았기 때문이다. 중요한 특정 문제들을 해결하기 위해 정부가 필요하거나 불가피하다면, 그 정부 아래에서 사람들을 자유롭게 하는 유일한 방법은 그 정부를 피치자에게 책임을 지는 공적인 것으로 만드는 것이다. 이는 사적 정부를 공적 정부로 대체하는 과업이다.

정부가 국가일 때에는 우리는 이를 실행에 옮길 방법으로 꽤 괜찮은 몇몇 사상을 가지고 있다. 법의 지배하에 있는 민주주의의 역사 전체가 국가의 정부를 공적인 것으로 만들고 국가 통치하에 있는 인민을 자유롭게 만드는 방법을 모색해 온 일련의 실험이다. 이러한 실험은 오늘날까지도 계속되고 있다.

그러나 정부가 사용자라면 어떻게 되는가? 여기서 문제는 더 불확실하다. 어떤 형태의 정부하에서든 피치자의 자유와 이익을 진작하고 보호하기 위한 일반적인 전략이 네 가지 있다. (1) 퇴장, (2) 법의 지배, (3) 실체적인 헌법상의 권리들, 그리고 (4) 발언권인데, 이들 각각을 차례대로 살펴보자.

퇴장은 대개 개인의 권리를 보호하기 위한 가장 중요한 자유지상주의적 전략으로 칭해진다. 퇴장의 권리는 정부들로 하여금 국민을 위해 경쟁하도록 강제함으로써 국민에게 더 나은 조건을 제공하도록 압력을 가한다. "억압적인 시간, 임금, 노동조건 및 처우로부터의 방어책은 사용자를 변경할 권리다."[39] 이러한 사실을 고려해 보면, 일부 자유지상주의자들이 퇴장이 허용되지 않는 노예 계약들의 유효성을 쉽게 받아들이는 것은 놀라운 일이다.[40] 그들의 견해로는 계약의 자유는 정부하에서 개인의 자유, 심지어 정부를 떠날 자유조차도 능가한다. 노예 혹은 채무 노예로 전락시키는 계약들은 더 이상 유효하지 않지만, 퇴장에 있어 다른 계약상의 장벽은 점점 더 늘어나고 있다. 예를 들어, 노동자가 일정 기간 동일 산업 내 다른 사용자를 위해 일하는 것을 금지하는 경업금지조항들은 기술직(여기에 절반에 가까운 종업원이 속해 있다)부터 샌드위치 제조인, 농약분무자, 하계 캠프 카운슬러 그리고 미용사 같은 직업에까지 확산되었다.[41] 사용자가 더 이상 노동자를 속박할 수는 없지만, 그들은 노동자의 인적 자본을 구속할 수 있다. 캘리포니아주는 경업금지조항을 금지하는 몇 안 되는 주 가운데 하나다. 캘리포니아 경제의 역동성이 증명하듯이, 퇴장에 대한 그런 계약상의 장벽은 경제성장을 위해 필요하지 않으며, 아마도 경제성장을 저해할 것이다.[42] 사용자의 정부에서 퇴장할 노동자의 자유를 보호하기 위해서는 퇴장에 대한 그러한 장벽을 허용하지 않는 강력한 법적 추정이 있어야 한다.

법의 지배는 국민의 자유에 대한 여러 가지 보호를 포괄하는 복잡한 이상이다. (a) 권한은 어떤 절차도 없이 내려지는 자의적인 명령에 의해서가 아니라, 적법한 절차를 거쳐 제정되고 사전에 공포된 법률을 통해서만 행사될 수 있다. (b) 국민은 법률에 의해 구체적으로 금지되지 않은 것은 무엇이든 자유롭게 할 수 있다. (c) 법률은 유사한 환경에 있는 모든 사람에게 일반적으로 적용된다. (d) 국민은 불이행을 이유로 어떤 제재를 받든, 그에 앞서 적법 절차에 대한 권리를 보장받는다. 국가의 권위를 염두에 두고 고안된 이와 같은 보호조치 전부를 곧바로 고용의 맥락에 적용할 수는 없다. 국가가 다루어야 하는 문제들의 해결책은 대부분 목적과 수단 모두를 선택할 수 있도록 다양한 선택지를 개인에게 열어 놓는 규제들을 수반한다. 그와는 대조적으로, 효율적인 생산을 위해서는 재량적인 권한을 행사하는 사용자가 지시하는 중앙집중화된 목적에 따라 활동들이 거의 항상 면밀하게 조정되어야 한다. 이는 노동자가 작업 중에 자신의 개인적 목적을 추구하는 것이나 심지어 지시된 목적을 위해 나름의 수단을 선택하는 것조차 허용하지 않을 정도로, 노동자의 움직임과 언어를 구체적으로 제한하는 등 노동자에 대한 사용자의 권한이 강력한데도 그 권한이 불완전하게 명시되는 결과를 수반한다. 국가는 교통법을 수립할 때 사람들이 자신의 행선지, 경로 및 목적을 자유롭게 선택하도록 내버려 둔다. 반면 월마트는 회사의 운전기사들에게 그들이 무엇을 집하해야 하는지, 언제 어디로 그것을 배송해야 하는지 그리고 어떤 경로를 택해야 하는지를 지시한다. 게다가 사용자는 새로운 상황에 대처할 수 있도록 다양한 노동자에게 다양한 업무를 신속하게 재배정하기 위해서도, 불완전하게 기술된 권한을 필요로 한다. 마지막으로 해고로부터의 절차적 보호는 비용이 과도하게 들고 채용을 어렵게 만들기도 한다. 사업장에서 법의 지배에 따른 보호를 적용하는 데 있어 이 모든 장애물은 사용자가 그들의 권한을 남용하여 노동자에게 굴욕적인 대우를 하고 그들의 자유에 과도한 제약을 부과할 수 있도록 한다.

동시에 직장에서 법의 지배에 따른 보호를 부과하기까지 넘어야 할 장애물을 과장하기는 쉽다. 더 큰 조직일수록 일반적으로 법률이 정하는 노선을 따라 권한을 간소화하는 종업원교본과 표준 실무지침을 가지고 있다. 특정한 쟁점들과 관련해서는, 더 큰 조직에 있는 노동자에게는 이미 평등한 보호와 적법 절차에 대한 권리가 존재한다. 사장에게 성적 괴롭힘을 당한 노동자는 고충을 해소하기 위해 기업 내 절차들에 호소한다. 그러한 보호는 전 세계적으로 사업 조직, 비영리 조직 및 국가 조직 사이의 "경계가 흐려지는 현상"을 반영하는데, 그것은 단순히 법적 변화에 의한 것이 아니라, 과학적 경영의 문화적 명령과 개인 권리 및 조직 책임의 사상들에 의해서 추동되는 것으로 보인다.[43] 이러한 경영상의 발전 전부는 아니더라도 그중 일부는 유익하다. 일단 우리가 그 주제의 초점을 협소하게 국가에 맞추는 것을 넘어서기만 한다면, 그것들은 정치 이론의 적절한 연구 주제가 된다.

정의로운 사업장 구조는 사용자로부터의 보호를 위한 권리장전과 유사한, 기본적인 헌법상의 권리들을 구체화해야 한다. 어느 정도까지는 공정노동기준법(Fair Labor Standard Act)과 차별금지법을 비롯한 사업장 규제들이 이미 여기에 이바지하고 있다. 노동자의 권리장전은 정치적 권리 행사, 언론의 자유,[44] 그리고 성적 선택의 자유 등 근무 외 활동에 종사할 노동자의 자유를 더 확고하게 보호함으로써 강화될 수 있다. 종업원의 프라이버시를 위한 유사한 보호가 사업장 안에서 휴게시간에까지 확장될 수 있다. 특히 모멸적이고 위험하며 성가신 노동조건들을 금지한 노동안전위생국(Occupational Safety and Health Administration, OSHA)의 조치는 노동자의 권리장전의 일부로 간주될 수 있다. 나비스코(Nabisco)는 한때 생산 라인의 여성 노동자에게 화장실을 사용하면 3일 정직에 처하겠다는 위협을 하고는 그들에게 화장실에 가는 대신 옷에 소변을 보도록 했다.[45] 나비스코와 같은 사례들이 공중의 분노를 불러일으킨 이후, 노동안전위생국은 1998년이 되어서야 사용자에게 화장실을 이용할 노동자의 권리를 인정하도록 요구하는 규제를 발했다. 유럽의 노동자는 직장 내 괴롭힘금지법(anti-mobbing laws)에 의해 모든 종류의 괴롭힘으로부터 보호받는다.[46] 이로써 유럽의 노동자는 미국의 노동자보다 훨씬 더 확실한, 사업장에서의 헌법상 권리들을 부여받는다. 미국 노동자의 경우, 인종이나 성별, 기타 보호되는 정체성을 이유로 차별하지 않는 한 가해자가 피해자를 합법적으로 괴롭힐 수 있다.

그러나 권리장전이 노동자를 권력 남용으로부터 보호할 수 있는 범위에는 한계가 있다. 권리장전은 사업장에 걸쳐 통일된 내용을 규정해야 하기 때문에, 기껏해야 최소한의 발판을 제공할 수 있을 뿐이다. 실제로 권리장전은 가장 취약한 노동자에 대해서는 극도로 부적절하게 집행되고 있기도 하다.[47] 나아가 그러한 법률들은 기업 수준에서 지배 구조에 대한 노동자 참여를 규정하고 있지 않다. 그 법률들은 사용자의 독재에 제한을 두고 있을 뿐이다.

이런 이유들 때문에, 노동자가 속해 있는 정부에서 그들의 발언권을 인정하는 것이 가장 중요하다. 발언권은 노동자의 자유, 이익과 존엄성에 대한 존중을 구체화하면서, 국가 규제가 할 수 있는 것보다 더 쉽게 사업장 규칙들을 현장의 조건에 맞추어 조정할 수 있다. 사업장 지배 구조가 직무의 위계를 요구한다는 이유만으로 고위직 인사가 피치자에게 책임을 지지 않아야 한다거나 피치자가 경영상의 결정 과정에 어떤 역할도 해서는 안 된다고 할 수는 없다. 미국에서는 노동자의 발언권을 보장하기 위한 두 가지 모델이 주목을 받았다. 사업장 민주주의와 노동조합이 그것이다. 사업장 민주주의는 노동자가 소유하고 경영하는 회사의 형태로, 오랫동안 많은 평등주의자에게 이상적인 구조로 간주되어 왔다.[48] 이러한 구조를 더 많이 수용하는 법률을 고안해 낼 여러 방안이 가능하겠지만, 그 비용의 일부는 해결하기 어려울 수 있다. 특히 비대칭적 이해관계(예컨대 보유한 숙련기술이 상이한 경우)를 가진 노동자 사이의 협상 비용은 높을 것으로 보인다.[49]

미국에서 단체교섭은 노동자가 사업장의 지배 구조 내에서 발언권을 확보하던 주요한 방법이었다. 그러나 1954년 노동조합 조직률이 정점에 달했을 때조차도 노동자의 28.3%만이 노동조합에 의해 대표되었을 뿐이다.[50] 오늘날에는 전체 노동자의 11.1%와 사적 부문 노동자의 6.6%만이 대표되고 있다.[51] 노동자가 노동조합으로 조직되기 수월해지도록 법률이 개정될 수 있지만, 이것이 미국 노동조합 모델의 고유한 난점을 교정하지는 못한다. 미국 모델은 노동자를 산업 수준이 아니라 기업 수준에서 조직하는 것이기 때문이다. 회사는 노동조합이 없는 회사와의 경쟁에서 불이익을 피하기 위해 노동조합 결성에 격렬하게 저항한다.[52] 노동조합 역시 그들의 독점력으로 인해 비효율성을 초래한다.[53] 또한 노동조합은 경영진에 적대적인 입장을 취하는데, 이는 사용자뿐만 아니라 많은 노동자도 불편하게 만든다. 한편 사업장 지배 구조에서 종업원이 가지는 유일하게 효과적인 발언권을 제공하는 것이 노동조합인 경우도 흔히 있는 일이다.

독점화에 대한 우려를 불러일으키지 않으면서도 노동자가 사업장 지배 구조에서 비적대적인 발언권을 가지는 사업장 구조를 설계하는 것은 가능하다. 미국에서 압도적 다수의 노동자는 그러한 발언권을 갖기를 원한다. 회사 지배 구조와 관련해서는 노동자의 85%가 경영진과 노동자가 "공동으로 꾸려나가"기를 원한다.[54] 미국에서 그러한 구조는 전국노동관계법(National Labor Relations Act)상 불법이다. 해당 법이 어용조합(company union)을 금지하고 있기 때문이다. 그러나 이 구조는 유럽에서는 아주 흔하다. 바이마르 시대에 시작되어 제2차 세계대전 이래 정교하게 발전되어 온 독일의 공동결정제도는 매우 성공적인 모델을 제공해 준다.[55]

회사 지배 구조에 대한 노동자 참여의 어떤 특정 모델을 옹호하는 것은 이 강연에서 내가 의도한 바가 아니다. 나의 요점은 오히려 정부가 미국인의 삶에 어떻게 부합할 것인가에 대한 현재 사고방식의 심각한 실패를 드러내는 것이다. 우리는 페인과 링컨이 상상했던 시장사회, 즉 개인주의적 자유지상주의자와 평등주의자의 이상들을 결합하여 평등한 사람들의 자유로운 사회에 대한 호소력 있는 비전을 제공했던 시장사회에 살고 있지 않다. 정부는 도처에 있고, 국가의 형태로만이 아니라 훨씬 더 광범위하게 사업장에도 존재한다. 그러나 공적 담론과 많은 정치 이론은 그렇지 않은 것처럼 가장한다. 어찌됐든

간에 사업장 정부의 구조가 노동자와 사용자 사이의 자발적 협상의 대상이라는 듯이 가장한다. 이것은 오로지 극소수의 특권 노동자에만 들어맞는다. 대다수 노동자는 그들 자신의 선택에 의해서가 아니라 거의 모든 권한을 사용자에게 건네준 법률들에 의해서, 사적이며 권위주의적인 정부에 종속되어 있다.

이제 공적 담론이 이 현실을 인정하고, 사적 정부가 노동자에게 부과하는 그 자유와 존엄의 비용을 인정할 때다. 또한 정치 이론가들이 그들의 관심을 사업장의 사적 정부로 돌려야 할 때다. 수평파 이래로 평등주의적인 사회운동들은, 정부가 필요하다면 그것은 모든 피치자에 대하여 공적인 것, 즉 그들에게 책임지고, 그들의 이익에 부응하며 그들의 참여에 열려 있는 것이 되어야 한다고 주장해 왔다. 그들은 자신들의 삶에 사적 정부가 널리 퍼진 것을 인식할 만큼 충분히 기민했다. 이제 그런 인식을 회복하고 이를 바로잡을 방법을 실험하여 미래로 돌아갈 시간이다.

논평

3

수평파로부터 배운다?

— 앤 휴스 —

수평파를 연구하는 가장 최근의 역사학자가 선언했듯이 "수평파는 놀라우리만큼 현대적으로 보일 수 있다."[1] 1647년 10월 말, 퍼트니 논쟁에서 수평파에 공감한 사람 중 한 명인 토머스 레인버러(Thomas Rainborough) 대령은 새로운 상상을 통해서 재구성될 영국 정치체제에서의 선거권 범위를 논하면서 이렇게 주장했다. "진실로 나는 영국에 있는 가장 가난한 남자에게도 가장 위대한 남자로 살아갈 삶이 있다고 생각합니다. 그러므로 여러분, 나는 하나의 정부 아래에서 살아가야 하는 모든 사람은 먼저 그 정부의 통치를 자신의 동의하에 받아들여야 한다고 생각합니다. 그리고 나는 영국에서 가장 가난한 사람도, 그가 발언권을 갖지 못하는 그런 정부에 대해서는, 엄격한 의미에서 그 통치를 받아야 할 의무가 전혀 없다고 생각합니다."[2] 런던 교외의 교회에서 있었던 퍼트니 논쟁에서는 영국 의회의 승전 군대 사령관들과 병사들, 그리고 일부 민간 협력자들이 비극적인 유혈 내전에서 찰스 1세가 결정적으로 패배한 뒤 왕국을 안정시킬 방안을 논의하는 토론에 참여했다. 무엇보다도 그들은 비교적 평범한 사람들이 지적인 비전과 정치적 책략에 얼마만큼 능했는지를 보여 준다. 앤더슨 교수는 이 논쟁의 "지적 깊이나 진지함"(1장의 원주 9)에 주목하면서, 그들의 말은 현대의 평등주의자들에게도 여전히 울림을 준다고 언급한다.

광범위한 남성보통선거권—가장 가난한 "남자"(그리고 우리는 그 "남자"라는 말에서 잠시 멈칫해야 한다)—에 대한 이러한 요구가 경제적 용어들로 표현되었다는 점은 이후에 다시 살펴볼 것이다. 앤더슨 교수는 17세기 영국의 수평파가 평등주의적 사상가들이자 활동가들이라는 웅변적이면서도 지각 있고 감동적이면서 도전적인 설명을 제시한다. 그들은 우리에게 더 공정한 사회를 위해 어떻게 주장하고 일할 것인가 하는 영속적인 난제에 관하여 생각할 자원들을 제공한다. 그녀의 첫 번째 강연은 역사적 자료를 상상력의 저장고로, 그리고 현재를 위한 유산으로서 효율적으로 사용하는 모범적인 시연이다. 앤더슨 교수는, 시장을 통한 자유교환에 대한 수평파의 관여가 겉보기로는 역설적이면서도 어떻게 우리가 평등을 물질적 문제 이상의 것으로, 그의 표현을 빌리자면 존경, 지위와 권위의 문제로 인식할 수 있는지를 시사할 수 있었다고 주장한다. 나아가 수평파는 선구적인 "평등주의적 사회운동"으로서, 현대 세계를 위해 규범적인 평등주의를 회복한다는 앤더슨의 기획을 위한 토대를 이룬다.

수평파의 청원, 선전 및 선언문에는 실제로 거대한 독점무역회사에 대한 공격이 포함되어 있었다. 그들은 1648년 9월 "대(great)"청원서 열 번째 항목으로, "회사 등의 모든 독점과 매점으로부터 모든 무역과 상업을 자유롭게 할 것"을 영국 의회에 요구했다.[3] 그들의 팸플릿은 종종 다양한 정치운동과 사회운동을 지지했는데, 여기에는 런던이 주도하는 무역 시장에 진입하려는 지방 상인에 대한 지지도 포함되었다.[4] 더 최근의 자유시장주의자들처럼 수평파는 "국가", 심지어 그들이 탄생시키려고 노력했던 그 새로운 국가의 권력까지도 제한하기를 열망했다. 레인버러가 퍼트니에서 말하고 있었을 때, 군대의 급진주의자들은 제1차 "인민협정"을 공표했는데, 영국 정치 체제의 개조를 위한 하나의 선언인 이 협정은 수평파 운동에 대한 우리의 이해를 규정하는 문서가 되었다. 협정에 따르면 인민에 대한 약속들을 이행하지 못했던 당시 의회는 참여와 동의의 직접적인 과정을 통해 교체되어야 했다. 협정은 보통의 (남성) 정치 행위자들의 능력에 대한 신뢰와 모든 형태의 권력 집중에 대한 뿌리 깊은 불신에 근거를 두고 있었다. 그것은 "동일한 사람들이 오랫동안 권력을 유지하는 데서 비롯된 많은 불편들을 방지하기 위해" 당시 의회의 해산을 요구했다. 그러고 나면 "인민"이 "당연히" 2년마다 의회를 선택하게 될 것이었다. 선거구들은 인구에 비례하여 획정될 것이었고 이는 남성보통선거권을 암시했다. 이렇게 새로 선출된 대표자들은 법률의 제정과 집행, 전쟁과 평화의 결정, 그리고 공직 보유자의 임명을 책임졌다. 협정의 문구를 작성한 사람들은 그렇게 이 의회에 대해 광범위한 권한을 부여할 것을 제안했지만 그 범위는 서둘러 제한했다. 선거 후에는 "이 나라의 현재 및 미래의 모든 대표자보다 더 강한 권력을 갖는 것은 오로지 그들을 대표자로 선택한 사람들뿐이지만", "대표되는 사람들이 명시적 또는 묵시적으로 스스로에게 유보하지 않은 모든 사항들(whatsoevers)"에 대해서는 대표자의 권력이 더 우월했다. 어떤 권력들은 인민이 그들의 대표에게 양도할 수 없는 것이었기 때문에, 여기서 말하는 "모든 사항들"은 매우 중요했다. 첫 번째 "유보 조항"은 종교적 자유와 관련된 것으로, 아마도 가장 중요했을 것이다. 대표는 "종교 문제"에 관해서는 어떤 권력도 가질 수 없었다. "왜냐하면 그 문제에서 우리는 고의적인 죄를 짓지 않고서는 우리의 양심이 신의 마음이라고 지시하는 것을 조금도 감하거나 초과할 수 없기 때문이다." 현대의 정치적 분석에서는 군사 문제에 대한 통제가 일반적으로 국가 개념의 핵심 요소로 간주되지만, 이 점에서조차 수평파는 대표의 권력을 축소하려고 했다. 즉 두 번째 "유보 조항"은 군복무를 위한 징집이 "우리의 자유에 반하는 것"이라고 선언했다. 인민협정이 "대표자는 언제나 전쟁에 필요한 돈(군자금)에 대한 처분권을 갖고 있었기 때문에, 정당한 대의를 위해서 싸울 수 있는 많은 인원을 원하지" 않을 것이라고 인정하고 있었음에도 그랬다.[5] 국가 권력에 대한 수평파의 뿌리 깊은 불신은 1649년 5월 제3차 인민협정에서 드러나는데, 그것은 매년 의회를 열 것을 요구하면서도 상임 집행부는 허용하지 않았고, 국가는 사실상 의회의 임시 위원회들에 의해 운영될 것이었다.[6]

폭정에 대한 수평파의 저항, 자유, 인민의 동의와 개인의 양심에 대한 그들의 헌신, 그리고 국가든 법이든 경제든 교회든 권력의 독점화에 대한 그들의 일관된 반대는, 앤더슨 교수의 첫 번째 강연이 보여 주었듯이, 좌파에 속하는 사람들에게 고무적이면서 여전히 유의미한 평등주의적 비전을 제공한다. 이 태너 강연이 열린 것은 "기업적 네트워킹의 파렴치한 축제"라는 비난을 받았던 세계법률정상회담(Global Law Summit)에 반대하면서 "영국의 자유와 정의를 사랑하는 사람들"이 레인버러가 퍼트니에서 했던 말을 인용한 직후였다.[7] 강연이 열렸을 때, 영국의 활동가들, 영화 제작자들, 작사·

작곡가들과 역사가들은 가장 존경받는 수평파 지도자였던 존 릴번의 탄생 400주년을 기념하고 있었다. 이들 활동가 중에는 타리크 알리(Tariq Ali)와 당시 영국 노동당의 지도자[재임 2015.9-2020.4 — 옮긴이]였던 제러미 코빈(Jeremy Corbyn)도 있었다. 코빈이 가장 찬양하는 역사적 인물은 존 릴번이라고들 하는 반면, 타리크 알리는 앤더슨 교수처럼 1640년대의 운동을 현재의 딜레마를 해결하기 위한 원천으로 보긴 했지만, 시장관계를 옹호하는 쪽이 아니라 철도와 공공설비(영국 사회주의자들이 경제의 중핵이라 불렀던 것)를 "국유화"하여 공공/국가 소유로 되돌릴 것을 요구하는 새로운 "대항의(Grand Remonstrance)"[1]를 촉구하는 쪽으로 나아갔다.[8]

17세기 중엽 영국의 역사는 오늘날의 세계에 매우 상반된 유산을 남길 수 있다. 이것은 한 사람의 역사가로서 글을 쓰는 나에게, 우리의 학문 분과들 내에서 그리고 더 넓은 당대의 공적 담론 내에서 역사적 자료를 어떻게 효율적으로 사용할 것인가 하는 몇몇 어려운 문제들을 제기한다. 오늘날 대부분의 역사가는 그들의 학문이 공적 관심사와 마주하기를 원하고 심지어 공공정책에 영향을 미치기를 원하지만, 어떻게 이를 가장 잘 실현할 수 있을지에 관해서는 (종종 심각하게) 의견 대립을 보인다.[9] 다른 한편으로 대부분의 역사가는 그들

[1] 1641년 장기의회가 찰스 1세가 즉위 후 저지른 실정을 낱낱이 열거하여 통과시켰던 항의문서로서, 국왕파와 의회파의 대립을 낳아 영국 내전과 청교도혁명으로 이어지는 계기가 되었던 대간의서(大諫議書)를 가리킨다. 타리크 알리는 이 역사적 문서를 언급한 것이 아니라 공공재의 국유화를 요구하는 혁명적 조치가 필요함을 강조하기 위해 이 용어를 비유적으로 사용한 것이기에 이 맥락에서는 '대항의'로 번역했다.

의 전문 영역과 시대에 관하여 습관적으로 시시한 일까지 들추어내는 경향이 있는, 본능적인 또는 선천적인 공론가다. 언어적 전회(linguistic turn)[2] 이후 과거에 대한 모든 설명이 도전받고 잠정적인 것으로 여겨지는 이 포스트-포스트모던의 시절에조차도 우리는 여전히 가장 "정확한" 또는 적어도 그럴듯한 설명, 즉 남아 있는 증거들과 가장 부합하는 것을 만들어 내는 일에 헌신하고 있다. 그래서 나 역시 수평파와 그들의 17세기 사회적 맥락이 앤더슨 교수의 첫 번째 강연에서 묘사된 것과 반드시 동일하지는 않다고 말하고 싶다. 나는 지루하고 고립된 추정상의 "사실들"을 우리의 토론에 던져 넣고 싶지는 않지만, 역사적 광경이 약간 더 복잡해지거나 심지어 모순이 생긴다면 그것이 우리의 주장들에 어떤 차이를 만들지 생각해 보기를 권유하고 싶다. 역사적 자료는 영감을 얻고 변화를 달성하기 위한 대안적 방향이나 수단이 될 사고실험에 활용될 수 있는 날것 그대로의 자료를 제공한다. 그렇지만 이것은 상상력 풍부한 문학이나 추상적인 철학적 개념들을 사용하는 것과 어떻게 다른가? 우리가 역사가로서 가능한 한 잘 이해하려고 노력하는 어떤 일이 실제로 일어났고 실제 사람들과 관련되었다는 것은 어느 정도 문제가 되는가? 이런 식으로 표현하는

[2] 20세기 초 서구철학에서의 주요한 발전을 가리키는 말로, 철학과 기타 인문학의 초점을 주로 언어, 언어사용자 및 세계 사이의 관계들에 맞추는 것을 특징으로 한다. 언어적 전회는 비트겐슈타인의 「논리철학 논고(Tractatus Logico-Philosophicus)」(1921)에서 유래되었지만, 그 용어 자체는 빈 학파의 일원이었던 구스타프 베르그만이 처음 사용했다. 흔히 리처드 로티의 1967년 선집 『언어적 전회(*The Linguistic Turn*)』에 의해 대중화되었다고 생각되지만, 언어적 전회와 연관되는 지적 운동들은 매우 다양했다. 〈https://www.rep.routledge.com/articles/thematic/linguistic-turn/v-1〉; 〈https://en.wikipedia.org/wiki/Linguistic_turn〉, 검색일: 2023. 12. 1.

것이 정교하지는 않지만, 나는 현실적인 것의 한계와 이들 한계를 인정하는 것의 장점을 주장하고 싶다. 과거로부터 살아남은 부분적이고 다루기 어려운 증거에 직면하는 역사가의 회의주의는 대개 역사적 과정들에 대한 복잡한 설명을 만들어 낸다. 직설적인 해법이 아니라 그 복잡성이야말로 우리가 현재 당면한 딜레마를 가장 잘 해결할지도 모른다.

그다음으로, 이러한 틀 안에서 17세기 중엽 영국에 대한 역사가로서 글을 쓰는 나는 우리에게 좀 더 미묘한 차이를 드러내는 또는 좀 더 복잡한 그림이 필요하다는 제안을 하면서, 앤더슨 교수의 첫 번째 강연의 세 가지 측면을 다루고자 한다. 나는 특히 근대 초기 영국에서 일어난 경제적·사회적 변화의 성격에 초점을 맞출 것이다. 우리는 과도기에 있는 그 사회의 특성을 어떻게 묘사해야 하며, 우리의 묘사는 시장이 "좌파적"이 될 잠재력에 어떻게 영향을 미칠 수 있을까? 그리고 좀 더 구체적으로 나는 [앤더슨 교수가 설명한 것과 비교하여 — 옮긴이] 근대 초기 형태의 시장 개념 자체를 복잡하게 만들고자 하며, 시장과 사유재산에 대한 수평파의 태도에도 미묘한 차이를 추가하고자 한다. 마지막으로 앤더슨 교수의 강연이 문제를 직접 제기하고 있는 만큼, 나는 수평파 운동 내에서든, 우리가 시장에서 "개인들"(의도적인 인용 표시) 사이의 관계를 논의할 때든, 여성이 어디에 속하는지 묻고자 한다.

앤더슨 교수는 일부 논의를 애덤 스미스를 따라서 구성하고 있다. 즉 사회적 관계들이 비굴한 아첨에 근거를 두고 있던 영국의 봉건사회가, "주인 없는 사람들"이 평등한 존엄성의 토대 위에서 행해지는 상호적인 교환거래를 통해 잠재적으로 자율성을 획득할 수 있던 자본주의적 시장경제로 긍정적으로 이행하는 것을 중심으로 논의를 구성한다. 이는 사회 변혁을 극도로 단순화한 설명이지만, 그렇다고 해서 스미스를 역사가로 판단해서는 안 될 것이다. 그의 방법은 오히려 정치경제학자나 심지어 명백한 유토피아적 사상가의 방법처럼 훨씬 도식적이기 때문이다. 그러나 우리는 16세기와 17세기의 영국에서 사회적·경제적 변화들이 수평파와 같은 이들에게 영향을 미친 방식의 복잡성과, 그 결과 하나의 운동으로서 수평파가 이런 변화들에 대응했던 방식의 미묘함을 이해할 필요가 있다. 그 역사적 맥락 안에서 보자면, 이러한 신세계의 잠재력에 관한 수평파의 생각은 더욱 모호했던 것 같다. 근대 초기 영국은 아직 산업혁명을 경험하기 전이었지만, 내전 발발보다 한 세기 앞서 매우 중요하고 혼란스러운 변화를 경험했으며, 앤더슨이 보여 주듯이 그 변화의 영향은 매우 다양했다. 인구 증가와 인플레이션, 농공업 및 상업의 팽창, 전문화와 생산성 증가로 인해 어떤 집단은 혜택을 받았다. 이들 집단은 시장 거래로 이윤을 획득했다. 그러나 이윤을 추구하는 지주들이 지대를 인상하거나 토지를 사적으로 이용하기 위해 울타리로 둘러쌀 수 있었기 때문에, 소토지 보유자들과 불안정한 소작농들은 살아남지 못했다. 그들은 임금에 의존하거나 "주인 없는" 사람들로서 비참한 삶을 살았다. 이들 대부분은 앤더슨의 강연에서 이상적으로 묘사된 독립적인 자영농이나 장인의 모습과는 거리가 멀었다. 이러한 주인 없는 사람들은 취약한 임금노동자나 부랑자로, 개인적 자선이나 공공부조[3]에 점점 더 많이 의존하게 된 사람들이었다. 근대 초기 영국에 대한 가장 권위 있는 사회사가인 키스 라이트슨(Keith Wrightson)은 시장을 위한 생산을 하나의 기회라기보다는 소규모 가구들이 "부득이하게 감수했던" 위험으로 보고 있다.[10] 16세기와 17세기 초의 변화들은 유례없는 규모의 빈곤을 초래했고 실질임금이 하락하는 기간에도 임금노동에 의존하는 가구 수는 늘어났다. 17세기 중반이 되었을 때는 인구의 절반이 주로 임금노동에 의존한 것으로 추정된다. 영국의 국민소득은 적어도 17세기에 1640년까지는 두 배가 되었지만 다른 때도 그러했듯이 이와 같은 경제적 팽창의 혜택은 고르게 분배되지 않았고, 그 결과는 불평등의 증대와 사회양극화의 심화로 나타났다. 도시 일자리 중 도제직이 독립적 장인이나 사업가라는 평안한 삶으로 가는 통로가 되기는 더욱 어려워졌다. 희망에 차 있던 많은 젊은이는 도제 또는 노동자로서 한평생 살아야 하는 운명에 처했다. 수평파는 "자유인으로 태어난(freeborn)" 영국인의 권리를 중시했고 그들의 운동은 **자유인**(free man)이라는 용어에 개인적 자율과 행위주체성이라는 현대적 암시를 부여하는 데 기여했다. 그러나 당시 자유인이란 용어는 여전히 특정 회사나 동업조합의 구성원으로서 무역과 제조업에 대한 구체적이고 배타적인 특권을 가진 사람을 암시하기도 했다. 이런 의미에서 1640년 런던의 성인 남성 중 자유인은 절반 정도에 불과했다. 경제적 변화와 실질적인 상업화는 국가 권력의 강화와 함께 진행되었는데, 이는 영국의 해외 무역을 보호하기 위해서였고, 여기서 논의한 내용과 가장 밀접

[3] 한국에서는 1995년 제정된 사회보장기본법이 '공공부조'라는 용어를 사용하고 있는데, 이 법이 제정되기 이전에는 '공적 부조'라는 용어가 사용되었다(구 사회보장에 관한 법률 제2조 등).

한 측면에서 보자면 사회양극화의 심화로 인해 나타난 문제들을 다루기 위해서였다. 키스 라이트슨이 설명했듯이 17세기 중엽에는 "가구를 기반으로 했던 한 국가가, 인구의 상당수가 정기적인 공공부조 없이는 가구를 지탱할 수 없고, 또 다른 상당수의 소수집단은 독립된 가구를 꾸릴 수조차 없는 그런 국가가 되었다."[11] 영국의 독특한 빈민구제제도는 지방의 주도로 시작되었으나, 이후 국가 입법에 의해 확립되어 지방에서는 교구별로 집행되었다. 영국의 구빈법은 새로운 사회적 위계를 대변하고 그것을 구축하는 데 기여했다. 17세기 후반이 되면 인구의 약 40%가 지방세를 납부하는 가구에서 살았던 반면, 적어도 10%는 대체로 구호에 의존하여 생계를 유지했으며, 둘 사이의 어딘가에 있는 나머지 인구는 너무 가난해서 지방세를 납부할 수 없었고 간헐적으로 교구의 도움에 의존했다.[12]

그러니 근대 초기 영국의 사회적·경제적 변화에 대해 애덤 스미스가 내린 자애로운 판단에 동의하기는 어렵다. 승자보다는 패자가 더 많았고, 수평파 지도자의 대부분, 그리고 적어도 의회 군대 내 기사의 다수는 이 양분된 사회의 가장 부유한 계층은 아니더라도 비교적 유복한 계층 출신이었으며, 그래서 역사가들은 "중간층(middling sort)"이라는 분명치 않은 용어를 사용한다.[13] 사람들이 가지고 있던 사회적 프로그램이나 정치적 견해를 그들의 사회적 지위와 바로 연결함으로써 이 점을 장황하게 반복해서는 안 될 것이다. 그러나 런던의 저명한 상인이자 해군 장교의 장남이었던 만큼 레인버러가 가난한 사람들의 정치적 권리를 옹호한 것이 그 자신의 경제적 지위를 반영한 것은 아니라는 점은 지적할 가치가 있다. 그의 평등주의적 비전을 촉발했던 것은 의회 군대에 복무했던 동료들이었을 가능성이 가장 클 것이다. 윌리엄 월윈은 자유무역이 "영연방(Commonwealth)에 가장 유리한" 것이라는 가장 확장된 정당화를 발전시킨 수평파였지만, 그 자신은 대형 모험상인회사의 자유민이자 주교의 손자였다.[14] 수평파는 대개 "중간층"의 독립적 가구주였고, 그들은 시장이 기회를 제공한다는 생각을 받아들일 수 있었지만 또한 그들은 자선이나 임금노동에 의존하는 부끄러운 신세로 "전락"할 위험도 잘 알고 있었다. 그들이 "다른 시민들의 자비에 주로 의존하기를 선택하는 것은 거지뿐이다"라는, 강연에서 인용된 애덤 스미스의 언급이 가지는 힘을 깨닫고 있었음은 확실하다. 때때로 수평파는 성인 남성 선거권에 대해서도 망설였는데, 한 연설가는 퍼트니에서 다음과 같이 인정한 바 있다. "내가 알기로, 우리가 도제나 하인, 또는 구호품을 받는 사람들을 배제하는 이유는, 그들이 다른 사람의 의지에 의존하는 까닭에 혹여 그 사람들을 기분 나쁘게 할까 봐 두려워할 수밖에 없기 때문이다. 하인과 도제에 관해서 말하자면, **그들은 그들의 주인에 포함되어**(included) **있는데**, 집집마다 다니며 구호품을 받는 사람들도 마찬가지다." 세 번째이자 마지막 인민협정에서는 선거권에 있어 정치적·사회적 배제가 이루어졌다. 즉 "하인이거나 자선을 받고 있거나, 또는 죽은 왕[찰스 1세를 가리킴 – 옮긴이]에게 무기 혹은 자발적 기부를 통해 봉사한 경우가 아닌" 21세 이상의 모든 남성은 대표자를 선출하기 위한 투표를 할 수 있었다.[15]

수평파는 권력의 집중과 인민의 자유에 대한 제약을 혐오했고, 부자와 권력자가 특권을 독점하고 법을 조작할 수 있는 방식을 질색했지만, 자유시장이 그들의 비전에 얼마나 핵심적인 것이었는지는 의문이다. 지배에 대한 그들의 혐오는 인간의 본성과 정치적 참여 가능성에 대한 낙관주의적 견해에 기반을 두고 있었다. 사회적 관점에서 보자면 수평파의 제안은 억압의 경험만큼이나 자기확신에 근거하고 있었다. 왜냐하면 "중간층" 사람들은 영국의 법적·정치적 절차에 참여하는 데 익숙했기 때문이다(카운티에서 배심원으로, 또는 그들의 지방공동체에서 치안관(constables)과 교구위원(churchwarden)으로). 그러나 무엇보다도 수평파가 평등주의적인 사회적·정치적 형식들을 추진한 것은 활발한 종교적·정치적 투쟁의 산물이었다. 수평파 운동은 내전에서 싸워 이겼던 극적이고 급진적인 경험에서부터 등장한 것이었는데, 이 내전에서 의회는 "인민들"에게 대의를 위해 집결할 것을 촉구하고 하원이 인민의 대표자라고 주장했으며, 또한 내전에서는 이 전쟁이 신의 진정한 종교를 위한 투쟁으로 제시되었지만 진정한 종교가 무엇인지에 대한 확립된 합의는 없었다. 수평파 운동은 처음에는 종교적 자유를, 이후에는 이와 밀접하게 연결된 필수 요소인 출판 및 토론의 자유를 요구하는 캠페인에서 성장한 것이었다. 17세기 중엽 다른 급진주의자들과 마찬가지로, 수평파들 역시 내전에서 희생된 "피와 재산"에도 불구하고 이러한 자유를 제한하고 있던 것은 의회 자체였다는 불타오르는 배신감에 의해 추동되었다.[16] 윌리엄 월윈은 1652년에 자유무역을 자연권으로 옹호했지만 그것이 그의 일생을 통틀어 가장 중요했던 관심사는 아니었고, 종교의 자유가 그의 최우선 과제였음은 분명하다.[17] 이 모든 것은 시장관계의 경제적·사회적 함의들이 오래전—산업혁명이 시작되기 훨씬 전—부터 애덤 스미스나 앤더슨 교수의 생각만큼 자비롭지는 않았다는 맥락에서 이해될 필요가 있다. 이는 자유시장에 대한 확고한 지지가 수평파 견해의 기초였다기보다는 그런 지지는 사회 생활의 다른 요소들로부터 비롯되었음을 시사한다.

둘째, 우리는 시장이라는 관념 자체를 복잡하게 만들 필요가 있다. 근대 초기의 시장은 자유롭고 평등한 개인들과 직접적인 금전 교환을 포함하는, 추상적인 상호성 관념에 근거를 두고 있지는 않았다. 시장 관계는 근대 초기 영국에서 중심적이긴 했지만 그것들은 신뢰(trust)와 신용(credit)에 대한 복잡한 이해를 근거로 하여 작동했고, 여기서 신용이란 단순한 기술적 과정이 아니라 사회적이고 문화적인 개념을 뜻한다. 크레이그 멀드류(Craig Muldrew)가 설명하듯이 근대 초기 사회에서 "시장은 물건들이 사고팔릴 뿐만 아니라 신뢰가 확장되거나 확장되지 않는 공간이며, 사회적인 것(the social)이 곧 그러한 신뢰의 필요성과 크기로 정의되던 공간"이기도 했다.[18] 근대 초기 영국에서는 실제 화폐(주화 또는 정금[specie])의 공급이 부족했고, 회계는 제멋대로였으며, 사람들은 자신들의 경제적 지위에 대해 대단히 개괄적인 관념만을 갖고 있는 경우가 많았고, 사회와 경제의 작동은 곡예를 하는 채무와 확장되는 신용, 채무나 지대의 앞서거나 뒤늦은 변제에 의존하고 있었다. 이런 좁은 의미의 신용을 얻는 데 있어 존경, 평판 또는 지위(평등주의에 대해 앤더슨이 이해하는 대로 몇몇 용어를 빌려 오자면)라는 사회적 의미의 **신용**은 핵심적인 강점이었고, 그와 비슷한 "진짜" 경제적 능력을 가진 사람들이 실제로 더 잘 번성하도록 도움을 주었을지도 모른다. 강조하건대 시장은 추상적인 평등주의나 개인적 평등의 장이 아니었고 19세기에 들어서도 "인적 신용은 시장관계의 핵심으로 남아 있었는데, 시장관계는 때로는 선물관계와 구분이 되지 않았고 때로는 선물관계와 함께 존재하기도 했다."[19] 스미스의 사고에 등장하는 시장과 선물거래 사이의 첨예한 대조는 실제로는 적용되지 않았다.

수평파는 사회적·경제적 쟁점들에 대한 접근에서 일관되지도 않았다. 사회적·경제적 상승기에는 억압과 착취가 다양한 맥락에서 발견될 수 있었고, 따라서 수평파는 다양하고 복잡하며 심지어 모순적이기까지 한 쟁점들과 집단들로부터 하나의 운동을 구축했다. 한때 "소유적 개인주의자"로 여겨졌지만, 수평파가 집단적이고 공동체주의적인 적극주의의 감각을 드러내는 일도 자주 있었다. 「런던의 자유, 사슬에 묶인 채 발견되다」와 같은 팸플릿에서 그들은 존 릴번과 그의 아내의 고충에서부터 도시공사 내에서의 정치적 지배와 지역 상인들의 투쟁에 이르기까지 많은 불의들을 비난하곤 했다.[20] 수평파가 항상 근대적 의미의 사유재산권에 입각한 자유시장에 헌신한 것은 아니었고, 부자의 권력과 지배에 대한 저항의 일환으로 종종 관습적 권리들을 옹호하기도 했다. 이미 임금노동에 크게 의존했던 많은 근대 초기의 가구들은 다른 소득원, 즉 작은 오두막 정원이나 다양한 형태의 시장화되지 않은 또는 완전히 시장화되지는 않은 관습적인 공동체적 권리들 없이는 생존할 수 없었다. 예를 들어, "이삭줍기할(glean)" 권리, 추수에서 떨어진 곡식을 주울 권리나 공유지에서 돼지를 살찌우거나 소에게 풀을 뜯게 할 권리 같은 것들이다. 이는 동일한 재산에 대한 차등적인 권리를 수반하는 것이었다. 즉 그것은 특정한 (사적) 개인들에 한정된다고 여겨질 수도 있지만, 집단적이고 복합적이며 다층적인 소유 개념이었다고 하는 것이 더 적절하다. 그래서 수평파는 지표면과 그 아래에 있는 모든 자원에 대한 유일하고 절대적인 소유권을 주장했던 토지소유자의 거센 항의에 맞서서, 전통적인 관습에 따라 발견만 하면 어디에서든지 납을 채굴할 권리가 있다고 주장했던 더비셔의 "자유광부들(free miners)"을 지지했다. 그리고 수평파는 생계를 위해 어로, 수공업 및 농업을 겸하고 있었으나 배수 사업으로 인해 그런 생계 수단을 파괴당하고 있던 소택지 안의 영세 사업자들에게 도움을 제공했다.[21] 이 모든 것은 수평파에게서 평등주의와 적극주의에 대한 실험을 보고자 하는 우리에게 복잡하지만 훨씬 더 풍부한 시사점을 줄 수 있을 것이다.

셋째, 내가 원하는 것보다 훨씬 더 도식적이긴 하지만, 나는 수평파를 페미니스트 운동으로 묘사하는 것에 있어 몇 가지 기준을 높이고 싶다. 앤더슨 교수가 보여 주었듯이 여성들은 적극적인 수평파였고 그들 중 우리는 엘리자베스 릴번, 메리 오버턴(Mary Overton), 그리고 엘런 라너(Ellen Larner)와 급진적인 종교적 분리주의자이자 저술가인 캐서린 치들리를 강조할 수 있다. 부분적으로 가부장권론을 통해 그 지배가 정당화되었던 국왕에 대한 공격은 가구 내 젠더 위계에 영향을 미쳤다. 비록 대부분의 하원의원과 공화주의자는 다양한 방식으로 가구라는 사적 세계로부터 공적 또는 시민적 권위를 분리함으로써 이러한 영향을 제한하기 위해 무척 주의를 기울였지만 말이다. 앤더슨 교수가 강조했듯이 종교적 다원주의는 세속적인 위계를 붕괴시켰고 죄와 복종의 관념들에 이의를 제기했다. 모든 사람은 사람 이전에 신에게 복종해야 하므로, 남자와 여자는 똑같이 신 앞에 평등하다고. 수평파 여성은 자신들에게 의회에 청원할 권리가 있다고 주장했다. "우리는, 신이 우리에게 용기와 모범을 보여 주기 위해, 여러 시대에 걸쳐 몇몇 민족을 위한 많은 구원을 여성의 연약한 손으로 일구게 한 것을 알고 있"다고 하면서, "왕국에서 남성들과 평등한 몫과 이익"을 주장했다. 그러나 나는 하나의 운동으로서 수평파가 가족권력을 남성이 독점했다고 생각했는지 확신할 수 없다. 오히려 나는 수평파가, 남성이 주도하고 여성은 존중되긴 하나 종속적인 참가자로 존재하는 가구가 사회를 구성한다는 관념을 따른 경우가 많았다고 생각한다. 존 릴번은 그의 충실하고 오랫동안 고통받은 아내를 "더 약한 그릇"이라고 칭했고, 수평파 출판물들이 그렇듯이 수평파 의식(rituals)은 수평파 운동을, 장소에 따라 그리고 (내 생각으로는) 자연적 불평등에 대한 가정에 따라 구분되는 다양한 요소들로 구성된 하나의 집합체로 제시했다. 군사반란에 참여했다는 이유로 1649년 5월에 처형된 수평파 동조자 로버트 로키어(Robert Lockyer)의 장례식에서 "시민들과 여성들" 그리고 "청년들과 소녀들"은 장엄하지만 차등적인 순서로 운구 행렬을 뒤따랐다. 우리는 다시, 퍼트니에서 레인버러의 가장 가난한 "그 남자"라는 말, 하인과 도제는 그들의 주인에 포함되어 있다는 사상, 그리고 청원자로서가 아니라 행위자(agent)로서 여성을 위한 형식적인 정치적 권리들은 결코 수평파의 의제가 되었던 적이 없다는 사실을 상기한다.[22] 이러한 견해에는 이의가 있을 수 있지만, 남성의 정치적 권리의 확장이 여성은 본래 정치적 참여에 적합하지 않다는 주장을 강화하는 일이 많았다는 여성 정치철학자들의 고전적 주장을 상기하는 것도 의미가 있다.[23] 강연에서 설명하듯이 가구 내 여성 노동에 대한 무시는 하나의 중요한 측면이지만, 여성과 시장의 문제는 그것을 넘어선다. 더욱 근본적으로 말하자면, 적어도 근대 초기의 경우, 시장에서 경쟁하거나[24] 정치적 행위주체성 성취를 열망하는 기본 단위는 개인이라기보다는 가구였고 그 수장은 통상 남성이라고 가정하는 것이 자연스럽다(강조하고 또 이의를 제기할 필요가 있는 단어다)[25]는 사실에 이 문제의 어려움이 있다.

평등주의를 경제적 문제 이상의 것으로 보는 것, 즉 인간 능력을 폭넓게 고양하고 타인의 지배로부터 독립을 실현할 수 있도록 하는 데 기여하는 것으로 보는 것은 무척 흥미롭다. 나는 앤더슨 교수의 첫 번째 강연에 17세기 역사 연구자로서 응답했지만, 영국의 사회민주주의적 또는 사회주의적 전통 내의 교육 또한 의식하고 있다.[4] 두 측면을 함께 고려할 때 모든 것이 잘못된 원인이 산업혁명에 있다는 설명을 납득하기는 어려웠다. 17세기 영국은 이미 인구의 약 절반이 시장에서 평등한 조건 아래 경쟁하리라는 전망을 거의 가질 수 없는 사회였다. 자본, 신용, 숙련, 훈련, 시간에 대한 차등적인 접근이 모두 부와 관련되어 있었다(부를 소유하면 "지배"나 "허영"보다 더 많은 장점을 누릴 수 있었다). 나는 17세기 사례의 잠재력에 대한 더 비관적인 관점을 제시하고자 하며, 그러면서도 경제적 불평등이 앤더슨 교수

[4] 휴스는 시장경제를 기반으로 하는 자본주의 체제에 대한 비판적 시각을 함양하는 영국 교육의 사회민주주의 또는 사회주의적 전통에 비추어보면 앤더슨이 주장하듯이 평등주의적 관점에서 시장사회를 긍정적으로만 평가하기는 어렵다는 점을 토로하고 있다.

가 초점을 맞추었던 더 광범위한 요소들에서 분리될 수는 없다고 생각한다.

4

시장 합리화

— 데이비드 브롬위치 —

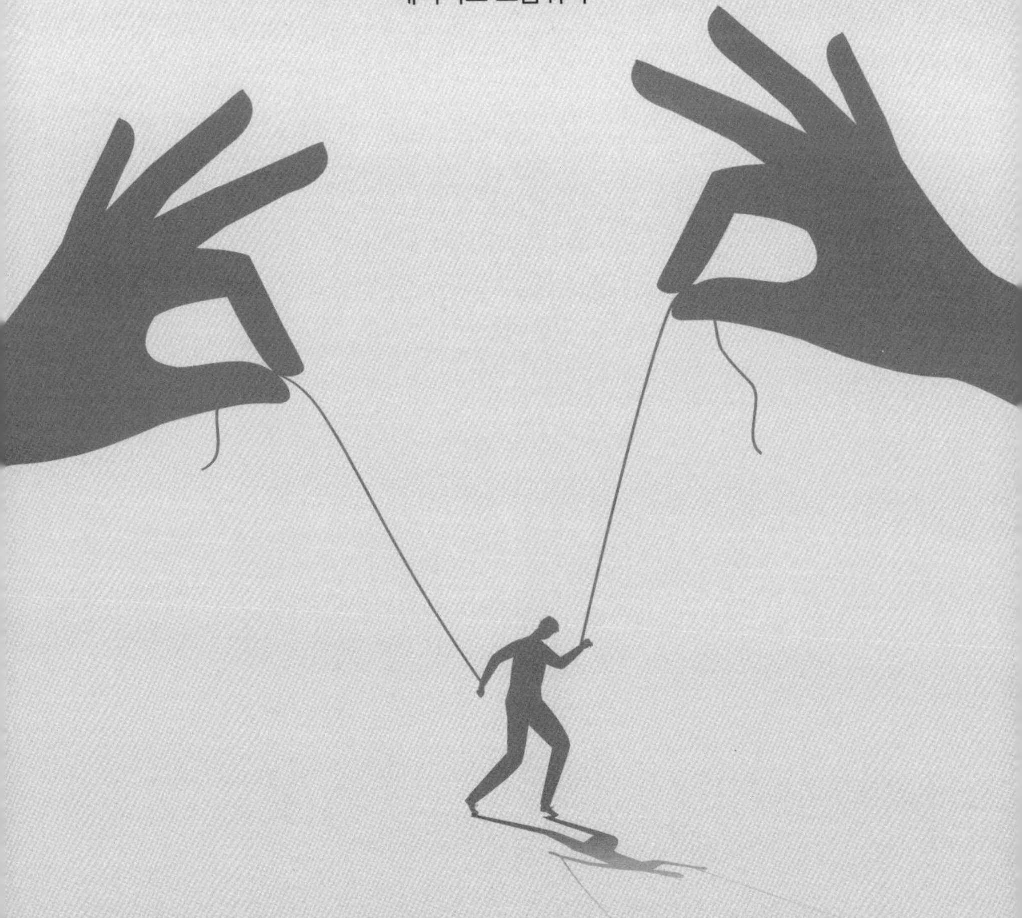

정치적 자유주의와 시장사회 이론의 관계에 대한 엘리자베스 앤더슨의 도발적인 논의는 중요한 질문을 던지고는 정직하게 그 답을 열어두고 있다. 그 질문은 유럽인이 좌파라고 부르고 미국인은 자유주의 진영이라고 생각하는 평등의 당파와 관련된 것이다. 이 당파가 어떻게 1640년경에는 시장을 개인적 독창성, 개인기업의 활력, 재능 있는 사람들에게 열려 있는 성공의 길과 동일시하며 낙관적인 출발을 했다가, 19세기 말에 와서는 시장이 평등을 억압하고 사회의 가장 가난한 구성원과 가장 부유한 구성원 사이의 간극을 넓히는 장치라고 여기게 되었을까?

두 강연을 통해 앤더슨은 (사실상) 정치 이론이 사업장 문 앞에서 멈추어서는 안 된다고 주장한다. 이 믿음을 공유한다고 가정하더라도, 우리는 여전히 18세기의 새로운 경제 교리와 19세기의 자유주의 정치 이론이 최종적으로 직장에서 남성과 여성의 자치라는 민주적 교리의 수용으로 이어지지 못하게 만든 것은 무엇인지 질문을 던져야 한다. 자유시장으로부터 완전한 민주주의로의 이행이 실패한 몇 가지 이유는 처음에는 장터(marketplace)에만 적용되던 속성인 "자유

(freedom)"라는 용어의 관념적 축소에서 발견할 수 있다. 자유가 현대 정치에 들어맞는 개념이 되도록 하기 위해 얼마나 상상력을 발휘했을지 가늠하기는 어렵다.

앤더슨은 "스미스에서 마르크스에 이르는 동안 무슨 일이 있었길래 시장사회에 대한 평등주의적 평가가 뒤집혔을까?"라고 묻는다. 그는 그러한 전복에 당혹해하는 것은 당연하다고 본다. 왜냐하면 "스미스는 마르크스 못지않게 이기심을 비난했기" 때문이다. 그러나 이러한 사실에 큰 의미는 없다. 사람들은 평등을 포용하지 않고서도 이기심을 비난할 수 있기 때문이다. 특권과 상속된 부의 옹호자가 아닌 이상, 누구든지 사회에서 발언 기회를 얻으려면 이기심을 비판**해야만 한다**. 만약 우리가 "이기심"은 무시하고 대신 스미스가 말한 "자기이익"—스미스가 경제적 도덕성의 중심이자 이후 몇 세대에 걸쳐 도덕화된 경제의 중심으로 만든 개념—이 무엇을 의미하는지를 묻는다면, 스미스와 마르크스 간의 유사점은 훨씬 더 근거가 취약해 보인다. 심지어 쓸모없는 부와 권력의 거대한 불균형에 반대하여 『국부론』이 처방하는 교정책을 감안하더라도, 스미스의 독자라면 그의 자기이익 개념이 이기심에 대한 일종의 방패막이가 되고 얼마간 긍정적인 인상을 준다는 결론을 피할 수 없을 것이다. 스미스가 해석하는 바에 따르면 자기이익은 장기적인 사회 이익을 위해 가동되며, 이해관계 당사자의 의지와는 거의 독립적으로 작동한다. 그럼으로써 자기이익은 덜 기계론적이고 의지적으로는 더 엄격한 공동선 개념을 피해 간다. 자기이익이 만연한 체제에서는 아무도 그것에 관하여 의식하지 않더라도 사회는 자연스럽게 개선될 수 있다. 우리가 독점으로 사적 재산을 매점하기 위해 중간상인과 무모한 투기 사업의 낭비적 배치를 피하는 한 진보는 계속될 것이다.

이러한 장치가 효과적으로 작동하는 이유는 무엇인가? 스미스는 우리가 상품의 세계, 즉 그 세계가 자연스럽게 발산되고 표현되면 교환이 무한히 가능해지는 그런 세계에 살기 때문이라고 말한다. 우리는 탐험을 원하는 상품의 세계에 살고 있다. 이는 마치 우리가 향유할 수 있는 모든 상품이 수확만을 기다리는 것 같고, 그 상품들은 마치 인간이라는 동물의 욕망과 부화뇌동하는 본성에 정교하게 맞춰진 사회 속에 있는 제2의 자연인 듯하다. 이러한 이해에 입각할 때, 전사의 미덕과 시민적 악행의 밀접한 관계라고 할 수 있는 탐욕—스미스라면 긍지 또는 자만심이라고 불렀을 것이다—은 자유주의 정치 이론이 어떻게든 고심해야 하는 인간 본성의 불가분한 부분이라기보다는 탈선으로 간주된다. 우리 중 거의 모두가 할 수만 있다면 인공물로 이루어진 우리의 공동 세계에 계속해서 편의를 더함으로써 우리 삶을 개선하고 싶어할 것이라고 스미스는 믿는다. 산업자본주의에 수반되는 상업은 유용하고 또 필요할 것이다. 또한 이 체계에서 노동자는 앤더슨이 설명하듯이 "권위", "존경"과 "지위"라는 도덕적 자산—비록 초기에는 운 좋은 엘리트가 전유했지만 민주주의에는 널리 보급될 필요가 있는 재화—을 획득했을 것이다.

스미스와 로크는 근대 정치사상사에서 앤더슨이 평등주의적 암시를 찾기 위해 면밀하게 선별한 인물들이다. 그들이 던진 실마리를 어떻게 종합해야 할까? 스미스에게 독점은 비효율적이고 발명을 억압하는 요소다. 여기까지 보자면, 그는 자본주의 체제의 폐해를 비판하는 사람들에게 분명히 유용한 통찰을 제공한다. 그러나 우리 시대에 부상한 아마존이나 구글과 같이 끊임없이 다양화되는 다목적의 독점에 맞서기 위한 논거를 스미스에게서 찾을 수 있을까? 결국 이들 기업이 재화에 대한 우리의 동물적인 갈망을 충족시켜 주고 있다는 점은 분명하다. 그들은 자신의 이윤을 얻는 동시에, 우리가 단 하나의 재화에 대한 단 하나의 욕망도 억누르지 않게 만든다. 그들은 우리의 소망과 요구를 끊임없이 탐색하고 시험하며, 그 결과 우리의 의식적 선택을 앞질러 간다. 이러한 기업들의 성공은 스미스가 전혀 예상하지 못했던 방식으로 시장이라는 장치가 변화해 왔음을 보여 준다.

또한 우리가 로크에게서 노동과 재산의 관계에 관한 지침을 구하고자 한다면, 우리는 그의 사고가 한정된 예지를 보이는 것에 놀라게 될지도 모른다. 앤더슨은 가부장제에 대한 전면적인 거부를 이유로 로크의 정부 이론을 높이 평가하지만, 사회 전체로 보자면 그것이 과연 평등으로 가는 길에서 우리를 어디까지 데려갈 수 있을까? 로크는 기업가가 자신의 노동을 토지 또는 자연의 일부와 결합함으로써 일종의 개선을 가져온다면 (여타 토지나 자연의 과실들을 다른 사람들이 이용할 수 있는 한) 그는 그 작업의 결과물을 정당하게 전부 소유할 수 있다고 말한다. 동시에 로크는 **전유적 인간**(appropriative man)[모든 자원을 자신의 것으로 만들려고 하는 인간 유형—옮긴이]이라는 변종이 아니면서 타인에게 해를 끼치지 않고 번창해 가는 개인이라면, 인클로저와 재산에 대한 권리를 정력적으로 일하는 노동자에게 양도해야 한다고 주장한다. 그러나 로크가 상상했을 법한 시장사회는 인간 본성이 추구하는 것으로 알려진 이 두 가지 상이한 경향, 즉 모든 자원을 전유하려는 경향과 재산에 대한 권리를 가장 적절한 사람에게 양도하려는 경향 사이에서 평등으로 이어지지 못한다.

속속들이 급진민주주의자이자 시장의 신봉자이기도 했던 토머스 페인에 관해서 보자면, 그는 다른 역사적 맥락에 속할 수도 있다. 페인은 코르셋 제조업자로 시작했으며, 자신과 같이 글도 알고 자존감 있는 소매상인을 마을회의의 전형적인 구성원으로 묘사했다. 그래서 미국의 주 헌법들에 대해 이야기한 것과 마찬가지로 마을회의를 언급하면서 이것이 민주주의라는 언어의 문법이라고 표현했을지도 모른다. 그러나 페인의 비전은 본질적으로 정치적이었고 경제적 비전은 부차적인 것일 뿐이다. 페인이 자유시장을 민주주의의 특징 중 하나로서 인간의 권리에 자연스럽게 수반되는 요소로 여긴 것은 사실이다. 그럼에도 불구하고 왕정과 귀족정에 대한 그의 격렬한 비판은 정치적 자유에 대한 사상에서 비롯된 것이다. 이 정치적 자유의 사상은 우리가 스미스에게서, 그리고 그보다는 덜하지만 로크에게서 발견하는 공급과 수요, 협력적 노동의 관념과는 거의 관련이 없다.

그러나 앤더슨의 역사적 조망의 근저에 있는 주제는 스미스의 자유주의적 경제 이론도, 로크와 페인, 에이브러햄 링컨이 널리 공유했던 정치 이론도 아니다. 그가 우리에게 검토하도록 요구하는 것은 오히려 근대화의 효과에 관해 경쟁관계에 있는 한 쌍의 직관들[시장에 대한 스미스와 마르크스의 시각 – 옮긴이]이며, 그가 주로 염두에 두고 있는 것은 시장이라는 수단에 의해 성취된 근대화다. 더 앞선 시기의 더 낙관적이었던 직관이 어떻게 그렇게 잘못된 것으로 판명될 수 있었을까? 『국부론』의 첫 번째 장을 결론짓는 유명한 구절을 면밀히 들여다보는 것이 도움이 될 수 있다. 거기서 스미스는 자신의 소박한 생활을 편리하게 만드는 온갖 상품들—테이블에 있는 가재도구, 창문의 유리, 부엌 벽난로를 덥히는 석탄, 가구, 빵, 맥주 등등—로 둘러싸인 중간층 남자의 집을 묘사한다. 스미스는 이 모든 것들을 생각해 보라고 말하며 그러한 상품이 없다면, 그리고 그 제조자와 공급자의 놀라운 협업이 없다면 "문명화된 국가의 가장 비천한 사람조차, 심지어 우리가 매우 잘못 상상하고 있는 바에 따르더라도, 그가 흔히 편의를 제공받는 평이하고 단순한 생활방식도 누릴 수 없을 것"이라는 점을 틀림없이 깨닫게 될 것이라고 말한다. 그리고 여기에 그 유명한 문장이 이어진다.

> 실제로, 귀족들(the great)[1]의 더욱 사치스러운 호사와 비교할 때 그의 생활시설은 틀림없이 지극히 단순하고 평범하게 보일 것이다. 그러나 근면하고 절약하는 농민의 생활시설이 벌거벗은 야만인 1만 명의 목숨과 자유의 절대적 지배자인 많은 아프리카 왕의 생활시설을 크게 능가하지는 않듯이, 유럽 군주의 생활시설도 그런 농민의 생활시설을 항상 크게 능가하지는 않는다는 것은 아마도 사실일 것이다.[1]

이는 겸허함과 웅장함 모두에서 매력적인, 근대사회의 안락함과 품위에 대한 놀라운 이미지를 보여 준다. 그러나 우리는 이렇게 물을 수 있다. 무엇이 무엇에 비교되고 있는가?

[1] 김수행은 『국부론 - 상』 개역판(비봉출판사, 2007)에서 이를 '부자'로 번역했지만, 스미스가 비교하고 있는 대상이 문명화된 국가의 가장 비천한 사람들이므로 이 책에서는 신분이나 지위가 더 높은 사람들로 보아 '귀족들'로 번역했다.

방직공, 수선인, 편자공, 행상인이나 심지어 사회적 지위가 그보다 높은 사람들인 소규모 제분업자와 양조업자마저도 자신이 비단과 향료를 취급하는 상인의 일과 명확하게 관련된 일을 한다고 생각할 수 있었다. 상품의 가치는 장인의 수업이나 확장된 실습에서 형성되었고, 상품을 생산한 대가로 모든 사람들이 보상을 받았다. 혹은, 비교의 기회가 확대되면서 그들은 경험적으로 그 가치를 알고 있는 상품을 판매하여 보상받았다. 그렇다면 스미스가 우리에게 제시한 시장사회의 모습은 정확한가? 그의 사회는 과연 그가 표한 경의만큼 가치가 있는가? 유럽의 군주와 농민은 의심할 여지 없이 스미스가 상정한 시장사회의 구성원이었으며, 그 사회에서 군주와 농민의 관계는 시장상품에 대한 접근성 측면에서 동일한 농민과 아프리카 왕의 관계보다 더 밀접하다. 반면 아프리카의 왕은 **권력**을 가지고 있고 그 권력 덕분에 불행을 두려워하지 않지만, 이런 사정은 유럽의 농민에게는 해당되지 않는다.

내가 보기에는 시장사회에 대한 앤더슨의 견해에서 정치권력과 시장평등 사이의 차이가 과소평가되거나 충분히 주목받지 못했다. 그러나 그것들은 항상 구분되었으며 여전히 뚜렷이 구분되어 있다. 17세기의 "주인 없는 사람들의 부상"에서 앤더슨은 민주적 평등으로 향하는 어떤 정신의 맹아를 발견한다. 그녀가 묘사한 것처럼, 이 사람들은 스스로 자기 자신의 삶을 만들어 갈 수 있다는 새로운 깨달음에서 활력을 얻었다. 그들 중에는 개인적 양심의 윤리가 청교도 혁명에 상당한 자극을 준 이름 없는 많은 영웅이 있었다. 주인들의 보호하에서는 결코 불가능한 일이었지만, 주인이 없어지면서 그들은 사회적 사다리를 올라갈 수 있음을 깨달았다. 물론 이는 사변적 영역에 속하며, 누구도 인과관계나 상관관계를 확신할 수는 없다. 개별 노동자를 위한 새로운 자유는 자의적인 종속을 제거한 정치 이론의 등장, 그리고 봉건주의의 사회적 유대를 평가절하한 경제 이론의 등장과 병행되었어야 했다는 점에는 일리가 있다. 그러나 17세기의 주인 없는 사람들은 얼마나 운이 좋았던 것일까? 실제로 그들은 어떻게 살았을까? 어쨌든 우리는 다른 종류의 주인 없는 사람들이 18세기에 나타나기 시작했다는 것을 알고 있다. 이 사람들은 주인 없는 노예상태로 전락해 가고 있었다.

『국부론』보다 6년 앞서 1770년에 발표된 올리버 골드스미스의 시 「한촌행(The Deserted Village)」에서 화자는 자신이 어린 시절을 보냈던 마을로 돌아와서는 마을이 텅 비다시피 한 것을 발견한다. 그러한 변화를 야기한 것은 무엇일까? 곧 스미스에 의해 찬양될 산업은 상인과 평범한 시민을 영구적인 퇴거와 궁핍한 삶으로 내몰기도 했던 것 같다.

> 그 땅이 나빠져서, 급속도로 악의 먹이가 되네,
> 부는 축적되는데 사람은 쇠약해 가네;
> 왕들과 귀족들은 번창하기도 사라지기도 한다네;
> 바람 한 점으로 되어 있으니 바람이 그들을 만들 수 있네;
> 한번 파괴되면 다시는 되돌릴 수 없다네.[2]

골드스미스는 계속해서 (역시 그의 고국 아일랜드에서 유래한 추억담에서) 잃어버린 영국에 대해 이야기하는데, 그곳에서는 “가벼운 노동(light labour)"이 유행했고 그것이 "바로 삶이 요구했던 것"을 주었다. 그러나 이제 상당한 행복의 기회를 가지기 위해서는 그런 평범한 노동은 "더 친절한 나라(kinder shore)"를 찾아야 했다.

이어지는 서사에서는 마을과 그 쇠퇴의 일화들에 대한 회상이 뒤섞이면서, 화자는 그가 기억하는 한 여인, 지금은 "밤 헛간"에서 사는 미망인을 만난다. 그는 우리에게 과거에 종교적 조언과 위무를 받으려는 사람들을 "수수하고 넓은 집"에서 허물없이 맞이하던 마을 목사를 소개하고, 이어서 모든 마을 사람이 "아주 많은 것을 알았고/ 틀림없이 글을 쓰고 계산도 할 수 있었다"라고 확언하던 학교 교장을 소개한다. 이 학자는 지방의 역사가 역할을 했으며, 이제 그 역할은 화자 자신이 떠맡아야 하는 기능이 되었다. 골드스미스는 예언가로서 사라져 버린 생활방식에 대해 이야기할 것을 스스로에게 명하면서 시를 끝맺는다. 그의 소명은 죽은 사람들을 추모하는 것과 시장사회의 승리에 따른 대가를 기록하는 일이 될 것이다. 그래서 그는 우리에게 이렇게 경고한다.

> 그 거래의 자랑스러운 제국은 신속한 쇠퇴를 재촉하네,
> 바다가 공들여 쌓은 방파제를 휩쓸고 가 버리듯이;
> 자립적 힘은 시간을 거스를 수 있다네,
> 바위들이 파도와 하늘을 버텨내듯이.[3]

파괴를 일으킨 것은 거래 자체이지 단순히 "부(opulence)"가 아니라는 점을 주목하라. 스미스가 그토록 설득력 있게 분석했던 이기적인

중상주의 방식의 거래뿐만 아니라 가장 활발하게 번창하는 방식의 거래도 마찬가지다. 골드스미스는 거래를 사회의 중심적 의미이자 정당화로 보는 바로 그 사고를 비난한다. 왜냐하면 거래는 삶을 뿌리째 뽑아 버리고 아주 오래된 직업들을 쓸모없는 것으로 만들어 버리기 때문이다. 그 과정에서 우리가 잃는 것은 새로운 정치경제가 약속했던 바로 그것, 즉 "자립적 힘"이다.

1930년대의 불황 이후, 그 당시까지 약 2세기 동안 지속되었던 격변을 돌이켜 보면서 칼 폴라니는 『거대한 전환(*The Great Transformation*)』에서 고전 경제학자들이 신봉했던 시장사회의 비전과 민주주의가 잘 들어맞지 않았다고 진단했다.

> 노동, 토지, 그리고 화폐는 산업의 본질적 요소들이다. 또한 그것들은 시장에서 조직되어야 한다. 사실 이들 시장은 경제체계의 결정적으로 중요한 부분을 형성한다. 그러나 노동, 토지 및 화폐는 분명 상품이 **아니다**. 강조하건대, 사고팔리는 모든 것이 판매를 위해 생산되었음에 틀림없다는 가정은 이에 관해서는 타당하지 않다. (…) 노동은 단지 삶 그 자체와 함께 가는 인간 활동을 일컫는 다른 이름일 뿐이며, 결국 판매를 위해서가 아니라 전혀 다른 이유로 생산되는 것이고, 그 활동은 삶의 나머지 부분으로부터 분리될 수도 없고 저장되거나 동원될 수도 없는 것이다. 토지는 사람의 손으로 만들지 않은 자연을 일컫는 또 다른 이름일 뿐이다. 마지막으로 실질 화폐는, 일반적으로 전혀 생산되지 않지만 은행 또는 국가 재정의 장치를 통해 존재하게 되는 구매력의 징표일 뿐이다. 이들 중 어떤 것도 판매를 위해 생산되지 않는다. 노동, 토지 및 화폐를 상품으로 묘사하는 것은 전적으로 허구다.[4]

그러나 폴라니는 이 매력적인 허구가 19세기와 20세기 초에 실제로 노동, 토지 및 화폐를 위한 현대적 시장 조직을 이끌었다고 썼다.

변혁은 18세기 중반에 순조롭게 진행되었다. 스미스와 골드스미스가 저술을 했던 시기는 새로운 체계가 사회 전체의 조직 원리가 되기 시작하던 때였는데, "이 원리에 따르면 상품 허구(commodity fiction)와 유사한 시장 기제의 현실적 작동을 방해할지도 모르는 어떤 장치나 행위도 존재해서는 안 되었다." 그러나 우리는 이러한 조건들 속에서는 궁극적으로 사회 자체가 살아남을 수 없다는 것을 점차 깨닫게 되었다.

> 이른바 상품인 "노동력"은 우연히 이 독특한 상품의 보유자가 된 인간 개인에게 영향을 미치지 않고서는 강제로 밀어붙여질 수도, 무차별적으로 이용될 수도, 심지어 이용되지 않은 채 남겨질 수도 없다. 한 사람의 노동력을 처분할 때 그 체계는 노동력이라는 꼬리표에 연결된 "사람"이라는 육체적·심리적·도덕적 실재까지 함께 처분하게 될 것이다. 문화적 제도의 보호막을 빼앗기고 나면, 인간은 사회적 노출의 영향으로 죽게 될 것이다. 그들은 악덕, 타락, 범죄와 굶주림으로 인한 급격한 사회적 혼란의 희생자로 죽어 갈 것이다. 자연은 그 요소들로 축소될 것이고, 지역과 경관은 더럽혀질 것이며, 강은 오염될 것이다.[5]

2000년대의 불황을 통과해 온 우리는 이러한 진실을 1940년대 초에 글을 쓴 폴라니만큼이나 깊이 알게 되었다.

나는 세 가지 본질적인 재화들, 즉 민주주의를 위한 그 가치가 엘리자베스 앤더슨의 강연에서 중요하게 다뤄지는 권위, 존경과 지위에 관하여 논평하면서 글을 마무리하겠다. 나는 좀 더 미묘하고 현학적인 **권위**(authority)보다는 평이한 단어인 **권력**(power)을 선호하는데, 앤더슨이 인용한 한 구절에서 스미스 자신이 "권력과 권위"를 한데 엮는 식으로 이 양자를 뚜렷이 구별하지 않는 것에 주목했다. 17세기의 혁명들 이래 지금까지 정치에서 좌파나 자유주의 진영의 모든 대표들은 어쩔 수 없이 정치적 권위, 직설적으로 말하자면 정치권력을 시기했다(jealous). 이 시샘(jealousy)은 정치적 민주주의의 필요조건이지, 유감스러운 상태가 아니다. 열의(zeal)를 시샘의 필수적 근원으로 만들고 시샘 자체를 미덕으로 삼는다는 의미에서 우리는 시기해야 한다.[2] 우리 자신의 시장사회를 합리화하지만 정당화하지는 못하는 근대 초기의 평등 및 자유의 이론들에 관하여 다시 한번 철저하게 생각해 보도록 기회를 준 엘리자베스 앤더슨에게 감사한다.

[2] 이 부분은 미국 민주당의 보수화에 대한 비판을 계속해 온 데이비드 브롬위치의 시각을 보여 준다. 브롬위치는 오바마 행정부가 총기 규제를 중점적으로 제기하지 못하고 말만 그럴듯하게 했을 뿐 결국 보수주의에 양보했고 대기업 경영자를 백악관의 주요 직책에 임명하는 등 기업의 이해관계를 대변했다는 등의 비판을 해왔다. David Bromwich, "Obama, Incorporated", New York Review of Book Blog, January 28, 2011, <https://www.nybooks.com/online/2011/01/28/obama-incorporated/>, 검색일: 2024. 12. 31. 이와 같은 브롬위치의 입장에 비추어볼 때 본문의 주장은 진보적 의제의 실현을 위한 매우 중요한 수단인 정치권력의 중요성에 대한 좌파의 무지 또는 경시에 대한 비판을 담고 있는 것으로 파악할 수 있다. 즉 좌파나 자유주의 진영에서 정치적 민주주의를 실현하기 위해서는 우파나 보수주의 진영에서 장악하고 있는 정치권력을 시기하면서 좌파가 직접 정치권력을 갖겠다는 강한 열의를 가지고 있어야 한다는 것을 강조한 것이다. 또한 이를 통해 브롬위치는 앤더슨의 강연에 공감을 하면서도 사적 정부의 권력적 요소에 대한 충분한 분석이 이루어지지 못한 점에 대해 약간의 아쉬움을 표현한 것으로 보인다.

5

사람 구함: 부하 직원

— 니코 콜로드니 —

엘리자베스 앤더슨의 강연에 논평을 하게 되어 영광이다. 특히 그 강연의 씨앗을 배태하고 있는 「평등의 핵심은 무엇인가?」[1]라는 논문[1]에 이미 깊이 영향을 받은 상태에서 이 논평을 맡았기 때문이다. 1999년에 그 논문이 발표되었을 때, 평등에 대한 철학적 논쟁은 막다

[1] 이 논문에서 앤더슨은 '운평등주의(luck egalitarianism)', 즉 '정의는 사람들에게 그들의 불운에 대하여 보상할 것을 요구한다'는 평등주의 해석의 한 유형을 다루고 있다. 운평등주의는 운을 선택운(option luck)과 비선택운(brute luck)으로 나누고 비선택운으로 인한 불행에 대해서는 보상하되 선택운은 개인의 선택의 결과이므로 그 비용 또는 희생은 스스로 감수해야 한다는 관점을 가지고 있다. 앤더슨은 이와 같은 운평등주의는 암묵적으로 지원을 요구하는 사람들(예컨대 장애인)이 스스로를 다른 사람들보다 열등하다고 묘사할 것을 요구하기 때문에, "그 원칙들이 모든 시민에 대한 동등한 존중과 관심을 표현"해야 한다는 가장 기본적인 평등 기준도 충족하지 못한다고 비판한다. 앤더슨은 운평등주의에 따라 보상을 하게 될 경우 국가평등청(State Equality Board)이 보상의 대상인 신청인들에게 보내게 될 가상의 편지를 제시하면서 이런 무례한 편지를 수령하는 사람은 자존감을 유지할 수도, 스스로를 다른 사람과 평등하다고 인식할 수도 없게 된다는 점을 논증한다. 결론적으로 앤더슨은 자연적 불운에 대해 보상하는 것을 평등주의의 목표로 삼을 것이 아니라 모든 사람이 동등한 도덕적 가치를 지니는 것으로 대우받는 사회를 창조하는 것을 목표로 삼아야 한다고 주장하면서 이러한 목표를 향한 평등주의를 '민주적 평등주의(democratic egalitarianism)'라고 부른다. 민주적 평등주의를 위해서는 두 가지가 요구되는데, 하나는 억압·위계·착취와 지배의 폐지이며, 다른 하나는 사람들이 평등한 사람으로서 서로 관계를 맺을 수 있는 사회를 창조하기 위한 노력이라고 한다.

른 골목에 다다른 상태였다. 한편으로 평등이 문제라고 생각했던 철학자들은 우리가 어떤 종류의 **물질**(stuff)을 평등화해야 하는지에 관한 점점 더 무익해지는 듯 보이는 논쟁 속에 스스로를 가둬 버린 상태였다. 다른 한편으로 많은 철학자들은 평등이 과연 중요한지에 의문을 가지기도 했다. 가난한 사람들이 더 많은 것을 얻었는지, 그리고 일종의 부산물로서 그들에게 더 많은 것을 주게 되면 가난한 사람과 부유한 사람 사이의 간극이 좁혀질지의 문제는 중요할지 모르나, 물질에서 간극이 있다는 것이 그 자체로는 중요한 것은 아님이 분명하다는 것이다. 만약 물질적 차이가 중요했다면, 부유한 사람으로부터 빼앗아 가난한 사람에게 주어 간극을 좁히든, 부유한 사람으로부터 빼앗아 바다로 던져서 간극을 좁히든 매한가지였으리라는 것이다.

앤더슨의 논문은, 철학에서는 매우 드문 방식으로 논쟁의 방향을 바꾸었다.[2] 그녀는 근본적으로 중요한 것은 사람 사이에 존재하는 평등의 사회적 **관계들**이라고 주장했다. **물질**을 평등화하는 것이 중요했다면, 그 이유는 물질의 불평등이 그러한 사회적 관계들에 매우 큰 영향을 미칠 것이라는 점 때문이었고, 따라서 진짜 중요했던 것은 그러한 관계 속에서의 **평등**이었다는 것이다. 마치 그해 결혼한 나와 내 아내가 말은 안 했지만 평등한 결혼에 대해 갖고 있던 고민을, 각자가 가능한 한 많이 가지도록 하고 재분배의 기회가 생길 경우 적게 가진 쪽이 더 많이 가지도록 하여, 결과적으로 균형을 이루게 하는 방식으로 단순화할 수는 없었던 것처럼 말이다. 그저 그것은 평등한 결혼에 대해 생각하는 올바른 방식이 아니었기 때문이다.

그렇게 앤더슨의 연구는 적어도 평등에 관한 철학자들의 사고에 중요한 변화를 가져왔다. 그리고 1999년 이래, 경제적 불평등의 특정한 장기적인 경향에 대한 우려가 고조되면서 그녀의 연구는 오히려 더 시의적절해졌다. 앤더슨이 우리의 초점을 평등의 사회적 관계로 돌리는 데 있어서 대단한 성취를 이루어 낼 수 있을 거라고 생각하지만, 열성적인 지지자의 한 사람인 나도 그녀가 이루어 낼 것이 무엇인지 명확하게 파악하기는 어렵다. 권세를 부리는 주인과 굽실거리는 하인의 이미지를 떠올리기는 매우 쉽다. 그리고 이런 이미지들은 우리를, 적어도 앤더슨과 나를 불안하게 만든다. 그러나 이러한 이미지들 안에서 무엇이 우리를 불안하게 하는가? 자유재량이 그런가? 아니면 위계가? 그리고 원칙적으로나마, 어떤 대안적인 사회적 장치들이 우리를 안심시킬 수 있을 것인가? 법과 민주주의는 그러한 장치가 될 수 있는가? 앤더슨의 강연들은 이런 문제들을 다시 한번 제기한다.

앤더슨은 그녀가 현대의 사업장에서 진행되고 있다고 생각하는 많은 일들에 반대하는데, 그녀의 반대는 무엇에 대한 것인가? 그것은 사람들이 임금을 얼마나 받고 있는지, 또는 그 직장에 건강보험이나 아이 돌봄이 갖추어져 있는지 여부와는 상관이 없다. 그 노동이 얼마나 지루하고 위험하며 불편한지에 관한 문제도 아니다. 사람들이 직업을 유지하거나 다른 직업을 얻기를 기대할 수 있는지 여부도 아니다. 앤더슨이 이런 일들에 관심을 갖고 있는 것은 분명하지만, 여기서 그녀의 초점은 그것들이 아니다.

대신 그녀는 회사 내에서 사용자와 종업원 간에 존재하는 "정부"의 준정치적인 관계들에 초점을 두고 있다. 그녀는 명령을 발하고 집행한다는 측면에서 "정부"를 정의하지만, 이것은 그녀의 목적에 비해

지나치게 협소하다. 너무 매력적이라는 이유로 사장이 당신을 해고하거나 당신의 이메일을 훔쳐보는 것이 명령을 발하거나 집행하는 것은 아니기 때문이다. 앤더슨의 정의를 어떻게 수정해야 할지는 확실치 않지만, 대략적인 발상은 분명하다. 즉 괴롭게 들릴 수도 있겠지만, 회사와 종업원의 관계는 국가에 대한 국민의 관계와 비슷한 반면 그 관계에는 국가-국민의 관계를 받아들일 만하게 만드는 자유주의적 민주주의 체제의(liberal-democratic) 보호 장치는 없다는 것이다.

앤더슨이 제기하는 구체적 문제를 해결하기 위해 실제 사례를 바탕으로 한 자연스러운 사고실험으로서 19세기 말 뉴욕 맨해튼 남동부 지역의 의복산업을 생각해 보라. 공장에 고용된 사람도 있었을 것이고, 집에서 삯일(piecework)을 하는 사람(특히 여성들, 아이들과 유대교 안식일에 일하기를 거부한 사람들)도 있었을 것이다.[3] 공동주택 가정의 노동 환경도 공장과 마찬가지로 덥고, 어둡고, 숨막힐 정도로 비좁았다. 노동은 몸을 마비시킬 만큼 혹독했고 삯일꾼들의 생계는 안정과는 거리가 멀었다. 거칠게 말하자면, 앤더슨이 주목한 것은 그들이 공장에 일하러 다녔다면, 즉 일주일에 엿새를 어떤 자본가의 리히텐슈타인 의복공장으로 국경을 넘나들며 통근해야 했다면,[2] 공동주택 가정의 열악했던 노동 환경이 어떻게 더 나빠졌을까 하는 것이다.

그런데 "정부"가 어떻게 사태를 더 악화시킨다는 걸까? 당신의 사장이 프레드릭 테일러의 『과학적 관리의 원칙』의 사본을 손에 들고

[2] 리히텐슈타인(Lichtenstein)은 의복 상표를 가리키는 것으로 보이며, 뉴저지주에서 뉴욕 남동부의 공장 지대로 주 경계선을 넘어서 출퇴근하는 상황을 암시하고 있다.

당신의 어깨 너머를 유심히 살피는 것은 넌더리 나는 일임에 틀림없다.[4] 당신이 언제, 어디서, 어떻게 일하는지에 관한 세부 사항을 제약당하는 것, 예컨대 용변이 급할 때 바늘과 실을 마음대로 내려놓을 수 없다는 것은 불쾌한 일이다. 하지만, "정부"가 없는 곳에서도 감시와 제약은 이루어진다. 당신이 자영업자인 무언극 배우나 미용사, 달궈진 리벳을 던져 주는 작업자라 하더라도 당신의 모든 동작은 청중이나 고객 또는 뜨거운 리벳을 받는 작업자의 날카로운 시선 아래 놓이게 될 것이다.[3] 이러한 점에서는 공동주택에서마저도 당신은 수동적 공격 성향의, "간섭할 생각은 추호도 없다면서 그건 그렇게 하는 게 아니라고 말하는 시아버지"에게 감시당할 수도 있다. 그리고 노동자가 적절한 시간까지 버틸 수 있는 경우가 아닌 한, 모든 노동은 손상되거나 비용이 더 많이 들거나 생산성이 떨어질 수 있다. 노동자를 감시하고 제약할 필요성은 다른 노동자와의 공동 작업을 요구하는 생산 과정에서 비롯된 경우가 많다는 것은 인정한다. 그리고 인간의 본성이 그런 것이기에, 회사 "정부" 없이는 그러한 공동 작업이 불가능한 경우가 자주 있을 것이라는 점도 인정한다. 그럼에도 불구하고 불쾌한 감시와 제약에 대한 책임은 회사 "정부"에 있는 것이 아니라 오히려 생산 과정 자체의 본질에 있는 것 같다.

[3] 리벳은 건물이나 교량 등 공사에서 금속재료의 접합을 위해 사용되던 접합못인데, 원문에 나오는 hot-rivet-tosser와 hot-rivet-catcher는 이를 뜨겁게 달군 상태로 던지고 받는 일을 하던 사람들을 가리킨다. 건축사진가 폴 클레멘스의 페이스북 동영상을 참고할 수 있겠다. 〈https://www.facebook.com/watch/?v=876894606009398〉, 검색일: 2023.12.1.

그렇다면 회사의 "정부"는 실제로 어떤 새로운 해악을 더하고 있는가? 내 생각에 앤더슨의 강연들은 두 가지 주요한 대답을 제시한다.

첫 번째는 "권력 남용"이라고 이름 붙일 수 있다. 혹은 "정당하지 않은 권력의 사용"이라고 하는 것이 더 나을지도 모르겠다. 회사를 소유하는 것에 대하여, 로널드 코스가 「기업의 본질(The Nature of the Firm)」에서 주창했던 종류의 경제적 정당성이 있다고 가정해 보라.[5] 적어도 회사가 다른 제도들로 보완된다면 회사를 운영하는 것은 모든 사람의 이익이 되도록 작동한다. 그리고 회사를 운영하는 것은 어느 정도는 특정한 사람들에게 회사 내의 다른 사람들에 대한 일정한 권력을 부여하는 것이다. 문제는 자칫 잘못하면 우리가 그런 사람들에게 **정당한**(justified) 권력을 부여하면서 **정당하지 않은**(unjustified) 권력도 부여하게 된다는 점이다.

노동의 생산성을 높이지 못하는 방식으로 종업원들을 감시하고 제약하거나, 당신의 자동차를 닦지 않는다는 이유로 종업원들을 해고할 권력 같은 정당하지 않은 권력은 경제적으로 아무런 이론적 근거가 없다. 그러나 회사의 총결산액을 개선하는 권력이라면 그로써 어떤 것이든지 정당화될 수 있다고 앤더슨이 인정할지는 의문이다. 경제적 논거를 갖춘 권력이라 해도, 우리가 경제적 이득을 위해 양보할 의사가 없는 다른 가치가 그 권력보다 우선한다면 정당화되지 못할 수 있다. 그 권력들은 모멸적이거나 비인간적인 것일 수도 있고, 우리가 프라이버시나 표현의 자유 등 시민적 자유들과 관련 짓고 있는 기대에 어긋날 수도 있다. 그러므로 문제는 우리가 태만을 이유로 노동자를 해고할 정당한 권력을 사용자에게 부여한다면, 또한 예컨대 그의 자동차를 닦지 않았다는 이유로 노동자를 해고할 정당하지 않은 권력까지 부여할 위험도 각오해야 한다는 점이다. 우리가 사용자에게 업무 관련 이메일을 조사할 정당한 권력을 부여한다면, 같은 곳에 저장된 개인적인 이메일을 조사할 정당하지 않은 권력까지 부여할 위험이 생기며, 이런 식의 일들이 계속 이어진다.

앤더슨의 반대는 정당하지 않은 권력의 결과로 발생하기 쉬운 노동, 보상, 그리고 직업안정성에 대한 것만은 아니다. 예를 들면, 공동주택에서는 단추에 바느질만 하면 되었던 반면 공장에서는 단추에 바느질을 하고 **또** 어떤 이교도(goy)[4]의 말 없는 마차[자동차—옮긴이]를 닦는 등 더 많은 노동을 해야 하니까 반대하는 것이 아니다. 단순히 어떤 식으로도 정당화될 수 없는 방식으로 다른 사람의 권력하에 있게 되는 것을 반대하는 의미도 있다. 그럼에도 특정한 권력 남용이 "피해자"의 이익이 될 수도 있다. 당신의 사장이 이렇게 말한다고 가정해 보라. "오늘 아침 당신의 태만은 최후의 결정타였지. 내 발송함에 해고통지서가 들어 있지만, 당신이 내 차를 닦는다면 그것을 찢어 버리겠네." 이 말이 "오늘 아침 당신의 태만은 최후의 결정타였지. 당신은 해고야. 끝났어."라고 말하는 것보다 낫다는 주장을 할 수도 있다. 적어도 이 제안은 당신에게 일자리를 유지할 수 있는 선택지를 제공하기 때문이다. (공갈범이 "내가 언론사에 가기 전에 이를 입막음할 기회를 당신에게 주는 것에 감사해야 한다"고 말할 때와 비교해 보라. 어떤 의미에서는 당신은 진짜로 그에게 감사**해야** 한다.) 정당하지 않은

[4] 휴일도 없이 회사에 나와 앉아 있는 사용자를 가리킨다.

권력의 행사를 반대하는 이유는 그것이 필연적으로 당신의 상황을 더 악화시킬 것이기 때문이 아니다. 그보다는 오히려 모두에게 이익이 되는 체계의 필수적인 부분으로서 당신의 운명에 다른 사람들이 권력을 행사하는 것은 괜찮지만, 개인적으로 그들의 차를 닦게 만들기 위해 그러한 권력을 갖는 것은 정당화될 수 없다는 뜻이다.[6]

그러나 권리장전에 의해 강제되듯이, 당신의 사장이 당신에 대하여 정당한 권력만을, 즉 회사의 이익에 의해 정당화되는 권력만을 행사한다고 가정해 보라. 그럼에도 불구하고—어쩌면 이것이 앤더슨이 말하는 문제의 핵심인지도 모른다—당신은 다른 사람에 의해 "통치되고" 있다. 당신의 사장은 여전히, 그리고 충분히 당신에게 **사장질하고**(bosses) 있는 것이다.

그렇다면 다른 사람들에 의해 통치되는 것이 뭐가 문제일까? 본론으로 바로 들어가자면, 내 말뜻은 우리 모두가 국가에 의해 통치되고 있다는 것이다. 국가는 명령을 내리고 집행하며 우리의 삶에 방대한 권력을 휘두른다. 이것은 심지어 앤더슨과 내가 선호하는 무상 보육과 선거공영제, 그리고 장난치는 요정과 난쟁이들이 등장하는 사회민주주의적 유토피아의 경우도 마찬가지일 것이다. 그러한 국가에 의해 통치되는 것이 문제가 되지 않는다면, 회사에 의한 통치는 왜 반대해야 마땅한 것인가? 그 차이는 무엇인가?

앤더슨이 때때로 시사하는 것처럼, 국가의 명령은 **규칙들 또는 법**의 문제인 반면, 사장의 **변덕이나 재량**—예컨대, 자신의 노동인구를 활용하는 방법에 관한 순익 중심의 직감들—하에 있다는 게 문제인지는 의문이다. 지방의 맥도날드 가게에서 카운터 뒤의 삶을 지배하는 규칙들은 그 **형식**(form)의 측면에서는 몽테스키외가 『법의 정신』에서 또는 론 풀러가 『법의 도덕성』에서 소망했던 전부일지도 모른다.[7] 그런데 왜 법이 어떤 경우에도 변덕보다 더 나아야 하는가? 예측가능성은 답이 될 수 없다. 공동주택 삯일꾼이 종속되어 있는 시장의 흥망성쇠는 사장의 변덕만큼이나 예측불가능하기 때문이다. 아마도 법이 변덕보다 나은 이유는 법이 비인격적이라는 점일 것이다. 법에 의한 지배는 인간에 의한 지배가 아니라고 생각하지만, 이것은 환상에 불과하다. 미국 헌법의 첫 세 단어[We the People—옮긴이]만 읽어 보면 그것이 맥도날드의 프랜차이즈 협정과 마찬가지로 인간에 의해 작성된 것임을 알 수 있다.

여기서 내가 진짜 문제라고 생각하는 것으로, 즉 **누가** 법에 대해 책임이 있는가의 문제로 넘어갈 수 있다. 앤더슨이 때때로 시사하듯이, 적어도 우리의 이상화된 국가의 법은 민주적인 반면에 맥도날드의 법은 과두정적이라는 차이가 있다. 첫째, 적어도 국가가 민주주의의 열망을 실현하는 한 우리 각자는 어떤 근본적 수준에서 무엇이 국가의 법인지, 또는 누가 그것을 만들지를 결정할 평등한 기회를 가지는 반면에, 우리 중 몇몇 사람만이 햄버거대학(Hamburger University)**[5]**의 교재를 승인할 기회를 가질 뿐이다. 둘째, 물론 어떤 사람들은 입법, 법률의 적용과 집행에 관하여 그 이상의 결정을 할 더 큰 기회를 계속

[5] 햄버거 프랜차이즈의 대명사인 맥도날드가 1961년 일리노이주 시카고의 본사에 설립한 것으로, 식당 경영자나 중간관리자 또는 자영업자에게 식당 경영을 가르치는 사내 대학이지만, 콜로드니는 여기서 햄버거 프랜차이즈의 대명사인 맥도날드를 대학에 빗대어 표현한 것으로 보인다.

가지겠지만, 그들은 우리의 대표자 또는 대리인으로서 그렇게 한다. 이 위임관계가 무엇을 요구하는지 말하기란 쉽지 않지만, 적어도 우리의 대표자가 우리에게 책임을 질 것을 요구한다고 추정할 수 있다. 하지만 회사에서는 그런 책임이 요구되지 않는다고 앤더슨은 강조한다. 달리 말하자면 그 근저에 있는 우려는, 대표자가 아닌 몇몇 사람이 명령을 내리고 집행하거나 권력을 휘두르고 나머지 사람들은 그에 종속될 때, 이는 그들과 우리 사이의 평등관계—앤더슨의 분수령적인 1999년 논문에서 강조된 종류의 평등관계—와는 양립할 수 없어 보인다는 것이다.

어떤 사람들은 이것이 단지 문제를 뒤로 미룰 뿐이라고 생각하며, 이렇게 물을 수도 있다. "외래(alien)의 **의지**하에 있는 것이 문제라면, **민주적인** 의지하에 있는 것은 왜 문제가 아닌가?" 문제를 개인적 자유의 문제로 보고, 모든 "외래의 의지"로부터 일종의 개인적 단절을 이상으로 삼는다면 이런 불평은 적절해 보인다. 그러나 당신이 문제를 **평등**, 즉 타인에 대한 당신의 대칭적 지위에 관한 것으로 본다면 그것은 말이 되지 않는다. 단순히 국가의 결정에 지배되는 것만으로도, 당신은 여전히—장 자크 루소가 『사회계약론』에서 무슨 말을 했든 간에—당신 자신의 것이 아닌 어떤 의지에 노출되기 때문이다.[8] 그러나 국가가 민주적 열망을 실현하고 있다면, 그 경우 단순히 그 결정에 종속되는 것만으로 당신이 다른 개인에게 종속되는 것은 아니다. 당신이 어떤 사람을 지목하여 "나보다 결정에 영향을 미칠 기회가 더 많기 때문에, 나는 단순히 그 결정에 따라야 한다는 것만으로도 그에게 종속되어 있는 것이다"라고 말할 수 있는 사람은 사회에 없다. 물론 이것은 그 결정이 당신을 잘 대우할 것이라는 보장을 의미하지는 않는다. 그러나 계절풍(같은 자연현상)이나 삯일 시장이 당신을 잘 대우해 줄 것이라는 보장 역시 없다. 다시 말해 우리의 질문은 다른 사람의 지배라는 멍에가 없더라도 당신이 당할 수 있는 일들을 우리가 해결하거나 완화한다면 다른 사람의 지배하에 있다는 것이 무슨 특별한 문제가 되느냐는 것이다.

그래서 나는 회사와 관련된 "정부"가 왜 유난히 반대해야 마땅한 것인지에 관한 두 가지 주요한 논점을 제시하고자 한다. 하나는 경제적 논거가 전혀 없거나, 기본적 권리들을 능가할 만큼 충분한 경제적 논거가 없는 권력을 타인에게 행사하는 사람들에 관한 우려다. 또 하나는 타인에게 종속되거나 열등한 관계에 처하게 되는 것에 대한 우려다. 그러나 회사에 관한 이런 우려들은 과연 얼마나 심각한 문제로 받아들여야 할까?

앤더슨의 강연은 종업원의 상황을 정치적 국민의 상황과 동일시하고, 우리가 국민을 위해 요구하는 모든 것을 종업원을 위해서도 요구해야 한다는 수사학적 경향을 띤다. 그러나 그녀가 국민과 종업원의 상황은 다르며, 국가라면 하지 못할 일들을 회사는 할 수 있다고 생각하는 것은 확실하다. 그녀가 국가민주주의를 지지하는 것과 동일하게 사업장 민주주의를 주장할지는 의문이다. 회사가 우리의 모든 시민적 권리를 존중하기란 거의 불가능해 보인다. 단지 자유로운 직업 선택 자체만 취하라. 내가 생쥐 분장을 한 사람이 아니라 반려견 산책 도우미가 되기를 선택한다고 해서, 그것만으로 내가 미국 시민권을 잃어서는 안 되지만, 확실히 척 E. 치즈(Chuck E. Cheese's)는 그 선

택을 이유로 나를 추방할(exile) 수도 있다.[6]

그렇다면, 수사학적으로 양자, 즉 국가와 회사의 완전 등치를 향해 나가는 가속도에 제동을 거는 것은 무엇인가? 과두정과 경제적 생산성을 이유로 시민적 자유를 침해하는 것을 포함하여 국가에서는 받아들일 수 없지만, 회사에서는 이를 수용 가능하게 만드는 것은 무엇인가? 척 E. 치즈가 할 수 있는 최악의 일이 나를 추방하는 것이라는 점인가? 척 E. 치즈로부터의 추방은 결국 큰 비용을 수반하지 않는다는 뜻인가? 내가 미국 시민권을 얻기 위해 동의하지 않았던 어떤 방식으로 고용 조건에 동의했다는 것인가? 회사 자체가 내가 평등한 기회를 가지고 영향을 미칠 수 있는 법질서에 의해 규율된다는 것인가, 즉 회사가 갖고 있는 어떤 위계라도 궁극적으로는 평등의 관점에서 통제된다는 것인가? 강연에서 앤더슨은 이런 차이를 각각 최소화하고 있다.[9] 예를 들어, 내가 [취업을 위해—옮긴이] **어떤** 하나의 회사에는 동의해야 한다면(이상적인 사회에서조차 그럴 것이다), **특정** 회사에 동의했다는 것은 별 문제가 아니라는 식이다. 그러나 궁극적으로 그녀는 이런 차이들 중 일부 또는 전부에 의지하고 있을 것이다. 일단 우리가 이들 차이를 강조하고 나면, 즉 우리가 이들 제동장치[수사학적으로 국가

[6] 척 E. 치즈는 피자 등 패스트푸드를 메뉴로 하는 가족오락센터를 겸한 식당이다. 생쥐 분장을 한 사람은 이 식당의 대표 캐릭터인 생쥐(그 이름이 척 E. 치즈이다) 역할을 하는 종업원을 가리킨다. 반면 반려견 산책 도우미는 이 식당에 가고 싶으면 먼저 반려견 산책을 시켜야 한다는 이 식당의 TV 광고에 착안한 것인 듯하다. 요컨대, 여기서 콜로드니가 이 둘을 대비시켜 언급한 것은, 이 식당이 생쥐 분장을 하고 마스코트 역할을 할 직원은 필요하지만 반려견 산책 도우미 역할을 할 직원은 필요하지 않기 때문에 이 역할을 원하는 종업원은 해고할 수도 있다는 뜻을 강조하기 위해서인 것 같다.

와 회사를 완전히 등치하는 것에 제동을 거는 요소들—옮긴이]를 실제로 적용하고 나면, 회사는 결국 얼마나 국가에 가까워지는가? 그러면 우리는 종업원으로서 우리의 권리가 시민으로서 우리의 권리와 같지 않다는 것에 관해 얼마만큼 진지하게 고민해야 할까?

나는 무엇이 답인지 확신하지 못한다. 그러나 그 질문들을 하도록 우리를 자극한 것이 앤더슨의 공이라는 점은 확신한다.

6

결국 노동은 그렇게 나쁘지 않다

— 타일러 코웬 —

나는 철학과 경제학을 통합하려는 엘리자베스 앤더슨의 시도를 열렬히 지지하지만, 그녀의 태너 강좌 주제에 대해서는 견해를 달리한다. 경제학을 보는 나의 시각은 그녀와는 다르며, 도덕철학에 관해서라면 실질적인 장단점들을 나중에 생각할 문제로 제시하기보다는, 논의의 가장 중요한 위치에 놓고 그것들이 철학을 구체화할 수 있도록 할 것이다.

앤더슨의 견해를 요약하지는 않겠지만, 그녀의 글에서 핵심적인 한 구절을 끄집어내겠다. 즉 그녀는 앞부분에서 줄곧 "우리 가운데 있는 공산주의적 독재"를 언급한다. 그녀의 설명에 따르면, 이들 공산주의 독재자는 사적 영리 회사들이다. 설령 의도적으로 과장된 것이라 하더라도 그런 묘사는 자본주의 회사들이 노동자의 삶에 대하여 책임을 수반하지 않는 일종의 비민주적 권력을, 도덕적으로 극히 무례한 방식으로 행사한다고 보는 그녀의 태도를 반영한다.

개인적 자유의 일정한 차원들을 극대화하기 위해 학문적인 직업을 선택한 한 개인으로서, 나는 이러한 묘사에 일부 공감한다. 그럼에도 나는 고용관계에 대해 매우 다른 사실들과 특징들을 강조하고자 한다.

예를 들어, 나는 노동자의 퇴장 비용이 비교적 낮다면 회사의 독재적 권력에 대해 크게 우려하지 않을 것이다. 많은 노동자가 현 직장에 애착을 갖는다는 점은 분명하다. 예컨대, 그들은 직장에서 친구를 사귀거나 사장과 좋은 관계를 맺을 수도 있으며, 선호하는 통근 방법을 선택할 수도 있다. 그러나 이러한 혜택들이 축적된다 해도 사용자의 재정적 착취로 인해 노동자의 임금은 인상되지 않는 상황이 가장 일반적인 시나리오일 것이다. 그것은 문제일 수 있지만, 앤더슨이 말하는 딜레마는 아니다. 앤더슨의 딜레마는 노동자의 불충분한 자유와 더 깊은 관련이 있다.

앤더슨이 저술의 말미[이 책 2장—옮긴이]에서 그랬던 것처럼 많은 기업 비평가가 "수요독점"의 존재를 가정한다. 즉 회사는 자신들이 고용하는 노동자에 대해 엄청난 시장지배력을 갖는다는 것이다. 다른 사람들과 마찬가지로 적합하긴 하지만 영향력은 그다지 크지 않은 책 한 권을 주석에서 소개한 것을 제외하고는, 앤더슨도 그 묘사를 뒷받침할 증거를 충분히 제공하지 않은 점은 염려스럽다. 그러나 그녀의 논의와 달리, 내가 아는 가장 권위 있는 연구에 따르면, 미국 최대의 사적 부문 사용자인 월마트조차도 남부와 중부의 일부 농촌지역을 제외하고는 대부분의 지역에서 두드러진 수요독점력을 갖고 있지는 않다. 수요독점의 고용 모델은 관심을 끌었고 그중 상당수는 프린스턴에서 나온 것이지만, 대부분의 경제학자는 노동시장을 설명할 때 수요독점 모델에 부차적인 지위만을 부여한다. 그래서 우리는 수요독점이 아니라, 노동자의 많은 자유를 실현하는 데 도움을 주는 것으로서

퇴장 개념으로 되돌아가게 된다.[1]

더 일반적으로 말하자면 큰 기업들이 작은 기업들보다 노동자에게 임금을 훨씬 더 많이 지급한다는 것은 잘 알려진 사실이다. 엄밀하게 말하자면 이것은 수요독점 모델과 양립 불가능하지는 않지만(예컨대, 큰 기업이 더 많은 사람을 고용하면 시장지배력으로 인해 임금이 인상될 수도 있다), 그것은 앤더슨이 전달하고 있는 것과는 매우 다른 현실이다. 또한 큰 기업이 작은 기업보다 종업원의 개인적 취향에 대해 더 관대한 경향이 있다는 점도 주목하라. 예를 들어, "오래된 사회연결망"을 갖고 있는 지방의 자동차부품상은 동성애자와 소수자 고용을 꺼릴 수도 있지만 맥도날드의 경우 관용을 선호하는 정책들을 가지고 있는데, 어느 정도는 다양한 고객층을 보유한 회사로서 평판을 보호하기 위해서다. 나는 현대 영리기업에 대한 설명에서 이런 사실들을 가장 중요하게 취급하곤 하지만, 앤더슨은 기업의 규모의 경제가 노동자의 개인적 자유와 어떻게 상호작용하는지에 대하여 대체로 부정적으로 묘사하고 있는 것 같다.[2]

수요독점 모델 자체가 사업장에서 노동자가 더 적은 자유와 혜택을 누릴 것이라고 예측하지 않는다는 점도 주목할 만하다. 수요독점이라고 하면 우리는 노동자의 낮은 교섭력과 그로 인한 열악한 노동조건을 연상하기 때문에, 이는 직관에 반하는 것처럼 들릴 수 있다. 그러나 내가 이 이론을 정확히 해석하고 있다는 점은 믿어도 좋다. 얼마 전에 경제학자들은 낮은 품질의 제품보다 높은 품질의 제품에서 이윤이 더 쉽게 극대화될 수 있기 때문에 제품의 독점이 곧 제품의 품질 저하를 예견하지는 않는다는 것을 알게 되었다(예컨대, 당신은 값

이 덜 나가는 보석보다는 다이아몬드를 독점할 것이다). 수요독점에 대해서도 유사한 주장이 성립한다. 즉 사용자는 노동자의 임금을 더 낮추기 위해 사업장의 자유를 향상시킬 수 있다는 것이다. 이는 단순히 이론적 가능성에만 그치지 않으며, 실제로 우리는 사용자가 추가로 신규 고용을 하기보다는 양질의 일자리에 대한 재직자들의 선호에 영합하는 것을 자주 보게 된다. 혹은 더 많은 노동자를 고용하고 싶어 하지만, 서투른 수요독점 대기업처럼 모든 노동자에게 높은 임금을 제시할 생각은 없는 사용자를 생각해 보라. 종업원들에게 선택적인 직장 내 자유를 제공하는 것은 "임금 차별을 통해서" 회사의 이윤을 증대시키는 하나의 방법이 될 수 있다. 나는 이런 식의 해결이 옳다고 주장하는 것이 아니라 그런 일이 충분히 가능하다고 말하는 것이다.[3]

그러므로 수요독점 가정들이 하나의 설명으로서 적절할 수는 있지만, 그것이 사업장에서의 자유 부재라는 개념과 쉽게 연결되지는 않는다.

그렇다 하더라도, 나는 많은 직장에서 퇴사에 따르는 비용이 지나치게 높다는 것을 기꺼이 인정해야만 하겠다. 따라서 공공정책이 이러한 비용을 어떻게 낮출 수 있는가 하는 매우 구체적인 문제에 초점을 맞춰야 한다고 제안하고자 한다. 건강보험, 퇴직수당과 이주민 지위는 주로 규제와 세법의 산물로서, 특정 직업들과 밀접하게 연계되어 있는 경우가 많다. 예를 들면, 우리는 사용자가 제공하는 건강보험을 위한 공정한 경쟁의 장을 마련해야 하고(부담적정보험법(ACA)은 부분적으로는 "캐딜락세"[1]로써 이를 시도한다), 많은 노동자들이 이민자 신분 때문에 특정 직장에 묶이는 일이 없도록 만들어야 한다.

노동자의 기업 의존이 문제가 되는 많은 사례가 시장으로부터 또는 기업 고용관계의 본질로부터 직접 나오기보다는 정부의 잘못된 결정으로부터 생겨나는 것이 현실이다.

앤더슨이 제기하는 주장의 근본적 전제들 중 일부에 이의를 제기하는 것 역시 의미 있는 일이다. 이는 많은 사람에게 직관적으로 받아들여지지 않거나 심지어 불쾌하게 들릴 수도 있지만, 경제학자라면 적어도 실현 가능한 대안들과 비교하여 노동자들이 사업장에서 "지나치게 많은" 관용과 자유를 누리고 있지는 않은지를 물어야 할 것이다. 모든 혜택에는 장단점이 있기 마련이며, 폭넓은 고용 제안에는 전체적으로 너무 적은 임금과 너무 많은 자유 및 관용이 수반될 수 있다. 다소 과도하게 단순화해서 말하자면, 사용자는 노동자에게 더 많은 임금을 지급할 수도 있고, 우리가 일반적으로 특전이라 부를 수 있는 자유와 관용으로 더 많은 보상을 제공할 수도 있다. 돈에는 종종 높은 세율이 적용되는 반면에, 사업장에서 제공하는 특전에는 그러한 세금이 부과되지 않는다. 이는 스웨덴의 많은 사무실이 상당히 좋은 환경을 제공하는 이유 중 하나다. 결과적으로 사회적 최적 상태와 비교해 일자리에 딸린 특전은 너무 많고 급여는 부족하게 된다는 것은 쉽게 알 수 있다. 이 왜곡적인 조세 분리(tax wedge)[2]에 대한 우리의 대응—

[1] 노동자가 사용자의 보조를 받아 고액의 사적 의료보험에 가입하는 것에 대해 미국 정부가 40%의 세율로 부과하는 부가세를 가리킨다. 이는 의료비용 증가를 억제하고 사용자가 제공하는 건강보험 혜택에 대한 우대(비용 공제)를 축소하여 부담적정보험법의 재정을 확보하는 것을 목표로 한 오바마 케어의 핵심 요인이었으나, 시행되기 전인 2019년에 폐기되었다. 〈https://taxfoundation.org/taxedu/glossary/cadillac-tax-health-care-affordable-care-act〉, 검색일: 2023. 12. 1.

이것은 중요할 수도 있다—이 노동자의 임금 인상에 초점을 맞추기보다 노동자의 특전을 증대하는 것이어야 하는지 의심스럽다.

엘리자베스 앤더슨을 포함하여 아마르티아 센 등이 다른 맥락에서 주장해 온 것처럼, 존엄성 같은 철학적 관념들이 개입할 수도 있으므로 개인적 선호가 여기서 도덕적으로 신성불가침의 것은 아니라고 주장할 수 있다. 충분히 제기할 만한 주장이지만, 아마도 개인적 선호는 초기의 조세 왜곡을 고려하면 더 높은 특전보다는 더 높은 임금을 강하게 지향하고 있을 것이라는 점을 강조할 필요가 있다.[4]

나는 기업이 대개 페이스북 포스팅이나 기타 형태의 "사업장 밖에서의" 활동을 이유로 노동자를 해고할 권리를 가져야 한다고 믿는다. 예를 들어, 자신의 페이스북에 인종주의적·성차별주의적이거나 다른 방식으로 불편하게 만드는 글과 사진을 게시하는 노동자들이 많다. 사용자가 그들을 해고할 때 이는 **다른 노동자의 자유**를 보호하기 위한 조치인 경우가 많다. 앤더슨의 주장을 독해한 결과, 그녀는 대개 문제를 사용자 대 노동자라는 측면에서 규정하는 경향이 있다. 그러나 시장 전체로 보면 사용자는 노동자 전체의 선호를 내면화하고 있는 경우가 많다. 사업장에서 자유의 문제는 종종 일군의 노동자와 다른 노동자의 대립으로 귀결된다. 그러한 환경에서는, 외견상 자의적인 것처럼 보이는 수많은 해고 결정을 용인하는 것이 정산해 보면 노동자의 자율성에 반하는 것이 아니라 자율성 증진에 오히려 도움이 될 수

[2] 세액을 고려한 후 생산자에 의해 수취된 가격과 소비자가 과세 재화에 지급한 가격 간의 차이를 가리키는 경제학 용어. 여기서는 임금에 부과되는 조세를 고려하여 임금 인상보다는 조세 부과가 없는 비금전적 특전을 선호하는 경향을 가리키는 것으로 보인다.

있다.

전체적으로 보면, 사용자에 대해 대개 노동자를 통제하고 있거나 적어도 통제하려 한다고 파악하는 앤더스의 글에는 사용자의 관점은 물론 고객의 관점도 결여되어 있다. 노동자의 일탈과 비행은 쉽게 계약으로 정하거나 법적으로 강제할 수 있는 방식으로 특정하기 어려우므로 사용자의 재량이 요구된다는 것은 법경제학에서는 아주 간단한 이야기다. 덧붙이자면 사용자의 그런 재량이 권한 남용으로 이어지기도 하며, 앤더슨의 글에 일부 사례가 기록되어 있다. 그러나 그러한 권한 남용은 수적으로 비교적 적으며, **해고 재량으로부터 노동자와 고객이 얻는 이득**—사장을 위한 이득뿐만 아니라—은 이들 비용을 상회한다. 아마 이런 관점은 너무 단순한 것일 텐데도 앤더슨은 이를 반박하지 못하고 있다. 그녀가 제시한 사용자의 권한 남용 사례들은, 그런 남용을 상쇄하는 재량의 혜택들을 충분히 고려하지 않은 채 현재의 장치들에 대한 **원론적**(*prima facie*) 반대 주장으로 제시되고 있다. 더욱이 그런 자의적 해고가 얼마나 많이 일어났는지 또는 이로 인한 인적 비용이 얼마나 큰지 결코 알려주지 않는다. 그러한 자의적 해고가 미국 공중의 주요 우려 사항임을 시사하는 증거는 보이지 않는다.

사실 경제학자들은 왜 사용자가 종종 노동자에 대하여 그토록 큰 재량적인 권한을 갖는지에 대해서, 완벽하지는 않지만 꽤 그럴듯한 설명을 제시하고 있다. 샌퍼드 그로스먼(Sanford Grossman), 올리버 하트(Oliver Hart)와 존 무어(John Moore)가 일련의 논문들에서 개괄했듯이, 사용자는 (항상은 아니지만 대개) 자본재의 가치에 더 독특한 기여를 하며, 따라서 그들은 그 자본에 대한 재산권을 소유하게 된다.[5] 궁극적으로 대부분의 노동자는 소비자로서 역할만 한다면 이 장치로부터 혜택을 얻으며, 사람들 대부분은 그들의 동료가 자본재에 대한 궁극적인 결정권을 갖는 것을 원하지 않는다. 노동자가 일정한 정도의 외부적 통제를 필요로 하고 종종 스스로도 그렇게 인식하고 있다는 많은 증거가 있다.[6]

그렇지만 나 자신도 노동자 소유의 기업에 참여하고 있다. 즉 알렉스 타바로크(Alex Tabarrok)와 내가 공동으로 운영하는 블로그 "마지널 레볼루션(Marginal Revolution)"[3]은 우리 두 사람의 소유다. 주 저작자로서 우리는 가치를 창출하는 주체이고 자본 비용은 매우 낮기 때문에 이러한 조직 형태는 의미가 있고 실제로 경제학에 이런 조직 형태가 예시되기도 한다. 그 외에 내가 소속된 대학이 내게 급여를 지급하면서, 동시에 계속 고용의 조건으로서 내 컴퓨터에 음란한 자료를 보유할 수 없다거나, (그들이 정의하기로) 매우 불쾌할 수 있는 게시물을 블로그 또는 트위터에 올릴 수 없다고 말하는 것을 나는 받아들인다. 나는 그러한 조합에 만족하며 그 대가로 나는 양복과 타이를 착용하지 않아도 되는 자유를 누린다.

나는 현재의 시스템이 모든 사람에게 또는 심지어 대다수에게 이상적이라고 주장하려는 것이 아니다. 그러나 그런 문제들을 평가하기 위해서는 앤더슨이 하는 것보다 더 앞선 단계에서 우리의 도덕 이론에 절충안들을 구축해 넣을 필요가 있다.

[3] 이 블로그의 웹주소는 다음과 같다. 〈https://marginalrevolution.com/〉, 검색일: 2024. 10.1.

전체적으로 기업이 노동자의 존엄에 가하는 압력은 앤더슨이 말하는 것만큼 크지는 않다. 노동자와 잠재적 노동자가 그러한 자유와 보호를 소중히 여기기 때문에, 수많은 사용자는 자신들의 회사를 노동자 존엄성의 **원천**으로 만들기 위해 노력한다. 회사의 평판이 좋을수록 유능한 노동자를 채용하기는 더 쉬워진다. 그러나 이러한 관점이 충분히 활용되지 않는 것 같다. 약간의 복종이 요구된다 하더라도 사업장에서 얻는 기쁨과 성취가 상당히 크기 때문에, 재택근무를 선호하지 않는 사람도 많다. 또한 실업이 행복과 건강에 미치는 부정적 영향은 소득 상실로 인한 결과를 훨씬 초과한다는 점 역시 잘 알려져 있다. 이것은 전체적으로 오늘날의 자본주의 세계에서 사업장이 인간의 존엄성과 성취의 중요한 원천임을 보여 주는 것이 아니겠는가? 나는 그렇다고 생각하지만, 앤더슨은 이런 측면을 반박하거나 고려하지 않는다. 유능한 인재를 유치하고 붙들어 두고자 하는 욕구는, 회사가 자신의 노동자를 위해 유쾌하고 관용적인 분위기를 조성하려고 노력하는 가장 큰 이유이며, 정치적 견해나 사업장 밖에서의 (파괴적이지 않은) 활동을 이유로 기업이 노동자를 해고하는 일이 드문 것도 그 때문이다.

노동자에 대한 기업 지배 구조와 정치적인 "법의 지배" 사이의 대비는 사람들을 오해하게 만들 수 있다. 오늘날 미국식 "법의 지배" 아래서, 문자 그대로 해석한다면 평균적인 미국인은 매일 약 세 가지의 중범죄를 저지르고 있다는 점을 지적해야겠다(예컨대, 다른 사람에게 스팸메일을 보내는 것은 연방법상 최대 5년의 징역형에 처해질 수 있는 범죄다).[7] 물론 우리 대부분은 이러한 범죄나 기타 많은 범죄에 대하여 처벌받지 않는다. 나는 진심으로 우리가 이들 법률 중 많은 것을 폐지해야 한다고 생각하지만, 그때까지는 그 법률들은 더 넓은 관점, 즉 거의 모든 실행가능한 체계들은 그것을 견딜 만하게 하는 내장된 유인에 의존한다는 관점을 반영하게 된다. 이 경우 매일 미국인 한 사람 한 사람을 세 가지 중범죄 혐의로 처벌할 유인은 거의 없다. 따라서 나는 자의적인 기업 지배 구조를 객관적 또는 중립적이라고 가정되는 법의 지배의 이상과 대비하는 관점에 대해 다소 불편함을 느낀다. 왜냐하면 법의 지배라고 일컬어지는 이상은 사실상 존재하지 않고, 그것이 실제로 우리의 정치적 자유를 보호하는 것도 아니기 때문이다.

핵심적인 문제는 본질적으로 상대적이기 때문에, 나는 무엇보다 현행 장치들의 대안에 관한 논의를 분석의 중심에 놓아야 한다고 생각한다. 특히 노동조합과 회사 간의 협상, 노동자가 소유하고 운영하는 생활협동조합, 그리고 노동자가 경영하는 회사를 더 면밀히 검토할 필요가 있다. 관련 문헌들에 따르면, 전체적으로 이들 조직 구조는 적어도 앤더슨이 묘사하고 있는 그런 의미에서 노동자에게 유의미하게 더 큰 자유를 제공하지 않는 것으로 보인다. 그 이유 중 하나는 이런 조직 구조가 종종 효율성이 떨어지기 때문에, 노동자에게 더 나은 조건을 제공할 회사의 역량을 저해한다는 것이다. 또 다른 이유는 노동자가 더 나은 협상력을 가지게 되더라도 그들이 종종 추가적인 자유나 특전보다는 금전을 더 선호한다는 것이다. 따라서 사업장 자유 문제에 있어서 조직 형태의 차별화는 유의미한 해결책으로 보이지 않으며, 노동조합 역시 크게 다르지 않다.

사실 노동자가 경영하는 기업이 그 노동자에게 개인적 자유를 **더 적게** 부여할 수 있는 몇 가지 이유가 있다. 구식 투자은행과 법률상 합자회사는 그들의 소유자-회원들이 상당히 엄격한 사회적·직업적 강령을 준수하기를 기대했으며, 이는 사업장 바깥에서도 적용되었다. 더 일반적으로는, 노동자가 자기 지분을 보유함으로써 서로 감시할 동기를 가질 때에는 감시가 더 쉬워지고, 따라서 기업도 이러한 구조를 유지하려는 경향이 있다. 다시 말해, 문제의 핵심은 통제하는 사장 대 자유를 찾는 노동자 간의 대립이 아니다.[8]

기업이 노동자에게 가장 심각한 영향을 미치는 문제가 있다면, 그것은 노동자를 조기에 또는 실수로 사업장의 억압으로부터 "해방"하는 경우다. 이는 물론 실업을 의미한다. 사회적 관점에서 보면, 기업들은 너무 기꺼이 노동자를 해고하려 하고, 노동자를 계속 고용하면서 수지균형을 맞추기 위한 명목임금 삭감은 지나치게 꺼린다는 것에 대부분의 경제학자가 동의한다. 그리고 노동자 관리 기업을 보면 이 가설을 지지하는 증거를 찾을 수 있다. 노동자가 지배 구조에서 발언권을 가질 때 고용은 더 안정되는 경향이 있는 반면, 임금 변동은 더 심해지는 경향이 있다.[9] 달리 말하자면 사장의 진정한 문제는 그들이 노동자에 대한 "통제"를 너무 기꺼이 포기하려고 한다는 것이다.

앤더슨은 노동자가 기업 이사회의 구성원이 되는 독일의 공동결정 모델을 언급한다. 내가 아는 가장 권위 있는 연구는 이 조직 형태가 낮은 생산성으로 인해 주주가치의 약 26%에 달하는 비용을 초래한다는 점,[10] 그리고 더 나아가 그러한 부담의 상당 부분이 소비자—물론 그 대부분은 다른 모습의 노동자들이다—에게 전가된다는 것을 보여 준다. 그리고 그마저도 공동결정 모델이 가장 성공적으로 적용된 독일에서 나온 결과다. 더 나아가 공동결정 모델은 독일의 일반적인 중견 제조기업에서 가장 잘 작동하지만, 서비스 부문으로는 쉽게 확장되지 못하는 경향이 있다. 그 이유는 대부분의 서비스 부문 노동자들이 기업의 장기적인 이익에 대한 이해관계를 상대적으로 덜 갖기 때문이다.

요컨대, 나는 앤더슨의 묘사가 기업 자체나 기업의 사업장에서 향유되는 개인의 자유에 대해서 너무 부정적이며, 적절한 절충안들을 정면으로 마주하기를 꺼린다고 생각한다. 기쁜 소식은 우리 중 학자가 아닌 사람들까지도 공산주의적 독재자의 감독 아래서 고되게 일하고 있지는 않다는 것이다.

답변

7

논평자들에 보내는 답변

— 엘리자베스 앤더슨 —

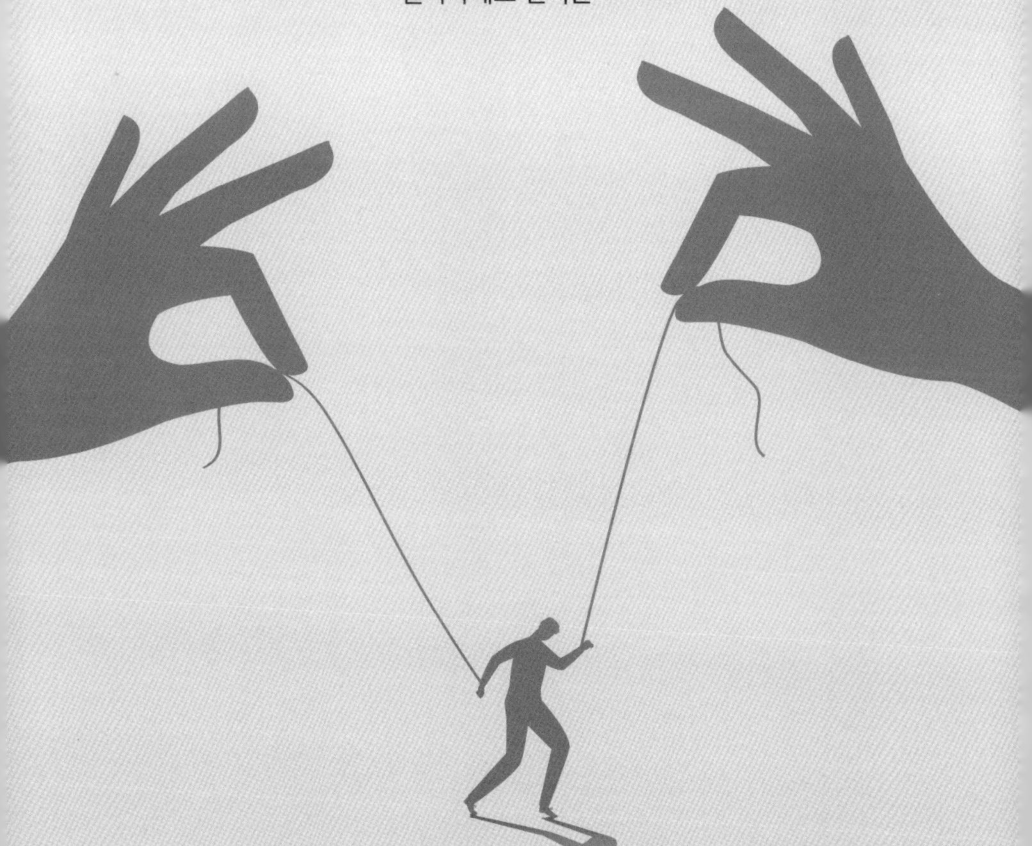

4개의 서로 다른 학문 분과를 대변하는 논평자들로부터 무척이나 사려 깊은 답변을 받게 된 것에 감사드린다. 이러한 다양성은 내가 강연에서 제기하는 핵심 문제, 즉 노동자의 경제적 상황을 잘못 대변함으로써 그들의 불만을 감지할 수도 없고 가능한 구제책을 만들고 적절히 평가하지도 못하는 하나의 이데올로기에 대한 비판을 이해하는 데 필수적이다. 17세기 영국을 연구하는 역사가인 앤 휴스와 영문학자이자 18세기 사상사 연구자인 데이비드 브롬위치는 유익하게도 산업혁명 이전에 이미 시장사회로 이행하는 과정에서 손해를 봤던 사람들을 상기시킨다. 그들은 시장사회가 확산되던 당시 그로 인해 발생한 문제들을 초기 친시장 이데올로기가 해결할 능력이 있었는지에 관하여 중요한 문제를 제기한다. 철학자인 니코 콜로드니는 타인의 자의적 권력에 복종하는 것이 왜 문제가 되는지 더 명확하게 설명하도록 나를 압박한다. 경제학자인 타일러 코웬은 다양한 사업장 지배 구조 체제들의 비용과 편익을 비교 검토할 필요성을 강조한다. 이 모든 논점은 여기서 간단히 다루기에는 부족하며, 더 깊이 논의할 가치가 있다. 우려를 제기해 준 그들 모두에게 감사하며, 나의 답변이 최종적인 대답이 아니라 이 문제에 대한 탐구를 계속해 나가겠다는 의미로 받아들여지기를 소망한다.

산업혁명 전후의 친시장이론의 차이

초기의 평등주의적 친시장 사상가들이 믿었던 바를 복원하기는 어렵다. 왜냐하면 친시장 이데올로기에 대한 우리의 이해가, 19세기 자유방임주의 이데올로그들과 신고전파 경제학자들이 만들어 놓은 모습에 매우 심대한 영향을 받아서 형성되었기 때문이다. 그 이후[초기 친시장 사상가들 이후—옮긴이]의 이데올로기는 다음과 같은 몇 가지 논쟁적인 입장을 포함하고 있다. 노동자의 능력과 사회적 지위에 미치는 부정적 영향에도 불구하고 노동의 상품화를 지지하는 것, 시장이 취약하고 불리한 위치에 놓인 집단에 부정적 영향을 집중적으로 미칠 때조차도 시장의 배분적 결과를 무시하거나 지지하는 것, 토지와 자본으로부터 나오는 소득이 배타적으로 개별 소유자에게 축적되는 재산 체제를 지지하는 것, 시장 평가의 기준을 오로지 효율성, 경제성장, 고객만족과 이윤으로 제한하는 것, 경제가 사회의 나머지 부분으로부터 고립되어 자기 자신의 기계적 법칙에 의해서 작동하는 자기조절적인 자유시장의 체계로 분석될 수 있고 요소시장도 소비자시장과 똑같이 분석될 수 있다고 믿는 것, 그리고 개인이 자기 이익을 위해서만 행동하는 체계가 시장법칙에 의해 사회 전체를 위해서도 좋은 결과를 산출할 것이라고 믿는 것 등이다. 로크와 스미스를 포함해 내가 언급한

초기 친시장 사상가들은 이 가운데 **아무것도** 믿지 않았다.[1]

시장자유화가 노동자에게 미치는 영향에 대한 초기 평등주의적 친시장 사상가들의 예견이 잘못된 것으로 드러나면서 문제는 더욱 심각해졌다. 그들이 자유시장을 지지했기 때문에 자유시장이 궁극적으로 초래한 실제 결과들도 인정했을 것이라고 가정하기 쉽다. 그러나 산업혁명은 전반적으로 자유시장 체제가 예상했던 결과들을 뒤엎는 거대한 **반전**을 가져왔다. 이러한 결과들을 합리화하기 위해 등장한 이데올로기는 초기 친시장 사상가들이 시장을 평가하기 위해 사용했던 대부분의 기준을 무시했다. 따라서 우리가 초기 친시장 사상가들이 믿었던 바를 파악하기 위해서는, 19세기 중후반의 자유방임주의 이론을 그대로 그들에게 적용하지 않도록 주의해야 한다. 이러한 점에 유의하면서 앤 휴스와 데이비드 브롬위치의 논평을 검토해 보겠다.

휴스와 브롬위치는 시장사회의 등장이 17세기와 18세기에 많은 주인 없는 사람들의 상태를 개선했지만, 동시에 다른 많은 사람에게는 참혹한 빈곤과 절망적인 불안정을 초래했다고 강조한다. 인클로저 운동은 많은 사람에게서 토지에 대한 접근권을 박탈하여 그들이 임금노동을 찾을 수밖에 없도록 만들었다. 이는 그들이 종전의 생존방식보다 임금노동을 더 선호했기 때문이 아니라 자신들이 선호했던 기존의 생활방식을 빼앗기고 나서는 임금노동에 의존할 수밖에 없었기 때문이었다. 안정적인 임금노동에조차 접근할 수 없었던 많은 사람은 숲에서 하는 채집 또는 밀렵, 이따금 하는 일일노동이나 행상노동, 빈민구제, 사적 자선 등 한층 더 주변적인 전략들에 의존해 간신히 생계를 이어가야 했다. 브롬위치는 1770년에 올리버 골드스미스가 감동적으로 묘사한 것처럼, 거래에서의 변화가 이미 산업혁명 이전에 전체 공동체를 황폐화시켰다고 정확하게 지적한다. 휴스와 브롬위치는 이러한 변화가 산업혁명보다 훨씬 전에 일어났음을 강조하며 내 주장에 의문을 제기한다. 즉 시장사회가 이미 오래전부터 노동자에게 해악을 끼쳐 왔던 점을 고려할 때, 시장사회의 모든 문제가 단지 산업혁명으로 인해 발생했다고 단정할 수 없다는 것이다.

나는 이 강연의 목표가 당시의 시장사회에 대해 평가하려는 것이 아님을 강조하고 싶다. 오히려 나의 목표는 산업혁명 이전에 등장하여 서서히 전개되던 시장 친화적 **이데올로기**를 이해하고 평가하는 것이다. 그렇다고 해서 시장사회의 등장이 산업혁명 이전까지는 전적으로 노동자에게 긍정적이었다고 주장하려는 것은 아니다. **적절한 개혁이 동반될 때** 시장사회가 노동자를 어떻게 해방할 수 있는지에 관해 초기 평등주의자들이 추진했던 **모델**이 산업혁명으로 인해 심각하게 훼손되었다는 것이 내 주장이다. 그들의 이데올로기가 단순히 당대에 발생한 모든 변화를 지지한 것은 아니었다. 그들은 부상하는 임금노동 체계에 대해 우려했으며, 임금노동을 하지 않을 수 없는 사람들, 심지어 노예제 및 실업과 같이 훨씬 더 열악한 조건에 처할 수밖에 없는 사람들이 겪는 점점 더 심화되는 고통과 비참함에 깊이 공감했다. 이데올로기란 단순히 현실을 묘사하고 평가하는 것이 아니라, 아직 실현되지 않은 이상을 고취하고 그 도정에 있는 장애물을 진단하여 제거할 방법을 제시한다.

초기 친시장적 이데올로기의 궁극적 이상은 임금노동이 아니라 자영이었다. 수평파에서 링컨에 이르기까지 친시장 사상가들은 이러한 이상의 실현을 막는 장애물이 부패한 체계에서 비롯되었다고 보았다. 그들은 이 체계가 현실적으로든 잠재적으로든 자영 노동자를 희생시키는 반면 권력자, 즉 귀족과 법원, 독점무역상과 제조업자, 속임수에 능한 금융가와 주식거래상, 나태한 **불로소득생활자**, 국가 한직을 점하고 있는 기생충, 노예소유자 등을 국가가 부당하게 편애한다고 진단했다. 그들은 독점을 타파하고, 모든 노동자에게 사업의 기회를 열어 주며, 비자발적 예속 상태로부터 노동자를 자유롭게 해야 한다고 주장했다. 또한 국가의 편애, 제국주의와 그것에 자금을 대기 위해 필요했던 역진적 조세들을 제거함으로써, 요컨대 시장을 자유롭게 하는 한편 부자와 권력자에게 유리하도록 체계를 조작하는 여러 형태의 국가 규제들을 종식시킴으로써 시장사회가 당시 짓밟힌 사람들에게 가했던 불행이 교정될 수 있다고 주장했다. 반면에 그들은 노동자에게 유리한 국가 행위는 긍정적으로 평가했다. 자유방임주의 이데올로기의 상징으로 일컬어지는 스미스조차도 "주인과 그들의 노동자 사이의 차이"에 대한 규율이 "노동자에게 유리한" 경우라면 "그것은 항상 정의롭고 공평하다"라고 주장했다.[2]

신용과 채무에 대한 친시장적 견해들을 이런 관점에서 생각해 보라. 휴스는 17세기의 신용관계에서 시장과 선물의 구분이 명확하지 않았다고 말한다. 당시 정금이 부족했기 때문에 채무자가 채권자에게 현금으로 부채를 해결할 수 없는 상황이 자주 발생했다. 대부금의 수령에는 종속의 요소가 수반되는 일이 많았는데, 이는 더 많은 존경과 현물 서비스를 제공해야 할 의무가 있다는 것을 의미했다. 그러나 친시장 사상가들은 단순히 당시 존재했던 신용관계 그대로를 옹호한 것은 아니었다. 그들은 금전적 연계(cash nexus)를 강화함으로써, 채무 노예가 되거나 속박을 당하는 것보다 채권자에게 단순히 현금만을 빚지는 훨씬 더 나은 질서가 도래할 것을 기대했다. 부상하는 자본주의적 질서의 위대한 발명품인 파산법은 지급불능 상태에 빠진 채무자에게 채무를 면제받고 새롭게 시작할 기회를 제공했다. 이것은 채무 노예나 채무자 감옥보다 훨씬 더 나은 전망이었다.[3]

이 시기에는 재산권 역시 변화하고 있었다. 휴스와 브룸위치는 인클로저가 가난한 사람들에게 초래한 재앙을 지적한다. 당시 부상하던 체제는 단일한 소유자에게 배타적 권리를 집중시켰으나, 수평파는 그런 체제보다는 공유지에 대한 빈민의 관습적 권리, 그리고 지주들이 소유한 재산에서 이삭줍기할 관습적 권리를 옹호했다.[4] 관습적 권리는 빈민들이 임금노동에 의존하지 않도록 한다는 점에서는 "반시장적"으로 보일 수 있다. 그러나 이는 초기 친시장적 견해가 노동의 상품화 고취를 목표로 하지 않았다는 나의 핵심 주장과 일치한다. 오히려 수평파는 부상하는 시장 질서가 올바른 개혁과 결합하여 임금노동을 포함한 모든 예속 상태에서 사람들을 해방하고, 링컨의 가장 낙관적인 시각에서처럼, 임금노동을 기껏해야 인생의 일시적인 한 단계로 만들기를 희망했다. 이를 위해 이들이 제안한 개혁들 중에는 장자상속권, 한사상속, 공인된 독점과 노예제를 포함하여, 당시에 불가침의 재산권으로 간주되었던 것에 대한 대규모 **공격**이 포함되었다. 페인 역시 상속세를 재원으로 삼는 사회보험을 주장하는 혁명적 제안을 통해 재산소유자가 그들의 재산으로부터 나오는 모든 소득을 독점할 권리가 있다는 사상을 공격했다. 오히려 그는 토지소유자가 사회의 다른 모든 구성원에게 지대를 빚졌으므로, 사망 시 그 빚을 갚아야 한다고 주장했다.

내가 논의하는 초기 친시장 사상가들은 부상하는 시장 질서가 많은 노동자의 상태를 악화시켰으며, 노동시장으로의 진입은 자발적이기보다는 강제적인 경우가 많았다는 사실을 간과하지 않았다. 그렇지만 그들은 국가가 노동자를 희생하여 부자와 권력자에게 유리하도록 시장 및 재산에 관한 규칙을 조작하는 방식인 "부패"에 대한 공격이 친노동자적 개혁들과 함께 이루어진다면, 사람들이 타인을 위해 노동하는 상태에서 벗어나 자신을 위해 노동하는 상태로 전환할 수 있는 권능을 부여받음으로써, 시장사회가 모든 사람에게 혜택을 줄 수 있으리라 희망했다. 반부패 조치를 넘어서 그들이 제안한 친노동자적 개혁은 다양했다. 스미스는 노동자를 위한 국가 지원 교육을 주장했으며,[5] 페인은 포괄적인 사회보험 체계와 청년을 위한 사회적 지분급여를 제안했다. 1862년 링컨은 토지를 경작할 의지가 있는 사람에게 속령 내 토지를 무상으로 제공하는 홈스테드법의 통과를 관철시켰다. 이들은 모두 노예제와 비자발적 예속 상태에 반대했다.[6]

그러나 그들의 판단은 잘못된 것으로 드러났다. 부패 척결, 국가 주도의 독점과 비자발적 예속 상태의 폐지, 재산권 개혁 등은 초기 친시장 이데올로기가 약속했던 것을 이루기에는 충분하지 않았다. 규모의 경제는 무시할 수 있으며, 따라서 자유시장이 토지와 자본을 자영 노동자에게 배분해 줄 것이라는 스미스의 핵심 전제는 산업혁명에 의해 무너졌다.[7] 마찬가지로 노동자가 언제든지 무제한의 자유토지를 이용할 수 있을 것이라는 로크와 링컨의 핵심 전제 또한 인구 증가와 미국 변경의 봉쇄로 끝장나 버렸다.

이에 더하여, 설령 그 모든 예측이 실현되었다고 하더라도 그들의 평등주의적 의제들은 대체로 백인 남성들에 국한된 것이었다. (휴스가 지적하듯이) 그들이 페미니스트적인 공감을 표현했음에도 불구하고 수평파와 페인은 여성들을 위한 그럴듯한 개혁안들을 발전시키지는 못했다. 스미스와 링컨은 여성의 종속을 사실상 무시했다. 그들 중 누구도 흑인과 원주민들에 대한 인종주의의 폐해를 제대로 인식하지 못했다.

어떤 이데올로기의 결점을 지나고 나서 평가하는 것은 비교적 쉽지만, 그것이 발전하는 과정에서 그 이데올로기가 한 약속의 옳고 그름을 판단하기란 훨씬 어렵다. 나는 초기 친시장 이론가들이 정확했다고 주장하는 것이 **아니라**, 그들이 당시에 다른 개혁과 함께 시장을 **더 자유롭게** 만들면 노동 인민을 해방할 수 있으리라고 믿을 만한 근거가 있었다고 주장하는 것이다. 어떤 중요한 측면들에서 그들의 의제는 옳았다. 누가 장자상속권, 상인 독점, 농노제, 노예제 그리고 채무자 감옥의 시대로 돌아가고 싶어 하겠는가? 페인의 포괄적인 사회보험에 대한 논변과 스미스의 국가 지원 교육에 대한 주장 역시 그 정당성이 입증되었다. 그러나 이 사상가들은 임금노동자가 겪었던 문제들과 관련하여 거의 모든 노동자들이 친시장 개혁을 통해 그런 상태를 벗어날 것이라고 잘못 믿었기 때문에 그 문제에 관해 그들이 제시한 해법도 부적절한 것이었다. 그들이 산업혁명을 예견하지 못한 것, 그리고 그 결과 그들의 개혁 의제가, 링컨의 말을 빌리자면, 일생 동안 임금노동자의 조건에 고정된 노동자들이 직면했던 문제들을 해결할 수 없었다는 것에 대해서 그들에게 책임을 물을 수는 없을 것이다.

따라서 내가 논하는 초기 사상가들이 "우리 자신의 시장사회를 합리화하지만 정당화하지는 못한다"라는 브롬위치의 결론에 나는 이의를 제기한다. 시장사회에 대한 그들의 희망찬 모델은 임금노동을, 오늘날의 시장사회에서 대다수 노동자를 위해 존재하는 중심적 제도라기보다는 노동자를 위한 하나의 사소하고 일시적인 대안으로 여겼기 때문에, 그들은 시장사회를 합리화조차 하지 않았다. 예상할 수 없었던 변화에 의해 파괴된 이상에 희망을 걸었던 초기 사상가들보다는, 그 이상이 현재뿐 아니라 미래에도 실현될 전망이 조금도 없는 세계에서 이를 퍼뜨린 지금의 전파자들이 더 비난받아 마땅하다. 그것이 두 번째 강연에서 내가 바로잡고자 하는 오류다.

다른 사람의 사적 정부에 복종하는 것은 무엇이 문제인가?

니코 콜로드니는 "다른 사람의 지배라는 멍에가 없더라도 당신이 당할 수 있는 일들을 우리가 해결하거나 완화한다면 다른 사람의 지배하에 있다는 것이 무슨 특별한 문제가 되는가?"라고 묻는다. 나는 내 강연의 초점이 정부 자체가 아님을 강조하고자 한다. 국가에 있어서만이 아니라, 많은 영역에서 정부는 불가피하다. 사업장에서도 복잡하고 많은 재화를 생산하기 위해 내부적으로 일정한 위계를 가진 조직들이 필수불가결하다는 것이 증명되었다. 그것은 산업혁명의 교훈이다. 내 초점은 **사적 정부**—자의적이고 책임을 수반하지 않는 권위—

에 있다. 콜로드니의 주장과 달리 나는 자의적이고 책임을 수반하지 않는 정부가 사람들에게 끼치는 해악을, 그것이 다른 수단에 의해서도 야기될 수 있다는 이유로 제쳐 놓지는 않을 것이다. 그러나 내가 사적 정부에 대해 두 가지 근본적인 반대를 제기하고 있다는 그의 견해는 수용한다. 첫째, 사적 정부는 그것에 종속된 사람들을 사용자의 정당한 권한을 넘어선 권력, 즉 정당성 없이 남용되는 권력에 취약하게 만든다. 둘째, 사적 정부는 사람들을 불평등한 사회관계에 종속시킨다. 여기서 추가로 논의해야 할 것은 불평등한 사회관계에서 열등한 지위를 점하는 것이 왜 그렇게 심각한 문제인가 하는 점이다.[8] 이를 위해 불평등의 세 가지 차원인 권위, 지위 그리고 존경을 차례대로 살펴보자.

콜로드니는 일을 시키는 사람의 권위에 종속되는 것이 생산 과정에 내재하는 엄격한 자연적 제약에 대한 복종보다 더 짜증나는 것은 아니라고 주장한다. 생계를 위해 혹독한 강도의 가내노동을 해야 하는 삯일꾼도 사장의 명령에 따라 혹독히 일해야 하는 공장노동자만큼 많은 고통을 겪는다는 것이다.[9] 여기에 나는 동의하지 않는다. 권위가 만드는 차이를 보기 위해, 1973년 12월 28일에 있었던 스카이랩 우주비행사들의 1일 파업을 살펴보자. 파업이 있기 얼마 전에,

> 미국항공우주국(NASA)은 우주비행사들이 달성해야 할 업무들에 관하여 분 단위로 구체적인 지시들을 내리기 시작했다. (…) 그들은 2주 동안 그것을 수행하려고 노력했지만, 그 스케줄에는 노동하면서 자연적으로 밀리는 시간이 반영될 여지가 전혀 없었기 때문에, 자신들이 계

> 속 뒤처지고 있음을 깨달았다. 더욱이 그들은 며칠 동안 하루 16시간씩 일하느라 녹초가 되어 버렸다. 그들이 뒤처지자, NASA는 수면 시간과 식사 시간을 줄이면서 일할 것을 요구했다. 그리하여 우주비행사들은 우주관제소에 고충을 호소하기 시작했다. 그러나 NASA는 이를 단순한 불평으로 치부했다. (…) [관제소장 게리] 카와 그의 승무원들은 하루 비번을 요구했고 NASA는 이를 거부했다. 그러자 카는 무전을 꺼 버렸고 우주비행사들은 그들이 원하는 날에 쉴 수 있었다. (…) 1일 파업 이후에, NASA는 마침내 우주비행사들과 합의했다. 다음 날인 12월 29일, NASA는 지나치게 세부적인 지시를 중단하는 데 동의했고 우주비행사들이 점심시간을 온전히 쓸 수 있게 허락했으며, 하루에 처리해야 할 과업의 목록만 주고 그것을 어떻게 완수할 것인지는 그들에게 맡기기로 했다. 이는 그들을 성인으로 대우한 조치였다. 결과는 성공적이었다. 우주비행이 끝나기 전에 모든 프로젝트가 완수되었다.[10]

자율권을 행사하는 것, 즉 과업이 아무리 힘들고 혹독하더라도 스스로에게 지시하는 것은 결코 보통재(ordinary good)가 아니다.[1] 그것은 기본적인 인간적 요구다. 어떤 생산 과정도 모든 자율권 행사를 배제할 정도로 **본질적으로** 제약적이지는 않다. 자율의 여지가 없는 상황은

[1] 보통재는 해당 재화의 가격이 하락(상승)할 때 수요량이 증가(감소)하는 재화를 가리키는 것으로, 해당 재화의 가격이 하락(상승)할 때 수요량이 감소(증가)하는 재화인 기펜재(Giffen good)의 반대 개념이다. 이 글의 맥락에서 자율권은 경제적 혹은 물질적 조건을 넘어선 근본적인 가치로 작용하기 때문에, 그 행사의 비용이 커지더라도(어려움이 있다고 해서) 수요가 감소하지 않는다는 의미로 보인다.

자연의 산물이 아니라 사회적 설계의 산물이다. 필요할 때 휴식을 취할 수 없다는 것은 단순히 "불쾌한" 것에 그치지 않는다. 필요할 때 휴식을 취하는 것을 어떤 권위가 부인할 경우(자연적 제약 때문에 불가능한 경우와는 달리), 그런 제약은 개인의 행위주체성을 비하하는 것이다. 자신의 업무에 대한 지시가 내려지는 방식에 대하여 진정한 발언권을 가진다는 것은, 집단적으로 관리되는 사업장에서처럼 한 사람이 다른 사람들의 요구에 맞추어야 할 때나, 자기가 원하는 대로 일할 수 없는 때조차도, 결과까지는 아니더라도 의사결정 과정에서 자율성을 행사할 수 있음을 의미한다.

이제 지위와 존경의 불평등을 살펴보자. 이 둘은 밀접하게 관련되어 있다. 아마존이라는 회사가 종업원과 임시직을 어떻게 대우하는지를 보기 위해 아마존의 창고를 들여다보자. 노동 속도는 숨 돌릴 틈조차 없을 정도로 빠르다. 노동자가 힘든 일을 마치고 나서 숨을 고르기 위해 잠깐 쉬고 있으면 "시간절도"라고 질책을 받는다.[11] 그들은 점점 더 늘어나는 할당량에 시달리고, 이를 다 채우지 못하면 끊임없이 질책당하며 매일 해고 위협을 받다가, 요구되는 강도가 너무 높아서 맞출 수가 없을 때 결국 해고된다. 이는 아마존에 고용된 대다수 사람들의 운명이다. 그러나 일을 하다 부상을 당하기 전까지는 그렇지 않다. 노동자는 하루에도 수백 번씩 손과 무릎을 바닥에 대고 엎드려야 하는데, 이 때문에 다치지 않는 사람이 거의 없다. 아마존은 그들로 하여금 업무와 관련 없는 부상임을 확인하는 문서에 서명하도록 강요하는데, 서명을 하지 않으면 해고로 이어질 수 있는 벌점을 받게 된다. 2011년에 아마존이 펜실베이니아주 앨런타운에 있는 물류창고의 실내온도가 섭씨 약 39도까지 올라가도록 방치한 일이 있었다. 종업원들이 장치반입문을 열어서 환기를 해달라고 요구했을 때 다른 창고에서는 흔한 관행임에도 불구하고 아마존은 이것이 종업원들의 절도로 이어질 거라는 이유로 거부했다. 대신 아마존은 종업원이 일사병으로 쓰러질 것에 대비하여 바깥에 구급차를 대기시켰다. 종업원들이 쓰러지면, 그들에게는 일하지 못한 것에 대한 벌점이 주어지고 벌점이 많이 쌓이면 해고되었다.[2] 지역의 실업률이 너무 높아서 쓰러진 노동자를 대체할 수백 명의 지원자가 있었기 때문에 아마존은 신경도 쓰지 않았다. 다른 물류창고들은 그렇게 가혹하지는 않아서 환기가 이루어지고 인체공학 설비를 설치해 좀 더 제어 가능한 노동 속도를 유지한다.[12] 그러나 아마존은 노동자의 불만을 진지하게 받아들이기를 거부한다. 불평을 하면 노동자는 "이기적"이라고 비난받고, 그들의 유일한 관심은 고객에 신경 쓰는 것이어야 한다는 말을 듣는다.[13]

이것이 불평등한 지위의 패러다임이다. 노동자의 이익은 아마존의 눈에는 아무런 가치도 없다. 오로지 고객들의 이익, 그리고 아마존이 고객들 뒤에 숨어서 주장하는 그 자신의 이익만이 중요하다.[14] 여기서 문제는 단순히 이러한 조건이 노동자의 건강을 해친다는 것만이 아니다. 화재 진압과 같은 일정한 상황에서는 위험한 조건에 노출되는 것이 불가피하다. 문제는 불평등이다. 아마존은 노동자의 핵심적인 이익을 자신이나 고객의 비교적 사소한 이익보다도 중요하지 않은

[2] 아마존 창고의 사례는 최근 COVID-19의 창궐 이래 극단적으로 노동 강도가 강화된 국내 물류·택배 산업 등 각종 노동 현장에서 노동자에게 강요되고 있는 고통과 위험을 떠올리게 한다.

것으로 취급한다. 소방관들의 노동조건과는 달리 아마존이 끔찍한 노동조건을 강요하는 데에는 타당한 이유도 없다. 이러한 불평등은 노동자에게 질병이라는 물질적 피해에 더하여 정신적인 피해를 입힌다. 애덤 스미스는 이 점을 이해하고 있었다.

> 우리를 상해하거나 모욕하는 사람이 우리를 화나게 하는 진정한 이유는 그가 우리를 거의 무시하고, 그가 우리보다 자신을 부당하게 우대한다는 점, 그리고 자신의 편리나 기분을 맞추기 위해 다른 사람들을 언제든 희생시킬 수 있다고 여기는 저 터무니없는 자기애 때문이다. 이러한 행위의 명백한 부적절함, 그 속에 내포된 엄청난 오만과 불의는 우리가 겪어 왔던 모든 해악보다 더 큰 충격과 분노를 불러일으키는 경우가 많다.[15]

직장에서 사적 정부는 사람들이 자신의 생계를 의존하는 조직에 권위, 지위 및 존경에서의 불평등을 내재화하고 있다. 평생 동안 임금노동자로 살아가는 사람들은 현실적으로 이를 벗어날 방법이 없다. 그들은 큰 비용과 위험을 감수하며 특정한 사용자를 떠날 수는 있지만, 그들을 구조적으로 격하하고 품위를 손상시키는 임금노동 체계 자체에서 벗어날 수는 없다.

콜로드니는 법의 지배를 하나의 환상이라고 주장하며 거부한다. 모든 법률은 결국 사람에 의해 만들어지기 때문이다. 이는 매우 타당한 지적이지만, 그렇다고 해서 법의 지배가 사람들을 제약하지 않는다는 의미는 아니다. 그리고 법의 지배의 핵심은 피치자가 아니라 통치자를 제약하는 것이다.[16] 법률을 제정하고 집행함에 있어서 그리고 제재를 적용함에 있어서 적정 절차를 따르는 것은 통치자의 자의적인 권력 남용으로부터 필수적인 보호를 제공한다. 이를 통해 법을 준수하는 사람들은 그렇지 않았다면 갖지 못했을 구조적 지위와 품위를 부여받는다. 따라서 나는 문제가 단순히 "누가 결정을 하는가"에 국한된다는 콜로드니의 주장에 동의하지 않는다. 다수결에 의한 직접민주주의조차도 불의한 통치로 타락하는 것을 피하기 위해 법의 지배라는 제약을 따라야 한다.

콜로드니는 내가 국가와 사업장 지배 구조 사이의 유사성을 밝힌다는 점을 고려할 때 왜 완전한 사업장 민주주의를 지지하지 않는지 의문을 제기한다. 그 근본적인 이유는 실용주의 때문이다. 국가와 사업장 지배 구조 사이에는 상당한 차이점들이 있기 때문에, 민주국가에 대한 우리의 경험은 사업장에 대해서는 어떤 장치들이 타당할 것인지에 대하여 충분한 정보를 제공해 주지 못한다. 대부분의 사업장에서 종업원의 활동은 수단과 목적 모두와 관련해 면밀하게 조율될 필요가 있다. 자유주의 국가가 공공재를 공급할 때, 시민들 간에 사업장 수준의 협력까지 요구하는 경우는 없다. 더욱이 전통적인 사업장 민주주의 모델은 노동자가 회사를 소유한다고 가정한다. 하지만 필요한 자본투자의 규모를 고려하면 대부분의 회사에서 노동자 소유는 턱도 없는 일이다. 노동자에게 그들의 모든 저축을 사업장에 투자하라고 조언하는 것은, 설사 그들이 그렇게 함으로써 회사를 소유할 수 있다고 하더라도 경솔한 일일 것이다. 소유자가 노동자와 구분되는 경우, 사업장 지배 구조는 소유자의 투자가 헛되지 않도록 보장하기 위해 소유자에게 책임을 지는 형태가 되어야 할 것이다. 마지막으로, 내가 두 번째 강연에서 지적했듯이, 이미 시도되었던 사업장 민주주의의 실험들은 경쟁력 있는 민주주의적 사업장 지배 구조 체계를 설계하는 일이 얼마나 어려운지 보여 준다. 서로 다른 이해관계를 가진 노동자가 공동의 구조에 합의하는 데에는 어려움이 따르기 마련이다.

선험적인 주장만으로 사업장 지배의 정의로운 구조가 어떤 모습이어야 할지 결정할 수는 없다. 다양한 유형의 사업장들이 가장 잘 작동할 수 있는 구조는 서로 다를 수 있기 때문이다. 그러므로 서로 다른 형태의 사업장 지배 구조가 갖는 비용과 편익을 알기 위한 실험이 필요하다. 내가 강연을 통해 주장한 주요 핵심은, 사업장 지배 구조의 문제가 무엇인지 논의의 테이블 위에 올려야 한다는 것이다. 그것은 시장이나 "계약의 자유"의 문제가 아니라 **정부**의 문제다.

우리는 사업장 정부의 구조를 어떻게 평가해야 하는가?

타일러 코웬은 사업장의 지배 구조를 평가하기 위한 근거들에 관하여 몇 가지 근본적인 문제를 제기한다. 이에 답하기 위해서, 내 강연들의 논변을 분명히 하고자 한다. 몇몇 부분에서 코웬은 내가 대규모 사업장과 그런 사업장 내 권위의 존재에 반대한다고 해석한다. 첫 번째 강연에서 논의한 초기 친시장 이데올로기를 내가 지지했다면, 아마 그것은 맞는 말일 것이다. 그러나 내 강연의 핵심은 두 부분으로 이루어진 이데올로기 **비판**이다. 첫 번째 강연에서는, 보편적 자영업을 기반으로 하는 평등한 사람들의 자유로운 사회라는 이상이 본질적으로 실패했다고 주장했다. 그 이상이 여성 노동의 가부장적 전유와 아메리카 원주민 땅의 인종주의적 전유에 의존했기 때문이다. 그 이상은 또한 산업혁명에 의해 초래된 방대한 규모의 경제 때문에 스러졌다. 두 번째 강연에서는, 현대 미국의 공적 담론에 남아 있는 이 초기 이상의 **유산**을 비판한다. 이들 유산에는 경제에 대한 모든 국가 규제는 개인적 자유에 대한 침해이고, 국가가 정부의 유일한 형태이며, 생산 조직화와 관련된 우리의 기본적 선택은 국가와 시장 사이에서 이루어지는 것이고, 개인은 "사적 부문"에서 통제와 권위로부터 자유로우며, 업무 조직은 노동자와 사용자가 자신들의 선호를 최적으로 반영하여 체결한 자유계약의 결과물이고, 이에 따라 종업원은 독립적인 자영업자와 동등한 자율성을 누린다는 입장 등이 포함된다. 나는 이들 유산이, 초기 친시장적 이상이 거의 보편화된 자영업의 경제체계에 얼마나 의존했는지를 명확히 인식하지 못한 채, 그 이상이 가졌던 희망이 실현되었다고 가장하는 시대착오적인 유물이라고 주장한다. 시장사회에 관한 이러한 초기 담론을 현재 세계에서 전개하는 것은, 대다수 노동자가 실제로 사적 정부에 종속되어 있는 현실을 은폐하는 것이고, 많은 우려와 가능성을 논외로 함으로써 이들 유산을 처리하기 위해 우리가 실제로 가질 수 있는 선택지들을 잘못 전달하는 것이다. 내 강연의 목적은 이러한 현실을 드러내고, 사업장의 지배 구조를 정치적 논의를 위한 주제로 다시 상정하여, 사용자에게 자의적이고 책임을 수반하지 않는 권력을 부여하는 가장 유력한 사업장 지배 구조에 도전하는 것이다.

나는 초기 친시장 사상가들의 실패한 이상을 실현시키려고 하지 않을 것이다. 나는 대규모 사업장을 통해서만 이룩할 수 있는 번영이 있음을 인정하고, 그런 복잡한 사업장을 규율하려면 직위(offices), 즉 권위의 위계 구조가 필수적이라는 점을 인정한다. 그러므로 나는 사업장에서의 정부, 즉 권위에 반대하는 것이 아니다. 코웬은 소유자나 사용자는 회사 자본을 가지고 일하는 것에 일정한 전문성을 갖고 있고, 따라서 그들은 권위를 가질 자격이 있다고 주장한다. 이것이 사실이라면, 그들이 기업 내에서 **제한된** 권위를 보유하는 것은 정당하다. 내가 반대하는 것은 제한된 정부가 아니라 **사적** 정부다. 즉 나는 자의적이고 책임을 수반하지 않는 정부에 노동자들이 종속되는 것에 반대한다. 그런 정부 아래서 노동자들은 사용자가 그들에게 부여하고 싶어하는 것(그런 것은 전혀 없는 경우가 많다) 외에는 어떤 발언권도 갖지 못하고 또한 권력 남용에 취약해진다. 대다수 노동자가 그들의 생산적 삶의 대부분을 그런 정부 아래서 노동하게 되는 제도적 구조 위에서는 평등한 사람들의 자유로운 사회가 세워질 수 없다.

내 강연의 핵심은 우리가 사업장 지배 구조의 문제들을 정치적 의제로 삼을 수 있도록 그 이데올로기적 근거를 명확히 하고, 사업장 지배의 가장 유력한 구조에 관하여 무엇이 문제인지를 분명히 할 하나의 틀인 사적 정부의 개념을 제공하는 것이다. 나는 최고의 사업장 구조가 어떤 것이어야 하는지 제시하려는 것이 아니라, 노동자의 자유와 평등을 신장하기 위한 네 가지 방법, 즉 퇴장, 사용자에 대한 법의 지배라는 제약, 헌법적 권리, 그리고 발언권을 논의한다. 나는 앞의 세 가지만으로는 충분치 않다고 주장한다. 노동자가 사용자의 권력 남용으로부터 보호받기 위해, 그리고 좀 더 일반적으로는 사업장에서 그들의 지위, 품위와 자율이란 이익을 주장할 수 있으려면 사업장 내에서 **어느 정도의** 발언권을 필요로 한다. 그러나 발언권을 효과적으로 제도화하는 방법에 관해서는 더 심층적인 조사와 실험이 필요하다. 또한 나는 노동자의 자유와 평등을 지지하기 위한 네 가지 상이한 수단 사이의 균형을 어떻게 설정할 것인가 하는 문제도 앞으로의 과제로 남겨두고자 한다. 나는 비용과 편익에 대한 고려가 이 문제와 관련된다는 코웬의 주장에 동의한다.

그러나 코웬과 나는 두 가지 근본적 문제에서 의견을 달리한다. 첫째, 내가 제기하는 사업장 지배 구조의 문제들이 매우 드문 것이어서 그것을 해결하려고 그 구조의 변경까지 고려할 가치는 없는 것인가? 코웬은 상당수 노동자의 상태가 사적 정부하에서 그토록 열악하다는 점에 의문을 표한다. 둘째, 우리는 대안적인 사업장 구조의 비용과 편익을 어떻게 평가해야 하는가? 코웬은 암묵적으로, 현재의 사업장 지배의 구조 **내에서** 개별 노동자와 사용자가 하는 선택을, 그들이 원하는 것의 척도로 받아들인다.

먼저 문제의 범위를 생각해 보자. 미국에서 경영진이 아닌 종업원이 받을 수 있는 최고 수준에 가까운 임금, 직업안정성, 노동조건, 자율을 누리면서 가장 존경받을 뿐 아니라 정년도 보장된 슈퍼스타 학자로서 코웬이 임금노동 체계가 **그 자신**에게 얼마나 훌륭히 작동하고 있는지에 기뻐하는 것은 놀라운 일이 아니다. 그와 친분이 있는 사람들 역시 비슷하게 그 체계의 상위 몇 퍼센트를 점하고 있으며, 그들 역시 비슷하게 만족해하리라는 것에도 의문이 없다. 그럼에도 불구하고 그는 대체로 사람들이 보지 않는 곳에서 노동하는, 사업장 지배 구조의 하층에서 노동하는 사람들의 현실에 대해서는 거의 알지 못하는 것 같다. 한 사람의 경제학자로서 그는 노동자의 이야기나 명확히 표현된 불만과 같은 질적 정보를 심각하게 받아들이지 못하는 직업적인 편견도 갖고 있다. 그는 식당, 노인요양시설과 소매점에서 저임금 노동자로 일한다는 것이 어떤 것인지에 관한 바버라 에런라이크(Barbara Ehrenreich)의 보고서를 읽는 것부터 시작할 수도 있었을 것이다.[17] 전체 미국 노동자 중 절반이 연간 29,000달러에도 못 미치는 임금을 받는데,[18] 나는 그것이 코웬의 소득의 약 10분의 1 수준이라고 추측한다. 과연 그가 농업, 도축장, 청소용역, 식당, 창고, 콜센터, 소매영업, 가정부, 노인요양, 의복공장, 교도소, 정원 관리, 그리고 비숙련 건설 및 제조업에서 힘들게 일하는 하위 50% 노동자들의 노동조건이 어떤지를 애써 확인해 본 적이 있을까?

사용자의 학대와 억압적 노동조건으로 인한 불만은 매우 다양하고, 질적 문제에 관한 산업 전반에 걸친 조사 연구는 비용이 많이 들고 드물기 때문에, 종합 통계를 구하기가 어렵다. 게다가 노동자뿐 아니라 노동에 관한 학술적 연구도 주변화되어 있고 자금지원도 충분하지 않다. 몇 가지 사례를 들면 다음과 같다. 식당 노동자 중 90%가 성적 괴롭힘을 경험했다는 보고가 있다.[19] 2007년에서 2012년 사이에 노동부는 캘리포니아 남부에 있는 의류공장을 대상으로 1,500건 이상의 조사를 실시한 결과 "착취공장 같은 조건들"을 비롯한 규정 위반 사항을 발견했는데, 이는 당시 조사 건수의 93%에 달한다.[20] 가금산업 노동자에 대한 최근의 한 연구에 따르면, "대다수"가 화장실에 갈

휴게 시간조차 충분히 허락받지 못해 기저귀를 착용해야 하는 것으로 나타났다. 사용자는 불만을 제기하는 노동자를 해고하겠다고 위협하는데, 이는 기본적인 생리적 욕구와 존엄성뿐만 아니라 그들의 발언권도 사용자에 의해 침해되고 있음을 보여 준다.[21] 이는 부유한 다른 나라들에서 노동자가 오래전부터 당연히 누려 온 권리인 "작업 중에 화장실을 이용할 권리"를 획득하기 위해 오랫동안 **계속되어 온** 미국 노동자의 투쟁 중 일부에 불과하다.[22]

사용자와 종업원을 대상으로 이루어진 설문조사에 기반한 최근의 연구는 약 700만 명의 노동자가 그 사장에게 일자리 상실, 임금 삭감 또는 공장 폐쇄 등의 위협을 통해 특정 정치적 후보나 쟁점을 지지하라는 압박을 받았다고 추산한다.[23] 노동안전위생국은 사용자[가 제출한 자료—옮긴이]에 의거하여, 매년 노동자가 겪는 수백만 건의 부상과 수천 건의 사망 사례를 보고하고 있다. 이러한 피해를 모두 사업장의 권위주의 탓으로 돌릴 수는 없다 하더라도, 축소 보고는 그 때문이라고 할 수 있다. 회계감사원(Government Accounting Office)의 한 연구에 따르면 67%의 직업보건 전문가(occupational health practitioners)가 "재해나 질병을 신고했다는 이유로 징계받을지도 모른다는 노동자의 두려움"을 언급했다.[24] 그로 인해 노동자의 안전과 발언의 자유가 직장에서 독재에 의해 위축되고 있다. 동일한 보고서는 또한 직업보건 전문가의 3분의 1 이상이 보고 요건을 회피할 수 있도록(경미한 부상은 노동안전위생국에 보고하지 않아도 되기 때문에) 노동자의 재해에 대한 진단과 치료 비율을 낮추라는 압력을 사용자로부터 받았다고 밝히고 있다.[25]

사용자는 경력이 길지 않은 종업원 중 거의 절반에 대해 그들의 의견을 묻지 않고 일방적으로 근무 스케줄을 결정한다. 그 결과 예측 불가능한 스케줄(41%의 노동자), 변동이 심하고 급하게 통보되는 대기 및 분할 노동(이 경우 종업원들은 집으로 갔다가 같은 날 다시 불려 온다)이 발생하며, 이는 노동자의 사생활에 막대한 손해를 끼친다. 노동자는 아이 양육을 준비할 수도 없고, 대학 강의를 듣거나 필요한 경비를 충당하기 위해 부업을 할 수 있도록 일정을 비워 둘 수도 없다. 또한 그들에게는 한낮에 무급의 쓸모없는 시간이 강제로 주어지는데, 대부분 집에서 몇 시간씩 보내지만 그렇다고 그 시간을 가족이나 친구들과 보낼 기회로 삼지도 못한다.[26]

미국 노동력의 거의 1%(140만 명)를 고용하고 있는 월마트는 노동자에게 신뢰할 수 없는 근무 스케줄을 할당하는 것으로 악명 높다. 이와 관련하여 월마트에서 노동조건을 개선하기 위해 활동해 온 비조합 노동자 조직의 명칭인 아워월마트(OURWalmart)가 "존중을 위해 단결된 조직(Organization United for Respect)"이라는 의미를 담고 있다는 점은 많은 것을 시사한다. 즉 아워월마트의 구성원들은 단순히 임금과 근무시간에만 관심이 있는 것이 아니라 존중받는 것에 관심이 있는 것이다. 월마트 노동자의 대표적인 불만 중 하나는 더 열심히 일하라고 노동자에게 소리 지르고 그들을 괴롭히는, 권력을 남용하는 무례한 관리자다. 이러한 권력 남용은 하급 관리자 자신도 목표 달성에 무엇이 필요한지에 대한 고려 없이 업무 목표를 할당받는다는 사실, 그리고 충분히 열심히 일하지 않았다는 이유로 고위경영진에 의해 끊임없이 괴롭힘을 당한다는 사실에 기인할지도 모른다.[27]

이것조차도 미국 임금노동 체계의 최하층을 제대로 묘사한 것은 아니다. 그 최하층은 이민자가 차지하고 있는데, 저임금노동을 위한 비자를 갖고 있는 이민자도 있고 미등록 이민자도 있다. 전자의 경우 사용자가 이들의 여권을 압수하고 체포 또는 더 심한 일을 겪게 하겠다고 위협해 비자 만료 후에도 그들을 강제로 계속 일하게 만든다. 미국 국무부의 조사에 따르면 "캘리포니아주의 한 지역사회에서 설문조사에 응한 이주 노동자의 30%가 노동 인신매매(labor trafficking)[3]의 피해자였고 55%는 노동학대(labor abuse)의 피해자였다."[28] 미국에 수백만 명의 이주 노동자 및/또는 미등록 노동자가 있다는 점을 고려할 때, 피해자는 수십만 명에서 수백만 명에 이를 것으로 추정하는 것이 합리적이다. 학대에는 사기, 무급 노동 강요, 강간과 성적 괴롭힘, 구타, 고문, 사업장 또는 터무니없는 임대료가 부과되는 더러운 가옥에 감금, 탈진시키는 노동 시간, 고립, 종교적 강요와 심리적 조작 및 위협이 포함된다.[29] 이에 영향을 받는 산업에는 "호텔 서비스, 접객업, 영업사원, 농업, 제조업, 청소용역, 건설, 건강 및 노인 요양, 그리고

[3] 미국 보건복지부 아동가족국의 지원을 받아 운영되는 전국인신매매핫라인(National Human Trafficking Hotline)에 따르면, 노동 인신매매는 "무력, 사기 또는 강압을 통해 개인이 노동이나 서비스를 제공하는 현대판 노예제도의 한 형태"로 정의되며, 여기에는 빚에 얽매인 상황, 강제 노동, 비자발적인 아동 노동이 포함된다. 노동 인신매매범들은 폭력, 협박, 거짓말 및 기타 형태의 강압을 사용하여 많은 산업 분야에서 사람들이 자신의 의지에 반하는 일을 하도록 강요한다. 일반적인 노동 인신매매 유형에는 가정에서 가사도우미로 일하도록 강요받는 사람, 농작물 수확을 위해 폭력을 당하는 농장 노동자, 비인간적인 환경에서 임금을 거의 또는 전혀 받지 못하는 공장 노동자가 포함된다. 〈https://humantraffickinghotline.org/en/human-trafficking/labor-trafficking〉, 검색일: 2024. 10. 3.

가사서비스"가 포함된다.[30] 아, 그리고 식당 역시 포함된다.[31] 통틀어 수천만 명의 노동자를 고용하는 이러한 산업의 목록은 사정을 분명히 말해 준다. 경제의 다양한 부문을 가로질러서 보면, 이러한 목록은 취약한 이민자뿐만 아니라 같은 곳에서 일하는 미국 시민들도 자율, 지위와 존경의 심각한 침해를 당하기 쉬운 지점을 가리킨다.

이런 사례를 계속해서 들 수도 있다. 오늘날 미국에서 일어나는 노동자 학대의 사례들로 여러 권의 책을 가득 채울 수도 있을 것이다. 수백만 명의 노동자가 괴롭힘, 학대, 무례한 대우, 그리고 심지어 근무 외 시간의 심각한 자율성 제약까지 당하고 있다면, 그런데도 국가의 법률이나 시장의 규칙 그 어느 것도 이런 문제를 다루기에 충분하지 않다는 것이 분명하다면, 노동자에게 발언권을 부여함으로써 어떻게 상황을 개선할 수 있을지 진지하게 고려해 볼 때가 아닐까?

코웬은 그 말을 들으려고 하지 않을 것이다. 그는 사용자의 전면적이고 책임을 수반하지 않는 권위의 비용보다 그 편익이 더 크다고 생각하기 때문이다.[4] 그의 잘못된 주장들—실업이 훨씬 더 나쁜 것이라는 주장과 사용자가 노동자의 근무 시간 외 발언을 검열하는 것에 때로는 합리적 이유가 있다는 주장—은 논외로 해두자. 어떤 조건은 독재하에서 사는 것보다 훨씬 더 나쁘며, 독재자도 때로 대중이

[4] 원저에서 이 부분은 "그는 사용자의 전면적이고 책임을 수반하지 않는 권위의 비용이 그 편익보다 더 크다고 생각하기 때문이다(He thinks the costs of sweeping, unaccountable employer authority outweigh the benefits)."라고 되어 있으나, 앤더슨 교수에게 직접 문의한 결과 밑줄 부분이 오류로 확인되어 "권위의 비용보다 그 편익이 더 크다"로 정정하여 옮겼다.

반기는 결정을 내리기도 한다는 사실이 이러한 형태의 정부를 정당화하지는 못한다. 근본적으로 일터에서의 사적 정부를 어떻게 평가할 것인가 하는 점에서 코웬과 나는 견해를 달리한다. 이는 어떤 제도가 이 문제를 판단하는 데 가장 좋은가를 둘러싼 불일치에 따른 것이다. 코웬은 시장이 최적의 결정을 내린다고 믿는다. 나는 국가가 종업원에 대해 책임을 수반하지 않는 권력을 사용자에게 사전 배분해 주면서 기존의 시장 질서가 왜곡되었다고 믿는다. 그로 인해 시장의 결과는 전체적으로 사적 정부가 노동자에 부담시키는 비용을 과소평가하고 있다. 가치에 대한 최적의 재판관은 시장이라는 코웬의 네 가지 주장—사용자의 구인 경쟁, 보상적 임금 격차(compensating differentials), 노동자 퇴사, 그리고 효율성—과 관련하여 이것이 어떻게 작동하는지를 보자.

코웬은 사용자가 유능한 인재를 유치하기 위해 경쟁해야 하며, 이것이 사용자로 하여금 노동자의 자율성과 존엄성을 존중하도록 만든다고 주장한다. "유능한 인재를 유치하고 붙들어 두고자 하는 욕구는, 회사가 자신의 노동자를 위해 유쾌하고 관용적인 분위기를 조성하려고 노력하는 가장 큰 이유다." 나는 그의 진술, 즉 노동자가 사용자에 의해 존중될 **때** 이것이 주요한 이유라는 진술에 동의한다. 그렇다고 모든 노동자가 그들의 사용자에 의해 **실제로** 존중받는다는 것은 아니다. 오히려 **그들이 얻는 존중, 지위 및 자율성의 정도는 그들의 시장 가치에 대체로 비례한다.** 사용자는 희소하지 않은 노동자, 즉 미숙련의, 경험이 없으며, 실업률이 높은 지역에 거주하거나 체포 기록이나 장애 등 다른 문제를 가지고 있는 사람들을 채용하려고 경쟁할 필요는 없다. 예를 들어, 노동력의 약 12%를 차지하는 흑인들은 사실상 언제나 두 자릿수의 실업률로 고통받고 있다. 해외 기업과의 경쟁으로 인해 공장이 폐쇄되어 황폐해진 도시에 사는 모든 인종의 노동자 역시 낮은 이동성 때문에 높은 실업률에 시달리고 있다.[32] 대체로 전체 경제는 실업이나 불완전고용의 비율이 높은 시기에 운영되며, 이는 노동자에게 일반적으로 악영향을 미친다. 노동자들은 일자리를 구하더라도 실직으로 인한 비용이 너무 크기 때문에 소득을 유지하기 위해서 거의 모든 학대를 감내해야 한다. 동시에 사용자는 사업장을 설계할 자신의 권력을 이용하여 노동자가 숙련되지 못하고 쉽게 대체될 수 있도록 세분화된 분업 체계를 만들어 낸다.

코웬은 사용자가 열악한 노동조건을 부과할 때 노동자가 더 높은 임금으로 보상받는다고 주장하면서, 오히려 세법 때문에 임금은 충분히 주지 않으면서 너무 많은 "특전"을 선호하는 식으로 시장이 왜곡된다고 말한다. 나는 화장실을 이용할 자유와 같은 인간의 존엄성과 복지의 기본적 요건을 단순한 "특전"으로 사소하게 취급해서는 안 된다고 생각한다. 코웬은 또한 국가가 법적으로 독재를 사업장 지배에 관한 기본적 구조로 확립하는 방법을 통해 노동자의 자율성, 지위 및 존엄성에 불리하도록 심한 속임수를 사용함으로써 조세편향이라고 알려진 것에 어떻게 대처해 왔는지를 무시하고 있다. 그럼에도 불구하고 코웬이 **일부** 고임금 노동자가 대단히 힘든 노동시간과 같은 열악한 조건에 대한 **약간의** 보상을 받는다고 한 점은 정확하다. 나는 그 경우에조차 이것이 그 모든 우려들을 설명해 주지는 못한다고 다른 곳에서 언급한 적이 있다. 그들은 여전히 자신의 노동조건에 관하여

발언권을 갖는 데 관심이 있다.[33]

여기서 나는 다른 문제 하나를 강조하고자 한다. 즉 코웬의 모델이 임금노동의 전 범위에 걸쳐서 적용되는지 의문이라는 것이다. 대부분의 경우 저임금 노동자는 고임금 노동자보다 무례한 대우, 괴롭힘, 끔찍한 노동조건, 그리고 자율성에 대한 불쾌한 제약들로 더 심하게 고통받는다. 더욱이 이윤을 높이려는 동기는 노동자의 모든 측면에서 사태를 더 악화시킨다. 예컨대, 교도소가 공적 교도소에서 사적인 영리 기업으로 전환될 때, 교도관들은 엄청난 임금 삭감 및 수형자의 격렬한 공격 급증을 동시에 겪게 되는데, 그것은 사용자가 수형자를 통제하기에 충분한 교도관들을 확보할 수 없을 정도로 직원 채용 수준을 감축하기 때문이다.[34] 연방 교도소에서 직원에 대한 수용자의 공격은 260% 증가하고 있다.[35]

노동자가 그들의 존엄성, 지위 및 자율성에 대한 심한 모욕을 견뎌 내는 만큼 그럭저럭 더 높은 임금으로 보상받는다는 코웬의 확신은 미국에서 발생하는 어마어마한 규모의 임금절도[5]에 의해 거짓임이 드러난다. 저임금 건설업, 식당, 의류, 요양원, 농업 및 가금 분야의 노동자들 사이에 임금절도 사례를 흔히 볼 수 있고, 이는 많은 중간계급 노동자에게도 역시 악영향을 미치고 있다.[36] 기업의 자금지원을 받는 싱크탱크로부터 나온 한 추산은 2004년 한 해의 임금절도 규모가

[5] 한국에서는 '임금체불'이라는 용어를 쓰고 있으나(근로기준법 제43조의2 등), 체불은 '마땅히 지급해야 할 것을 지급하지 못하고 미룬다'는 의미로, 미국이나 유럽에서 사용하는 임금절도나 임금사기(wage fraud)라는 용어처럼 노동자 생계를 위협하는 중대한 범죄라는 사실을 드러내지 못한다.

190억 달러에 달함을 보여 주었다. 그 출처를 고려하면 이것도 엄청나게 낮게 추정된 것으로 보인다.[37] 또 다른 추산은 2014년 임금절도 규모를 500억 달러로 보고하며, 이로 인해 저임금 산업에 종사하는 노동자의 3분의 2가 그들 총소득의 거의 15%를 잃게 된다고 언급한다. 이것은 미국에서 발생하는 기타 모든 절도 금액의 3배가 넘는다.[38] 사용자가 노동자의 임금을 훔칠 정도로 그 종업원들을 존중하지 않는다면, 사용자가 종업원에게 더 나은 노동조건을 제공함으로써 보상한다는 것이 어떻게 가능하겠는가? (적어도) 하층 절반의 노동 현실을 관찰한 연구가 지지하는 좀 더 설득력 있는 모델은, 노동자의 기본적 존엄성, 지위 및 자율성에 대한 사용자의 경멸이 그들이 지급하는 낮은 임금과 종업원에게 견디도록 강요하는 끔찍한 조건들에서 동시에 표현되고 있다는 것이다. 임금절도의 규모 또한 사적 정부가 본질적으로 그 법적 한계를 넘어서는 경향을 갖고 있다는 주장을 뒷받침한다. 노동자가 사용자에게 책임을 물을 수 있도록 할 내부적 견제가 없는 한, 사용자는 자신에게 부여된 법적 권한을 행사하는 데 그치지 않고 권력을 남용하려고 할 것이다.

코웬이 이러한 문제를 기꺼이 인정하는 경우에 그가 제안한 유일한 구제책은 노동자의 퇴사 권한을 강화하는 것이다. 암시만 했을 뿐이라고 하더라도, 노동자가 퇴사하면서 그들의 인적 자본을 가져가는 것을 금지하는 경업금지조항을 폐지하자는 캠페인에 그가 동참하는 모습을 보게 되어 기쁘다. 그리고 노동비자로 체류하는 이민자에게 퇴사권을 보장하는 것이 긴급하다는 데에 대해 진심으로 그와 의견을 같이한다. 그럼에도 불구하고 퇴사권 강화만으로 내가 증명해 왔던 문제들을 다루기에 충분하지 않겠느냐는 제안은 신뢰할 수 없다. 노동자가 퇴사한 뒤 어떤 일자리**로** 갈 것 같은가? 웨이트리스의 90%가 성적 괴롭힘을 경험하는데, 그들이 가진 산업 특유의 숙련 기술을 놓아둔 채 떠나는 것 말고는, 믿고 갈 만한 새 일터는 어디에도 없다. 그런데, 성적 괴롭힘은 모든 사업에 다 존재하기 때문에 그렇게 떠나는 경우조차 그다지 많지 않다. 여기에다 실업과 불완전고용, "자발적" 퇴직으로 인한 실업급여 수령 자격 상실이라는 문제들을 더해 보면 "그만두는 게 어때요?"가 노동자에 건네는 조언으로 얼마나 쓸모없는 것인지를 쉽게 알 수 있다. 노동자가 단지 퇴사권만 가지고 아무런 발언권을 갖지 못할 때, 이는 일자리가 그만두어야 할 정도로 너무 참을 수 없게 되기 전까지는 노동자에게 축적되어야 할 "생산자 잉여(producer's surplus)"—노동자의 일자리를 차선의 대안보다도 더 좋게 만드는 모든 편익—**전체**를 독재적 사용자가 수확할 수 있도록 권한을 부여하는 것과 같다. 실제로 다른 어딘가가 조건이 더 나을지 여부(종업원이 아닌 사람들이 판단하기는 극도로 어렵다)에 관한 불확실성을 고려하면, 그리고 어떤 현실적 시나리오 안에서도 일자리 상실은 엄청난 비용을 초래한다는 점을 고려하면, 오직 퇴사권만 인정하는 체제는 결과적으로 노동자가 떠나기 전에 노동자 몫의 생산자 잉여보다 훨씬 더 많은 것을 착복할 권력을 독재적 사용자에게 부여하게 된다.

코웬의 마지막 주장은 "효율성"에 대한 것이다. 그는 노동자가 사용자의 독재적 권력에 복종하지 않는다면 우리가 좋은 것들을 가질 수 없게 되리라 우려한다. 이는 영국의 서인도제도 사탕수수 재배자들이 의회에서 노예제 폐지를 둘러싼 논쟁이 오가던 중에 노예제를 옹호하면서 했던 것과 동일한 논변이다.[39] 그 자체로 보더라도 그 주장은 매우 의심스럽다. 코웬은 독일의 공동결정제도가 이윤을 떨어뜨린다는 것을 시사하는 단 하나의 연구를 인용하고 있을 뿐이다. 독일식 체계하에서 이윤이 더 낮다고 가정할 때 드는 의문은, 실제로 노동하는 사람이 파이의 더 큰 몫을 향유한다는 점에서 이것이 왜 독일인에게 유리한 점으로 여겨지지 않을까 하는 것이다. 코웬은 그것이 생산성을 떨어뜨리기 때문에 반대해야 할 점이라고 생각한다. 증거는 엇갈리고 있다. 어떤 연구는 적어도 규모가 큰 회사에서는 공동결정이 생산성에 긍정적이거나 중립적인 효과를 가진다고 밝힌다.[40] 나는 생산성 효과를 일관성 있게 감지하기가 그렇게 어렵다면 그것은 아마도 중요하지 않을 것이라고 이야기하고 싶다.

코웬은 "노동자가 지배 구조에서 발언권을 가질 때 고용은 더 안정되는 경향이 있고 임금 변동은 더 심한 경향이 있다"고 지적한다. 미국 경제가 만성적인 실업 또는 불완전고용의 경향을 겪어 왔다는 점을 고려하면 이는 주목할 만한 양보다. 효율성의 관점에서 보면 실업보다 더 큰 낭비는 없다. 더욱이 어떤 시장에서든 시장 배분이 효율적이라는 깔끔한 주장은 완전고용의 맥락에서만 유효하다. 마지막으로 사용자가 일상적으로 행사하는 권력은 효율성이나 기타 근거로 정당화될 수 있는 범위를 훨씬 넘어선다는 점도 지적할 가치가 있다. 예컨대, 노동자가 겪는 성적 괴롭힘은 생산성을 전혀 개선하지 못한다. 우리가 문제를 효율성의 관점에서만 본다고 하더라도, 그것은 적나라한 권력 남용이며 효용의 대규모 자중손실(deadweight loss)[6]이다.

우리는 어떤 경우에도 코웬의 주장을 거부해야 한다. 효율성에 대한 경제적 개념들은 현재의 재산권 수준을 개선 측정의 규범적 기준선으로 받아들인다. 여기에서 논의되고 있는 것은 바로 자본 소유에 딸린 기본적 지배 권리다. 따라서 코웬은 효율성을 척도로 삼아 사실상 사업장 독재에 찬성을 표하고 있는 것이다. 더욱이 시장 성과로 측정되는 효율성을 채택하는 결정은 노동자의 이익을 그들의 부의 한계효용[7]에 반비례하여 평가하겠다는 결정이다.[41] 그 그릇된 척도에 의하면, 부자의 가장 사소한 이익조차 가난한 사람의 가장 중요하고 근본적인 이익보다 더 중시될 수 있다.

나는 노동자의 존엄성과 자율성의 가치를 결정하는 다른 방법을 지지한다. 즉 노동자가 발언권을 가지는 사업장 지배 구조 체계라는 맥락에서, 노동자가 자기 생각을 말하게 하자는 것이다. 유럽의 공동결정체계에서 발언권의 성공적 구현은 이미 이런 식으로 노동자에게 권능을 부여하는 것이 가능할 뿐 아니라 매우 높은 수준의 번영과 양립할 수도 있다는 점을 증명하고 있다. 내 주장의 핵심은 독일식 공동

[6] 경쟁의 제한으로 인한 시장의 실패에 따라 발생하는 자원배분의 효율성 상실을 말한다.

[7] 전체 부의 작은 증가의 결과로 나타나는 증가단위당 개인 효용의 증가분을 가리킨다. 위험 회피 성향의 개인이면 부의 한계효용은 감소하고, 위험 중립적인 개인의 경우 부의 한계효용은 일정한 반면, 위험을 선호하는 개인의 경우에는 부의 한계효용은 증가한다고 한다. *Oxford Reference*, "marginal utility of wealth", 〈https://www.oxfordreference.com/display/10.1093/oi/authority.20110803100133873〉, 검색일: 2023.8.3. 결국 여기서 앤더슨이 지적하고 있는 것은 상당한 위험성을 내포하는 시장의 결과를 바탕으로 한 효율성을 개선의 척도로 삼는 것은 위험 회피 성향이 강할 수밖에 없고 따라서 부의 한계효용 역시 감소할 수밖에 없는 노동자의 이익과는 충돌하는 결과를 초래하게 된다는 점이다.

결정모델을 지지하는 데 있지 않다. 노동자의 발언권을 보장하는 대안적 구조들을 실험하고, 이들 대안의 비용과 편익을 고려할 여지는 충분하다. 또한 내가 주장하는 바는 임금에다가 코웬이 "특전"이라고 부르는 것을 결합시키도록 강제하자는 것도 아니다. 노동자에게 발언권을 보장하는 사업장 정부 내에서라면 사용자가 다양한 임금 및 노동조건의 패키지를 자유롭게 제공할 것이고, 노동자 역시 자유롭게 대안적인 패키지를 제안하고 협상하며 절충안들에 대해 투표할 수 있을 것이다. 내 주장의 핵심은 노동자의 이익이 경청되고 그들이 존중되며 사업장의 결정에서 일정한 몫의 자율성을 가지도록 보장하기 위해서는, 노동자가 일터에서 제도화된 발언권을 필요로 한다는 것이다. 노동자를 사적 정부—자의적이고 책임을 수반하지 않는 권위—에 종속시키는 것은 결코 사용자 못지않은 존엄성, 자율성 및 지위에 대한 권리를 가지고 있는 사람들을 올바르게 대우하는 방식이 아니다.

주

저자 서문

1 Barbara Ehrenreich, *Nickel and Dimed: On (not) Getting by in America* (New York: Holt Paperbacks, 2008), 157.

2 *Frlekin v. Apple, Inc.*, 2015 U.S. Dist. LEXIS 151937 (N. D. Cal., Nov. 7, 2015)("노동시간"을 "종업원이 사용자의 통제를 받는 동안의 시간"이라고 한 법률의 정의에도 불구하고, 검사를 받기 위해 대기하면서 보낸 시간에 대하여, 종업원이 노동을 하도록 허용되지 않은 시간이라는 이유로 임금 지급을 하지 않음으로써 애플이 최저임금법을 위반했다는 종업원의 주장을 약식재판으로 각하함).

3 Oxfam America, *No Relief: Denial of Bathroom Breaks in the Poultry Industry* (Washington, D.C., 2016), 2, https://www.oxfamamerica.org/static/media/files/No_Relief_Embargo.pdf.

4 William Becker, Salimah Meghani, Jeanette Tetrault, and David Fiellin, "Racial/Ethnic Differences in Report of Drug Testing Practices at the Workplace Level in the U.S.", *American Journal on Addictions* 23, no. 4 (2014): 357-62.

5 Alexander Hertel-Fernandez and Paul Secunda, "Citizens Coerced: A Legislative Fix for Workplace Political Intimidation Post-Citizens United", *UCLA Law Review* 64 (2016): 1, http://ssrn.com/abstract=2740649.

제1장

1 물론 "좌파"라는 용어를 이렇게 사용하는 것은 시대착오적이지만 관념들을 명확히 하는 역할을 한다. 나는 서둘러 17세기와 18세기의 일부 평등주의자, 특히 디거스와 루소가 시장사회를 거부했다는 점을 덧붙이고 싶다. 이 강연에서 나의 초점은 시장사회를 받아들인 사람들에 있다.

2 Adam Smith, *An Inquiry into the Nature and Causes of the Wealth of Nations,* vol. 1, Glasgow Edition of the Works and Correspondence of Adam Smith (Indianapolis: Liberty Fund, 1981), I.ii.2.

3 Karl Marx, *Capital: A Critique of Political Economy*, edited by Frederick Engels, translated by Samuel Moore and Edward Aveling (Chicago: Charles H. Kerr, 1912), 195-6.

4 이것은 단순히 스미스의 냉소적 태도라고 할 수는 없다. 그는 모든 선물은 동종의 답례가 이루어지기 전까지는 수령자를 수여자에 종속시키는 채무를 수반한다는, 여러 문화에 걸친 사회적 사실을 지적하고 있다. Marcel Mauss, *The Gift*, translated by I. Cunnison (New York: Norton, 1967); William Miller, *Humiliation* (Ithaca, NY: Cornell University Press, 1993), ch. 1 참고.

5 Marx, *Capital*, 195.

6 따라서 소위 애덤 스미스 문제(타인에 대한 공감에 근거한 스미스의 도덕 이론과 추측컨대 순수한 이기주의에 근거를 둔 그의 경제학 사이의 긴장으로 알려진 것)는 해소된다.

7 "우리 자신에게는 모든 것을 주고, 타인에게는 아무것도 주지 말라는 것은 이 세상 그 어떤 시대에서든 인류의 지배자들의 비열한 좌우명이었던 것 같다." Smith, *Wealth of Nations*, vol. 1, III.iv.10.

8 이 점에 관하여, 나는 Pierre Rosanvallon, *The Society of Equals*, translated by Arthur Goldhammer (Cambridge, MA: Harvard University Press, 2013), 11, 29, 51에 완전히 동의한다.

9 군대의 프로그램에 대한 최초의 진술에 대해서는 "Agreement of the People", in *The English Levellers*, edited by Andrew Sharp (New York: Cambridge University Press, 1998), 92-101 참고. 1647년 퍼트니에서, "선동자들(Agitators)"—부하들에 의해 선출된 수평파 장교들—은 이 제안에 대해 크롬웰 및 아이어턴(Ireton)과 토론을 벌였다. 퍼트니 논쟁은 정치사상사에서 가장 매혹적인 읽을거리를 제공하는데, 지적 깊이나 진지함의 수준에서 현대의 공적 담론을 훨씬 넘어선다. 이에 대해서는 "Putney Debates", in *Puritanism and Liberty, Being the Army Debates (1647-9) from the Clarke Manuscripts with Supplementary Documents*, edited by A. S. P. Woodhouse (Chicago: University of Chicago Press, 1951), 1-124 참고.

10 "Putney Debates, 29 October 1647", *Puritanism and Liberty*, 75.

11 John Lilburne, William Walwyn, Thomas Prince, and Richard Overton, "An Agreement of the Free People of England, 1 May 1649", in *The Levellers: Miscellaneous Writings*, edited by James Otteson, vol. 4 of *The Levellers: Overton, Walwyn and Lilburne* (Bristol, UK: Thoemmes Press, 2003), XXX, XVIII, XX, XIX조.

12 John Lilburne, "Englands Birth-Right Justified", in *Works of John Lilburne*, edited by Otteson, vol. 3 of *The Levellers*, 62-4.

13 John Lilburne, "Londons Liberty in Chains Discovered", in *Works of John Lilburne*, 175-7.

14 William Walwyn, "For a Free Trade", in *Works of William Walwyn*, vol. 2 of *The Levellers*, edited by Otteson, 399-405.

15 근대적인 배분적 정의의 관념은 18세기 말에 이르러 발명되었기 때문에, 그런 사상을 17세기 사상가의 탓으로 돌리는 것은 시대착오적일 것이다. Samuel Fleischacker, *A Short History of Distributive Justice* (Cambridge, MA: Harvard University Press, 2004).

16 이런 점에서 교회의 권력을 종식시킬 것을 요구한 동시대의 문서인 "The Root and Branch Petition (1640)", *Documents Illustrative of English Church History*, edited by Henry Gee and William John Hardy (New York: Macmillan, 1896), 537–45, http://history.hanover.edu/texts/engref/er97.html 참고.

17 Thomas Leng, "'His Neighbours Land Mark': William Sykes and the Campaign for 'Free Trade' in Civil War England", *Historical Research* 86, no. 232 (2013): 230–52.

18 William Blackstone, *Commentaries on the Laws of England* (Oxford: Clarendon Press, 1765), ch. 15.

19 근대 초기 시대의 일부 법적인 복잡성에 관해서는 Karen Pearlston, "Review of *Women, Property, and the Letters of the Law in Early Modern England*", *Osgoode Hall Law Journal* 44, no. 1 (2006): 219–21 참고. 남편의 권위에 대한 아내의 이의 제기를 그 한계에 대한 당대의 문화적 인식과 함께 문서화한 것으로는 Don Herzog, *Household Politics: Conflict in Early Modern England* (New Haven, CT: Yale University Press, 2013) 참고.

20 John Locke, *Second Treatise of Government* (Indianapolis: Hackett, 1980), §77을 상기하라: "최초의 사회는 남자와 여자 사이에 존재했는데, 그것은 부모와 자식 사이의 사회를 탄생시켰고, 이윽고, 그것에 주인과 하인 사이의 사회가 더해지게 되었다. (…) 그리고 단 하나의 가족을 구성하고, 그 안에서는 주인 또는 여주인이 가족에 알맞은 통치 같은 것을 했다." 여기서 로크는 가족에 종업원을 포함시키고, 이를 일종의 정부로 표상하는데, 그것은 자연상태에서 본질적으로 가부장적이지는 않다. 나는 이 강연 후반부에 로크의 페미니즘으로 돌아갈 것이다.

21 Blackstone, *Commentaries*, ch. 14; Karen Orren, *Belated Feudalism: Labor, the Law and Liberal Development in the United States* (Cambridge: Cambridge University Press, 1991)는 근대 초기 영국의 주인과 하인의 법에 대한 증거와, 그것이 어떻게 19세기까지 미국의 고용관계를 계속 규율했는지에 대한 증거를 제시하고 있다.

22 Don Herzog, *Happy Slaves* (Chicago: University of Chicago Press, 1989), ch. 1 참고.

23 Arthur O. Lovejoy, *The Great Chain of Being: A Study of the History of an Idea* (Cambridge, MA: Harvard University Press, 1936).

24 Robert Filmer, *Patriarcha: On the Natural Power of Kings* (London: W. Davis, 1680).

25 Christopher Hill, *The World Turned Upside Down: Radical Ideas during the English Revolution* (New York: Penguin Books, 1991), 155.

26 Saint Augustine, *City of God*, translated by Marcus Dods (Edinburgh: T. & T. Clark, 1888), XIX.15 참고.

27 Hill, *The World Turned Upside Down*, chs. 3, 4.

28 Herzog, *Happy Slaves*, ch. 1.

29 Hill, *The World Turned Upside Down*, 특히 ch. 8; Andrew Bradstock, *Radical Religion in Cromwell's England: A Concise History from the English Civil War to the End of the Commonwealth* (New York: I. B. Tauris, 2011), 특히 ch. 5 참고. 이리하여 평등주의자들은 인간의 완전성을 믿는다는, 끊임없이 되풀이되는 보수적인 비난이 등장했다. 소득과 부의 평등주의적 배분, 민주주의, 기타 세속적인 평등주의 원리를 믿는 오늘날의 신봉자에게 적용하더라도 터무니없는 것이지만, 이런 비난도 권위주의적인 원죄 이론에 반박해야 했던 역사학상의 그리스도교의 천년왕국적인 평등주의 사회운동에 적용될 때에는 의미가 있다.

30 Samuel Torshell, *The Womans Glorie: A Treatise, First, Asserting the Due Honour of that Sexe, by Manifesting that Women Are Capable of the Highest Improvements and Instancing Severall examples of Womens Eminencies ...*, 2nd ed. (London: Printed for John Bellamy, 1650), 11.

31 Hill, *The World Turned Upside Down*, 310-2.

32 John Lilburne, "The Free-Man's Freedom Vindicated", in *Works of John Lilburne*, 105-6.

33 Katherine Chidley, "Petition of Women, Affecters and Approvers of the Petition of Sept. 11, 1648 (5th May 1649)", in *Puritanism and Liberty*, 367.

34 Hill, *The World Turned Upside Down*, 312.

35 "The Root and Branch Petition", 제10, 12, 24조.

36 Michael Levy, "Freedom, Property and the Levellers: The Case of John Lilburne", *Western Political Quarterly* 36, no. 1 (1983): 116-133, 여기서는 120.

37 Walwyn, "For a Free Trade", 403-4 참고(길드 정부의 부담들이, 길드의 "수많은 불합리한 선서 명령, 벌금, 검열"로 고통받는 "좀 더 온건한 무역상들에게 더 무겁게" 매겨지고 길드들이 "다른 사건들에 관한 법원 및 회합에" 너무 많은 시간을 소비한다고 불만을 제기하고 있음).

38 Leng, "'His Neighbours Land Mark': William Sykes and the Campaign for 'Free Trade' in Civil War England", 233, 236.

39 Thomas Johnson, *A Plea for Free-Mens Liberties: Or the Monopoly of the Eastland Merchants* (London, 1646), 2, 3, http://gateway.proquest.com/openurl?ctx_ver=Z39.88-2003&res_id=xri:eebo&rft_id=xri:eebo:citation:99861268.

40 Walwyn, "For a Free Trade", 403.

41 Ibid., 402, 401.

42 Johnson, *Plea*, 4.

43 "모든 정직한 법률들의 근원인 이성은 누구에게나 재산과 자유를 준다. 이익이라는 재산, 스스로에게 유익하도록 즐기고 개선할 자유 (…) 우리에게서 자유를 빼앗아갔던 사람들이 우리의 재산도 훔쳐갔다."(ibid.)

44 Jacqueline Stevens, "The Reasonableness of Locke's Majority: Property Rights, Consent, and Resistance in the Second Treatise", *Political Theory* 24, no. 3 (1996):

423-63.

45 Jeremy Waldron, *God, Locke, and Equality: Christian Foundations of John Locke's Political Thought* (Cambridge: Cambridge University Press, 2002), ch. 2에서 결정적으로 보여 주고 있듯이.

46 "정의가 모든 사람에게 그의 정직한 근면으로 얻은 것을 가질 권리를 부여하듯이 (…) 자선은 다른 방법으로 생계를 유지할 수 없는 모든 사람들에게 다른 이들의 풍요 속에서 극심한 결핍을 피할 수 있을 만큼의 몫을 가질 권리를 부여한다. 그리고 한 사람이, 신이 형제에게 원하는 것을 제공하라고 한 구제를 주지 않는 방법으로 궁핍한 이의 절박한 상황을 이용하여 그를 자신의 노예로 만들려 하는 것이 결코 정당화될 수 없는 것은, 더 큰 힘을 갖고 있는 사람이 더 약한 사람을 움켜쥐고 그의 주인이 되어 복종을 요구하며, 그의 목에 칼을 대고 죽을 것인지 노예가 될 것인지 선택하라고 제안하는 것이 정당화될 수 없는 것과 마찬가지다." John Locke, "First Treatise of Government", *The Works of John Locke in Nine Volumes*, 12th ed. (London: Rivington, 1824), §42.

47 Smith, *Wealth of Nations*, vol. 1, III.4.4(강조는 저자).

48 Ibid., III.4.5-8.

49 Ibid., III.4.9.

50 Ibid., III.4.10.

51 Ibid., III.4.11-15.

52 Ibid., III.2.6.

53 Ibid., III.2.7.

54 Ibid., III.2.8-13.

55 Ibid., III.4.19.

56 Smith, *Wealth of Nations*, vol. 2, V.1.E.32. 주식회사는 그들의 지배 구조가 이사들이 투자자에게 책임을 지도록 하는 주인-대리인 문제를 해결할 수 없기 때문에 실패하는 경향이 있다. 주식회사의 역사를 탐사해 본 후에 스미스는 이사들은 다른 사람의 돈을 걸고 사업을 하기 때문에 전문지식, 주도성, 그리고 에너지를 결여하고 있고 따라서 종업원이 기업의 자원을 탕진하게 놔둔다는 것을 발견한다(ibid., V.1.E.18, 27).

57 Smith, *Wealth of Nations*, vol. 1, I.ix.20. 그 결과 자유시장경제는 원시사회보다는 더 불평등하지만 봉건경제나 중상주의 경제보다는 훨씬 더 평등해진다. 자유시장사회에 대한 스미스의 비전이 평등주의적인 경향을 가지고 있다는 견해를 지지하는 추가적인 자료는 Deborah Boucoyannis, "The Equalizing Hand: Why Adam Smith Thought the Market Should Produce Wealth without Steep Inequality", *Perspectives on Politics* 11, no. 4 (2013): 1051-70 참고.

58 Smith, *Wealth of Nations*, vol. 1, I.1.3.

59 다른 계몽주의시대 인물들도 이런 견해를 공유했다: "재산이 자연적으로 평등을 향하는 경향이 있다는 것, 그래서 민법이 그러한 부의 영속화와 축적의 인위적 방법을 확립하지 않는다면, 그리고 상업과 공업의 자유가 금지적 법률이나 재정적 특권이 기득의 부에 부

여하는 이점을 제거한다면, 부의 과도한 차이는 존재할 수 없거나 즉각 사라지게 된다는 것을 증명하기란 쉬운 일이다." Antoine-Nicholas Condorcet, *Outlines of an Historical View of the Progress of the Human Mind* (Chicago: G. Langer, 2009), 10th epoch.

60 의학은 매우 신뢰할 수 없는 것이어서 사람들은 의사의 서비스를 받을 형편이 되지 못할 때 너 유복할 수도 있었다. 얼마를 내든 편안하게 또는 빨리 여행할 수 있는 사람은 아무도 없었다. 1페니신문(penny press)은 모든 사람이 뉴스를 이용할 수 있도록 만들었다. 극장들은 값싼 좌석을 제공했다. 스미스가 거대한 부를 추구하는 일에 고생할 만한 가치가 없다고 깔봤던 것도 놀라운 일이 아니다. *The Theory of Moral Sentiments*, edited by D. D. Raphael and A. L. Macfie, Glasgow Edition of the Works and Correspondence of Adam Smith (Oxford: Oxford University Press, 1976), I.3.2.1, III.3.31, IV.1.6.8.

61 Smith, *Wealth of Nations*, vol. 1, III.4.16.

62 그 희망은 이전 소유자의 토지에 대한 대규모의 폭력적 수용을 전제로 했다는 사실 역시 그러했다. 노예제가 많은 구미 평등주의자의 주목을 상당히 끌었던 것과 대조적으로, 아메리카 원주민의 권리는 거의 주목받지 못했다.

63 Joyce Appleby, *Capitalism and a New Social Order: The Republican Vision of the 1790s* (New York: New York University Press, 1984), 89; Eric Foner, *Tom Paine and Revolutionary America* (New York: Oxford University Press, 1976), 32, 43-4.

64 Thomas Paine, *Rights of Man. Part the Second: Combining Principle and Practice*, 8th ed. (London: J. S. Jordan, 1792), 7-8.

65 Ibid., 59n.

66 Ibid., 60.

67 예컨대 Paine, *Rights of Man, Part 2*, 82; Thomas Paine, *The Crisis: In Thirteen Numbers. Written during the Late War. By the Author of Common Sense* (Albany, NY: Charles and George Webster, 1792), no. 3, 40.

68 Paine, *Rights of Man, Part 2*, 150.

69 Foner, *Tom Paine and Revolutionary America*, 183-200.

70 가격통제에 관한 페인의 사상과 활동에 관해 확장된 논의를 위해서는 ibid., ch. 5 참고.

71 Ibid., 190.

72 Paine, *Rights of Man, Part 2*, 16.

73 Ibid., 69.

74 Ibid., 3-4.

75 Ibid., 113-31.

76 그러나 공화당은 다른 측면, 즉 그의 기독교 비판(Thomas Paine, *The Age of Reason* (Boston: Thomas Hall, 1794)), 그의 페미니즘(Eileen Hunt Botting, "Thomas Paine amidst the Early Feminists", in *Selected Writings of Thomas Paine*, edited by Ian Shapiro and Jane Calvert (New Haven, CT: Yale University Press, 2014), 630-54), 사형에 대한 반대, 군비지출과 전쟁과 제국주의에 대한 반대에 있어서는 페인을 따르지 않

았다. 무엇보다도 일생의 많은 시간을 빈곤 속에서 보낸 페인은 가난한 사람들에게 깊은 공감을 가졌고, 결코 그들을 게으르고 진취성이 없다거나 "복지"로 인해 타락했다고 비난하지 않았다. 앞으로 살펴보겠지만 그는 모든 사람이 빈곤을 피할 만큼 충분한 소득을 누릴 권리를 가지고 있다고 주장했다.

77 Craig Calhoun, *The Roots of Radicalism: Tradition, the Public Sphere, and Early Nineteenth-Century Social Movements* (Chicago: University of Chicago Press, 2012).

78 Paine, *Rights of Man, Part 2*, 11.

79 Ibid., 63, 100.

80 Ibid., 92-8.

81 Ibid., 67-9.

82 Ibid., 105-6. 페인이 정부의 녹을 먹고 사는 사람들은 기생충이라고 불평했을 때, 그는 행정장관, 교구직원이나 적은 보수를 받으면서 실제로 공적 서비스를 수행하는 기타 정부 노동자를 이야기한 것이 아니었다. 그는 법원과 한직에 대해 불평하고 있는 것이었다. 대조적으로 진정한 공무원은 합리적인 보수를 받을 자격이 있다고 본다(ibid., 54, 72, 119).

83 Ibid., 4, 77-80, 87, 100-2, 155. 오늘날 미국의 공화당과는 대조적으로 페인은 역진적 소비세에 반대했고 상속과 채권에 대한 과세를 지지했다.

84 Thomas Paine, *Common Sense* (Edinburgh: Eighteenth Century Collections Online; Gale, 1776), 33.

85 페인은 **최고** 임금이 법규에 의해 정해졌던 시대에, 임금통제에는 반대를, 시장임금에는 선호를 표현했다.

86 Thomas Paine, "Agrarian Justice", *The Writings of Thomas Paine, Vol. III (1791-1804)*, edited by Moncure Daniel Conway (New York: Putnam's Sons, 1894), 322-44.

87 Eric Foner, *Free Soil, Free Labor, Free Men: The Ideology of the Republican Party before the Civil War*, with a new introduction (New York: Oxford University Press, 1995)은 이 주제에 있어 빼놓을 수 없는 저작이다.

88 James Henry Hammond, "Speech in the Senate, 35th Congress, Session 1", *Congressional Globe*, March 4, 1858: 71.

89 Abraham Lincoln, "Annual Address before the Wisconsin State Agricultural Society, at Milwaukee, September 30, 1859", *Abraham Lincoln, Complete Works*, edited by John Nicolay and John Hay, vol. 1 (New York: Century Co., 1859), 581.

90 "우리 중에 영구적인 고용노동자계급은 없다. (…) 어제의 고용노동자는 오늘날 자신의 책임으로 노동한다. 그리고 내일은 그 자신을 위해 노동할 다른 사람들을 고용할 것이다. 진전(조건의 개선)은 평등한 사람들의 사회에서는 만물의 질서다." Abraham Lincoln, "Fragment on Free Labor", *Collected Works of Abraham Lincoln, Vol. 3*, edited by Roy Basler (New Brunswick, NJ: Rutgers University Press, 1859), 463.

91 Foner, *Free Soil*, Kindle loc. 332-7.

92 Ibid., Kindle loc. 434.

93 Ibid., Kindle loc. 377-80.

94 Lincoln, "Address before the Wisconsin State Agricultural Society", 581-2.

95 링컨은 그것[사업가를 임금노동자보다 더 높은 수준에 올려놓는 것—옮긴이]을 자기 정당의 이데올로기적 기반으로 굳혔을 수 있다. 그의 선언이 있고 1세기 반이 지난 후 당시 하원 다수당이었던 공화당의 대표 에릭 캔터(Eric Cantor)는 2012년 노동절에 트위터에 다음과 같이 게시했다. "오늘, 우리는 위험을 감수하고 열심히 일하여 사업을 일구어서 스스로 성공을 거머쥔 사람들을 기립니다", https://twitter.com/ericcantor/status/242654833218293760. 캔터는 어느 한 날이 어떻게 임금노동자를 기리는 데 바쳐질 수 있었는지를 본능적으로 인정하지 못하는 것 같다.

96 Sean Wilentz, *Chants Democratic: New York City and the Rise of the American Working Class, 1788-1850* (New York: Oxford University Press, 2004), 508-16.

97 Gertrude Himmelfarb, *The Idea of Poverty: England in the Early Industrial Age* (New York: Knopf, 1984), 78. 예컨대 Jeremy Bentham, *Pauper Management Improved: Particularly by Means of an Application of the Panopticon Principle of Construction* (London: R. Baldwin, 1812).

98 Isaac Kramnick, *Republicanism and Bourgeois Radicalism: Political Ideology in Late Eighteenth-Century England and America* (Ithaca, NY: Cornell University Press, 1990), 97.

99 Smith, *Wealth of Nations*, vol. 2, V.1.F.50.

100 Smith, *Theory of Moral Sentiments*, I.3.3.1.

제2장

1 이것은 기업 형태에도 타당하다. 법적으로 주주가 **아니라** 법인이 회사의 자산을 소유한다. 합자회사에서는 과두정이 모든 자산을 지배하고 소유한다.

2 R. H. Coase, "The Nature of the Firm", *Economica* 4, no. 16 (1937): 386-405.

3 Eugene Volokh, "Private Employees' Speech and Political Activity: Statutory Protection against Employer Retaliation"(2012), http://ssrn.com/abstract=2174776.

4 Ken Cuccinelli, *The Last Line of Defense: The New Fight for American Liberty* (New York: Crown Forum, 2013), 52, 231.

5 이것은 **법**에 대한 실증주의적 설명처럼 들릴 수도 있다. 그러나 정부는 법률, 즉 일반적인 행위 규칙들에 의해 지배할 필요는 없다. 정부는 특정한 경우에 특정한 사람에게 그때그때 발해지는 명령들 또는 칙령들에 의해 지배할 수 있다. 나는 여기서 법에 대한 실증주의적 설명에 관하여 어떤 입장도 취하고 있지 않다.

6 Max Weber, *Economy and Society*, edited by Guenther Roth and Claus Wittich (Berkeley:

University of California Press, 1968), 56.

7 John Adams, *Letters of John Adams Addressed to His Wife*, edited by Charles Adams, vol. 1 (Boston: C. C. Little and J. Brown, 1841), 96-7.

8 나는 내가 여기서 할애하는 것보다 프라이버시에 수반되는 사항들을 식별하는 데 더 많은 시간을 들인 Herzog, *Household Politics*, 89-94에 의지하고 있다.

9 여기서 나는 개인들의 예산 제약, 법적 허가 및 기타 외부적 조건의 범위 안에 있는 기회라는 측면에서 적극적 자유의 "외부적" 관념에 초점을 맞추고 있다. 나는 중독, 강박 또는 행위자가 공명하지 못하는 기타 동기로부터의 자유와 같은, 적극적 자유에 대한 심리학적 관념은 무시한다.

10 Philip Pettit, *Republicanism: A Theory of Freedom and Government* (New York: Oxford University Press, 1997), 5.

11 예를 들어, 사유재산을 단순히 경제적 자유가 아니라 정치적 자유와 연결한 Milton Friedman, *Capitalism and Freedom* (Chicago: University of Chicago Press, 1962) 참고.

12 Joyce Shaw Peterson, *American Automobile Workers, 1900-1933* (Albany: State University of New York Press, 1987), 57, 72.

13 Natasha Singer, "Health Plan Penalty Ends at Penn State", *New York Times*, September 19, 2013, http://www.nytimes.com/2013/09/19/business/after-uproar-penn-state-suspends-penalty-fee-in-wellness-plan.html.

14 Coase, "Nature of the Firm".

15 Oliver Williamson, "Markets and Hierarchies: Some Elementary Considerations", *American Economic Review* 63, no. 2 (1973): 316-25, 여기서는 322.

16 Coase, "Nature of the Firm", 388.

17 Ibid., 391.

18 임의고용의 예외인 묵시적 계약에서, 권리포기 조항을 부당해고 협의에 대한 본질적(*per se*) 방어 수단으로 보는 것을 허용하지 않는 주는 15개뿐이고, 22개 주는 권리포기 조항을 허용하면서 묵시적 계약의 예외는 서면 문서에 한정하고 있으며, 13개 주에서는 임의고용에 대한 어떤 묵시적 계약의 예외도 인정하지 않는다. Charles Muhl, "Employment-at-Will Doctrine: Three Major Exceptions", *Monthly Labor Review*, January 2001: 5.

19 *Nelson v. Knight*, Iowa Supreme Court, No. 11-1857, July 12, 2013.

20 Neela Banerjee, "Ohio Miners Say They Were Forced to Attend Romney Rally", *Los Angeles Times*, August 29, 2012, http://articles.latimes.com/2012/aug/29/news/la-pn-miners-romney-rally-20120829.

21 Dugan Arnett, "Nightmare in Maryville: Teen's Sexual Encounter Ignites a Firestorm against Family", *Kansas City Star*, October 12, 2013, http://www.kansascity.com/news/special-reports/maryville/article329412/Nightmare-in-Maryville-Teens%E2%80%99-sexual-encounter-ignites-a-firestorm-against-family.html.

22 Armen Alchian and Harold Demsetz, "Production, Information Costs, and Economic

Organization", *American Economic Review* 62, no. 5 (1972): 777-95, 여기서는 777.

23 새로운 정부로 이주할 권리(노동자들이 직장에서 향유하지 못하는 어떤 것)를 추가한다고 하더라도 그 정부의 권위를 해체하지는 못한다. 유럽연합(EU) 내에서 시민들은 자신이 속한 국가를 떠날 권리뿐만 아니라 다른 회원국으로 이주할 권리도 보장받는다. 그러나 이러한 권리가 EU 회원국의 권위 자체를 제거하는 것은 아니다.

24 Michael Jensen and William Meckling, "Theory of the Firm: Managerial Behavior, Agency Costs and Ownership Structure", *Journal of Financial Economics* 3 (1976): 305-60, 여기서는 310.

25 John Tomasi, *Free Market Fairness* (Princeton, NJ: Princeton University Press, 2012), 23, 77, 81.

26 이런 경향은 노동법이 쉽게 자주 오용되도록 만든다. 즉 최저임금, 최대 노동시간, 급여 및 안전 규율을 피하고, 고용세의 부담을 노동자에게 떠넘기며, 설비와 제복에 드는 비용을 노동자가 부담하도록 강제하기 위해 사용자는 그들의 종업원이 독립적인 사업자라고 거짓말을 하는 등 노동법을 오용한다. 그런 사건에서 법원의 심사는 항상 사용자가 노동자에 대한 통제권을 행사하는지 여부에 대해 이루어진다. 예컨대 FedEx가 수천 명의 캘리포니아주 트럭운전사를 독립사업자로 잘못 분류했다고 판결했던 *Alexander v. FedEx Ground Package System*, 2014 U.S. App. LEXIS 16585 (9th Cir. Aug. 27, 2014) 참고.

27 도자기 공장에서 노동자 규율을 장려했던, 산업혁명의 선구자 조사이아 웨지우드(Josiah Wedgwood) 역시 주요한 노예제도 폐지론자였다.

28 Blackstone, *Commentaries*, ch. 14.

29 *Belated Feudalism*에서 카렌 오렌이 했던 이야기[19세기 동안 노동자가 해방되었다는 이야기—옮긴이]는 미국에 대한 것이다. 유사한 발전이 다른 보통법 국가와 여타 서유럽에서 19세기 동안 일어났다. 그녀의 저작이 주는 중요한 교훈은, 자유방임적인 자유계약 이데올로기의 새 고안물로 생각되는, 미국 및 영국에서의 일부 19세기 노동법 원칙—예컨대, 사용자가 노동자의 사소한 불복종에도 누적된 임금 전체를 몰수할 수 있다는—이 사실상 단순히 봉건시대에 확립된 영국 노동법의 지속에 불과했다는 점이다. 달리 말하자면, 시장관계에서는 자유방임이 강조되었지만, 기업 내부의 관계에서는 봉건적 권위주의가 그대로 유지되었다는 것이다.

30 Robert Allen, "Engels' Pause: A Pessimist's Guide to the British Industrial Revolution", *Explorations in Economic History* 46, no. 4 (2009): 418-35.

31 법률이나 계약에 의해 명시적으로, 또는 15개 주에서처럼 묵시적 계약에 의해 제약될 때를 제외하고는 오늘날도 여전히 그렇듯이, 임의고용하에서 사용자 권위의 법적 범위는 하루 전체로 확장되었다. 그러나 실용적 측면에서 보면, 가정으로부터 사업장의 분리는 실질적으로 비용을 증가시켰고 사용자의 권위가 그렇게 멀리까지 미치도록 하는 것은 사용자가 누리는 혜택을 축소시켰다. 그 결과, 노동자가 근무 이외의 시간에는 사장으로부터 자유를 향유할 수 있는 여지를 열어 주었다.

32 Elizabeth Anderson, "Equality and Freedom in the Workplace: Recovering Republican Insights", *Social Philosophy and Policy* 31, no. 2 (2015): 48-69에서 내가 주장한 대로다. 이 지적의 한 가지 결과는, 국가가 단순히 경제에 대한 "간섭"을 중단해야 한다는 전통적인 자유지상주의적 논변은 잘못되었다는 점이다. 그것은 마치 야구 커미셔너가 게임 규칙을 선포함으로써 게임에 간섭하는 것을 중단해야 한다고 말하는 것이나 다름없다. 현대의 발전된 경제의 방대한 규모에서 효율적인 협력을 촉진하기 위해서는, 규칙들이 현저하게 복잡해야 한다는 점이 드러난다. 이는 공익을 위한 민주적 통제와 규제포획[regulatory capture: 규제기관이 규제 대상에 의해 포획되는 현상—옮긴이] 둘 다 가능하도록 여지를 열어 준다.

33 고전적인 설명으로는 Blackstone, *Commentaries*, ch. 15 참고.

34 Elizabeth Anderson, "Equality and Freedom in the Workplace"에서 내가 주장한 바와 같다.

35 예컨대 Sidney Pollard, "Factory Discipline in the Industrial Revolution", *Economic History Review* 16, no. 2 (1963): 254-71 참고. 그는 "노동인구에게는 잘 알려져 있는 사실로, 많은 [공장] 노동이 고의적으로 또는 우연적으로 구빈원과 교도소에 입각해서 모델링된다는 것"을 지적한다(254). 한 가지 강조하고 싶은 것은, 내가 그것들[노동운동들—옮긴이]을 묘사했던 방식으로 문제를 바라보는 데 마르크스주의자들이나 사회주의자들을 끌어들일 필요는 없었다는 점이다. 미국의 노동 공화주의자(labor republican)[임금노동 체계가 협동적 생산 체계로 대체되어야 한다고 주장했던 사람들—옮긴이] 역시 그 점을 이해했다. Alex Gourevitch, *From Slavery to the Cooperative Commonwealth: Labor and Republican Liberty in the Nineteenth Century* (New York: Cambridge University Press, 2015) 참고.

36 가장 유명한 사례는, 포괄적인 중앙집중화된 계획이 자원을 효율적으로 배분하는 데 필요한 정보를 이용할 능력이 없다는 것이다. Friedrich A. Hayek, "The Use of Knowledge in Society", *American Economic Review* 35 (1945): 519-30.

37 다른 한편으로 겸임교수이거나 비정규직 교수인 경우 내가 무슨 말을 하는지를 바로 이해할 것이다.

38 Workplace Democracy Association, "Zogby Poll: As Independence Day Nears, Workplace Democracy Association Survey Finds One in Four Working Americans Describe Their Employer as a 'Dictatorship'", June 23, 2008, https://workplacedemocracy.wordpress.com/2008/06/23/workplace-democracy-survey.

39 *Pollock v. Williams*, 322 U.S. 4, at 18 (1944). 이 판결에서 연방대법원의 법정 의견을 썼던 잭슨 대법관은 선불이 이루어진 근거가 된 노동계약을 구체적으로 수행하지 못하는 것을 범죄화하고 있는 플로리다주법이 비자발적 노예상태를 금지하고 있는 수정 제13조에 반한다고 하여 위헌으로 판결했다. [플로리다주법은 기망의 의도를 가지고, 서비스를 제공한다는 약속을 근거로 선금을 받는 것을 범죄화하고, 나아가 선금을 받은 목적이 된 서비스를 제공하지 못하면 그것은 기망의 의도를 보여 주는 자명한 증거라고

규정하고 있었다.—옮긴이] 그 결정의 시점이 뒤늦었다는 점[수정 제13조가 제정된 것이 1865년인데 이 판결이 선고된 것은 약 80년 뒤인 1944년이다.—옮긴이]에 주목하라. Risa Goluboff, "The Thirteenth Amendment and a New Deal for Civil Rights", in *The Promises of Liberty: The History and Contemporary Relevance of the Thirteenth Amendment*, edited by Alexander Tsesis (New York: Columbia University Press, 2010), 119-37은 잭슨의 추론이 어떻게 로크너 시대의 계약 자유(소극적 자유) 원칙이 아니라 뉴딜(적극적 자유)을 반영했는지를 설명해 준다.[로크너 시대란 미국 역사에서 경제적 자유, 특히 계약의 자유에 대한 강력한 사법적 보호가 특징인 시기(1897-1937)를 말한다. 이 시기는 연방대법원이 수정 제14조의 적법 절차 조항에 대한 해석을 근거로 노동 규제를 무효화한 획기적인 사건인 *Lochner v. New York*, 198 US 45 (1905)(198 US 45, 1905)에서 이름을 따온 것이다. 이 시대는 루스벨트 대통령의 법원 확대 입법안(court-packing plan) 발표 이후 선고된 *West Coast Hotel Co. v. Parrish*, 300 U.S. 379 (1937) 판결에서 연방대법원이 여성최저임금을 정한 워싱턴주법을 지지함으로써 막을 내렸다.—옮긴이]

40 Robert Nozick, *Anarchy, State, and Utopia* (New York: Basic Books, 1974), 331; Walter Block, "Toward a Libertarian Theory of Inalienability: A Critique of Rothbard, Barnett, Smith, Kinsella, Gordon, and Epstein", *Journal of Libertarian Studies* 17, no. 2 (2003): 39-85; Stephen Kershnar, "A Liberal Argument for Slavery", *Journal of Social Philosophy* 34, no. 4 (2003): 510-36. 노예계약의 유효성에 반대한 자유지상주의자들에 대해서는 Murray Rothbard, *The Ethics of Liberty*, rev. ed. (New York: New York University Press, 1998), 40-1; Randy Barnett, "Contract Remedies and Inalienable Rights", *Social Philosophy and Policy* 4, no. 1 (1986): 179-202 참고.

41 Matt Marx, "The Firm Strikes Back: Non-Compete Agreements and the Mobility of Technical Professionals", *American Sociological Review* 76, no. 5 (2011): 695-712; Seven Greenhouse, "Noncompete Clauses Increasingly Pop Up in Array of Jobs", *New York Times*, June 8, 2014, http://www.nytimes.com/2014/06/09/business/noncompete-clauses-increasingly-pop-up-in-array-of-jobs.html; Clare O'Connor, "Does Jimmy John's Non-Compete Clause for Sandwich Makers Have Legal Legs?", *Forbes*, October 15, 2014, http://www.forbes.com/sites/clareoconnor/2014/10/15/does-jimmy-johns-non-compete-clause-for-sandwich-makers-have-legal-legs.

42 Orly Lobel, *Talent Wants to Be Free: Why We Should Learn to Love Leaks, Raids, and Free Riding* (New Haven, CT: Yale University Press, 2013).

43 Patricia Bromley and John Meyer, "'They Are All Organizations': The Cultural Roots of Blurring between the Non-profit, Business, and Government Sectors", *Administration & Society* (2014), http://dx.doi.org/10.1177/0095399714548268.

44 고위경영자와 회사를 위한 공식적 대변인으로 여겨지는 언론홍보 담당자에 대해서는 이에 대한 정당한 제한이 있을 수 있다. 일을 하면서 코카콜라를 마셨다는 이유로 일반

펩시 노동자를 해고하는 것(Suzanne Presto, "Coke Employee Fired for Drinking Pepsi on the Job", *CNN Money*, June 16, 2003, http://money.cnn.com/2003/06/13/news/funny/coke_pepsi/index.htm)과 펩시의 최고경영자(CEO)가 코카콜라와 비교하여 펩시를 공개적으로 흠집 내는 것은 완전히 별개의 문제다.

45 Mark Linder and Ingrid Nygaard, *Void Where Prohibited: Rest Breaks and the Right to Urinate on Company Time* (Ithaca, NY: ILR Press, 1998), 46.

46 James Whitman and Gabrielle Friedman, "The European Transformation of Harassment Law", *Columbia Journal of European Law* 9 (2002-3): 241-74.

47 Cynthia Estlund, "Why Workers Still Need a Collective Voice in the Era of Norms and Mandates", *Research Handbook on the Economics of Labor and Employment Law*, edited by Cynthia Estlund and Michael Wachter (Northampton, MA: Edward Elgar, 2013), 463-90, 여기서는 470-1.

48 자유주의 전통에서의 고전적 방어로는 John Stuart Mill, *Principles of Political Economy*, edited by J. M. Robson (Toronto: University of Toronto Press, 1965), vol. 3 of *Collected Works of John Stuart Mill*, ch. 7을 보라. 당대의 경제학적 견해로는 Samuel Bowles, Herbert Gintis, and Bo Gustaffson, eds., *Markets and Democracy: Participation, Accountability, and Efficiency* (Cambridge: Cambridge University Press, 1993)를 보라.

49 Henry Hansmann, "Employee Ownership of Firms", in *The New Palgrave Dictionary of Economics and Law*, edited by Peter Newman, vol. 2 (London: MacMillan, 1998), 43-7, 여기서는 45-6. 이 참고문헌에 대해 Steve Nayak-Young에게 감사한다.

50 Gerald Mayer, *Union Membership Trends in the U.S.* (Washington, D.C.: Congressional Research Service, 2004), iv, http://digitalcommons.ilr.cornell.edu/cgi/viewcontent.cgi?article=1176&content=key_workplace.

51 U.S. Bureau of Labor Statistics, *Union Members—2014*, USDL-15-0072(2015), 1, http://www.bls.gov/news.release/pdf/union2.pdf.

52 대조적으로 유럽에서는 조합원이 전체 노동자의 작은 부분에 불과한 때조차도, 조합들이 종종 혜택을 산업 전반의 노동자에, 나아가 노동자 전체에 제공한다. 국제 비교를 위해서는 Jelle Visser, *ICTWSS: Database on Institutional Characteristics of Trade Unions, Wage Setting, State Intervention and Social Pacts in 51 Countries Between 1960 and 2014* (Amsterdam: Amsterdam Institute for Advanced Labour Studies (AIAS), 2013), http://www.uva-aias.net/en/ictwss 참고.

53 노동조합이 조직되어 있지 않은 회사가 독점으로부터 자유롭다는 결론이 따르지는 않는다. 수요독점적 조건은 노동시장에 만연해 있다. Alan Manning, *Monopsony in Motion: Imperfect Competition in Labor Markets* (Princeton, NJ: Princeton University Press, 2003).

54 Richard B. Freeman and Joel Rogers, *What Workers Want* (Ithaca, NY: ILR Press; New York: Rusell Sage Foundation, 2006), 84.

55 독일의 노동평의회 체계에 대한 간단한 소개로는 Rebecca Page, *Co-Determination in Germany: A Beginners' Guide* (Düsseldorf: Hans-Böckler-Stiftung, 2009) 참고.

제3장

1 Rachel Foxley, *The Levellers: Radical Political Thought in the English Revolution* (Manchester, UK: Manchester University Press, 2013), 1. 이 논평이 쓰인 이후, 학술적으로나 정치적으로 관심을 끄는 수평파에 대한 새로운 설명이 등장했다. John Rees, *The Leveller Revolution* (London: Verso, 2016).

2 Andrew Sharp, ed., *The English Levellers* (Cambridge: Cambridge University Press, 1998), 103.

3 Sharp, ed., *The English Levellers*, 136; Alan Houston, "'A Way of Settlement': The Levellers, Monopolies and the Public Interest", *History of Political Thought* 14, no. 3 (1993): 381-420.

4 Thomas Leng, "His Neighbours Land Mark': William Sykes and the Campaign for 'Free Trade' in Civil War England", *Historical Research* 86, no. 232 (2013): 230-52.

5 Sharp, ed., *The English Levellers*, 94.

6 Sharp, ed., *The English Levellers*, 171-2. 누구도 연속되는 두 의회에 선출될 수 없었고, 공적 자금을 받는 어떤 사람도 선출될 수 없었으며, "언제라도 어떤 법률가든 선출되는 경우에는, 그는 그 신탁의 전 기간 법률가로서 실무를 할 수 없다." 수평파가 영국 인민이 법률가를 선출해서 의회로 보낼 일은 없을 거라고 생각했다는 것은 분명하다.

7 정상회담 조직자들은 그것을 대헌장 기념일 축하라는 맥락에 두었다: "Rally at Runnymede", https://www.opendemocracy.net/rally-at-runnymede-and-join-opposition; Anthony Barnett, *New Statesman*, February 26, 2015, on the "spirit of Rainborough".

8 2015년 3월 14일에 런던의 비숍스게이트 연구소(Bishopsgate Institute)에서 개최된 "릴번 400주년 대회"의 발언자 중에는, 급진적 법률가 제프리 로버트슨(Geoffrey Robertson)과 정치인 타리크 알리와 하원의원 제러미 코빈과 함께 수평파에 대한 저술을 했던 몇몇 역사가가 있었다. 그 대회는 수평파협회(Leveller Association)에 의해 조직되었다(www.leveller.org.uk). 코빈은 2016년 11월에 열린 존 리(John Lee)의 저서 『수평파 혁명(*The Leveller Revolution*)』의 출판기념회에 참석했는데, 이에 대해서는 2015년 8월 20일 자 *Guardian*에 실린 에드워드 밸런스(Edward Vallance)의 기사를, 알리에 대해서는 2015년 2월 20일 자 *Guardian*을 참고하라. 원래의 대청원서(Grand Remonstrance)는 하원에서 작성한, 찰스 1세의 인적 지배에 대한 탄핵이었다. 밸런스가 지적하고 있듯이 우파에 가까운 영국 정치인들 역시 수평파의 자유지상주의적 유산들에 호소해 왔다.

9 낙관적인 설명은 John Tosh, *Why History Matters* (Basingstoke, UK: Palgrave Mac-

millan, 2008) 참고. 다른 한편으로 데이비드 아미티지(David Armitage)와 조 굴디(Jo Guldi)는 *The History Manifesto* (Cambridge: Cambridge University Press, 2014)에서 최근의 역사학이 당대의 의사결정에 영향을 미칠 잠재력은 실현되지 않고 있다고 주장한다. 그들의 주장과 결론은 데보라 코헨(Deborah Cohen)과 피터 맨들러(Peter Mandler)에 의해 반박되었다. *American Historical Review* 120, no. 2 (April 2015): 530-53의 논쟁을 참고하라.

10 Keith Wrightson, *Earthly Necessities in Earthly Necessities: Economic Lives in Early Modern Britain* (New Haven, CT: Yale University Press, 2000), 139. 사회적·경제적 변화에 대한 나의 설명은 이 책에 크게 빚지고 있다.

11 Ibid., 226.

12 구빈법의 사회적·정치적 함의에 대한 포괄적 연구로는 Steve Hindle, *On the Parish? The Micro-politics of Poor Relief in Rural England c. 1550-1750* (Oxford: Clarendon Press, 2004) 참고.

13 군대에 관해서는 Ian Gentles, *The New Model Army in England, Ireland and Scotland* (Oxford: Blackwell, 1992) 참고.

14 레인버러와 월윈에 대해서는 *The Oxford Dictionary of National Biography*를, 그리고 레반트 회사(Levant Company)의 적들을 옹호하는 내용의, 국가평의회에 제출되었던 월윈의 1652년 논문에 대해서는 *The Writings of William Walwyn*, edited by J. R. McMichael and Barbara Taft (Athens: University of Georgia Press, 1989), 446-52 참고.

15 Sharp, ed., *The English Levellers*, 130, 170. 몽상가이자 실패한 상인이었던 디거스 지도자 제러드 윈스턴리(Gerrard Winstanley) 역시 임금노동에 대한 뿌리 깊은 적대감을 가지고 있었는데, 그는 신에 의해 서리(Surrey)의 공유지에서 집단적으로 노동하는 실험을 이끌라는 다음과 같은 영감을 받았다고 썼다. "임금을 주지도 받지도 않고, 토지를 자유롭게 다른 사람들의 것이자 나의 것으로 여기면서, 내 이마의 땀을 흘려 얻은 내 빵을 먹는 것". *The Complete Works of Gerrard Winstanley*, edited by Thomas Corns, Ann Hughes, and David Loewenstein (Oxford: Oxford University Press, 2009), I, 517 (*The New Law of Righteousness*).

16 Foxley, *The Levellers*; Ann Hughes, "The English Revolution", in David Parker, ed., *Revolutions and Revolutionary Traditions in the West* (London: Routledge, 2000), 34-52.

17 Barbara Taft, "Walwyn, William (bap. 1600, d. 1681)", in *Oxford Dictionary of National Biography* (Oxford: Oxford University Press, 2004).

18 Craig Muldrew, *The Economy of Obligation: The Culture of Credit and Social Relations in Early Modern England* (Basingstoke, UK: Palgrave Macmillan, 1998), 150-1을 인용함. 1944년 처음 출판된 Karl Polanyi, *The Great Transformation: The Political and Economic Origins of Our Time* (Boston: Beacon Press, 2001)은 "시장"에 대한 정치적·사회적 해석을 주장하고 있다. 또한 "평가가 만연한 문화"의 사회관계에서 인민의 경제적 가치에 대한 평가의 중요성을 강조하고 있는 Alexandra Shepard, *Accounting for Oneself: Worth,*

Status and the Social Order in Early Modern England* (Oxford: Oxford University Press, 2015)도 참고하라.

19 Shepard, *Accounting for Oneself*, 278은 Margot Finn, *The Character of Credit: Personal Debt in English Culture, 1740-1914* (Cambridge: Cambridge University Press, 2003)에 의거한 부분이다.

20 Leng, "His Neighbours Land Mark"; Melissa Mowry, "'Commonwealth Wives Who Stand for Their Freedom and Liberty': Leveller Women and the Hermeneutics of Collectivities", *Huntington Library Quarterly* 77, no. 3 (2014): 305-29; Foxley, *The Levellers*, 143.

21 Andy Wood, *The Politics of Social Conflict: The Peak Country 1520-1770* (Cambridge: Cambridge University Press, 1999), 289-90.

22 나의 주장은 Ann Hughes, "Gender and Politics in Leveller Literature", in *Political Culture and Cultural Politics in Early Modern England*, edited by Susan Amussen and Mark Kishlansky (Manchester, UK: Manchester University Press, 1995), 162-89에서 가져온 것이다. 그것은 Mowry, "Commonwealth Wives"와 Foxley, *The Levellers*에 의해 반박되기도 하고 제한되기도 한다.

23 Carole Pateman, *The Disorder of Women: Democracy, Feminism, and Political Theory* (Stanford, CA: Stanford University Press, 1989); Ann Hughes, *Gender and the English Revolution* (London: Routledge, 2011), 145.

24 실제로, 존경할 만한 남성 가부장 가구는 크레이그 멀드류(Craig Muldrew)에 의해 묘사된 신용과 신탁의 관계에서 이점을 가졌다.

25 소농장 역시 개인기업이라기보다는 하나의 가구이며, 따라서 페인이 미국적 맥락에서 개인 기반의 평등주의를 제안하고 있다고 주장하기는 어렵다.

제4장

1 Adam Smith, *An Inquiry into the Nature and Causes of the Wealth of Nations*, edited by R. H. Campbell and A. S. Skinner, 2 vols. (Indianapolis: Glasgow Edition, 1981), vol. 1, 69, http://www.econ.uba.ar/www/institutos/economia/Ceplad/HPE_Bibliografia_digital/Wealth%20of%20Nations%20-%20Vol.1.pdf.

2 Roger Lonsdale, ed., *The Poem of Gray, Collins, and Goldsmith* (London: Longman, 1969), 678.

3 Ibid., 694.

4 Karl Polanyi, *The Great Transformation* (Boston: Beacon Press, 1968), 72.

5 Ibid., 73.

제5장

1 Elizabeth Anderson, "What Is the Point of Equality?", *Ethics* 109 (1999): 287-337.

2 비슷한 시점에 등장한, 유사한 기조를 가진 다른 저작의 도움을 받았는데, 가장 주목할 만한 것으로는 Samuel Scheffler, "What Is Egalitarianism?", *Philosophy and Public Affairs* 31 (2003): 5-39 참고.

3 물론 가부장적 가족이 그 자체로 하나의 작은 기업이었던 만큼, 또는 거주지이기도 한 곳에 자리한 착취공장일 뿐이었던 만큼, 공동주택에조차 정부는 있었다. 아마도 사실과는 다를 테지만, 필요한 대조를 위해서는 우리는 삯일이 이와 같지는 않았으리라고 상상해 봐야 한다. 이로써 사고실험은 더 이상 그렇게 "자연스럽지" 않게 된다.

4 Frederick Winslow Taylor, *The Principles of Scientific Management* (New York and London: Harper & Brothers, 1911).

5 R. H. Coase, "The Nature of the Firm", *Economica* 4 (1937): 386-405.

6 당연히 이런 우려는 기업에 한정된 것이 아닐 수도 있다. 수요독점자(monopsonist)는 독립적인 장인에게, 자기가 지지하는 후보에 찬성표를 던지지 않는 한, 당신과 거래하지 않겠다고 위협할 수 있을 것이다. 그러나 최소한 그런 우려는 보상, 조건이나 안정성에 관한 우려는 아니다. 대신 그것은 노동자와 그 노동 또는 그 결실을 구매하는 사람 사이의 권력관계에 관한 우려다.

7 Charles de Secondat, Baron de Montesquieu, *The Spirit of the Laws*, translated and edited by Anne M. Cohler, Basia C. Miller, and Harold S. Stone (Cambridge: Cambridge University Press, 1989); Lon Fuller, *The Morality of Law* (New Haven, CT: Yale University Press, 1964).

8 Jean-Jacques Rousseau, *The Social Contract and Other Later Political Writings*, translated and edited by Victor Gourevitch (Cambridge: Cambridge University Press, 1997).

9 **낮은 추방 비용이라는 차이의 최소화:** "추방(…)은 그에 따른 심각한 결과를 가져올 수 있다. 대다수의 사람들은 다른 공산주의적 독재국가로 이주를 시도하는 것 이외에는 달리 현실적 선택지가 없다."(55) "그 대신 그들은 불복종에 대한 유일한 제재가 추방이나 민사소송인 경우에는 권위는 존재하지 않는다고 주장할 수도 있다. 그런 주장은 오로지 민사적 제재에만 의존하는 수없이 많은 국가 규제들을 받고 있는 사람들에게는 놀라움으로 다가올 것이다. 국가 규제가 갖는 권위는 그 위반에 대한 유일한 제재가 한 사람을 그의 일자리에서 강제로 쫓아내는 것뿐인 경우에도 없어지지 않는다. 마지막으로 사용자는 해고와 제소 이외에도 그들이 마음대로 할 수 있는 수많은 제재 수단을 가지고 있다. 그들은 종업원을 강등시킬 수 있고 또 종종 그렇게 하며, 임금을 삭감하기도 한다. 그들에게 불편한 시간을 배정하거나 근무시간을 너무 많이 혹은 적게 배정하기도 한다. 그들에게 더 위험하고 더럽고 비천하거나 힘든 업무를 배정하기도 하고, 노동 강도를 증가시키기도 한다. 노동자가 실패할 수밖에 없도록 만들기도 하며, 아주 넓은 범위에서 그들을 모욕하고 괴롭히기도 한다."(76-7) "자유방임적 자유주의자들은 자유시장의 자유를

선전하면서, 노동자에게 말했다. 당신의 리바이어던을 선택하라고. 이는 마치 동유럽 공산주의 블록의 시민에게, 철의 장막 뒤에 머물러 있는 한 어떤 나라로든 이주할 권리가 있으니 당신들의 자유는 보장된다고 말하는 것이나 마찬가지다."(82) "어떤 고용관계에서도 입사 및 퇴사의 자유가 그런 결과를 정당화하기에는 충분하지 않다."(83)

동의의 차이 최소화: "아마도 그 생각이 뜻하는 바는, 당사자 사이의 관계가 동의를 통해 조정되는 경우에 그 관계는 권위에 대한 종속의 관계일 수 없다는 것이리라."(77)

민주적으로 제정된 법률에 의한 고용 규제라는 차이의 최소화: "당사자 간 의사의 합치가 아니라면, 도대체 사용자 권한의 범위와 한계를 결정하는 것은 무엇인가? 그런 일을 하는 것은 국가다. 즉 복잡한 법체계를 통해 그렇게 한다. (…) 사업장 정부의 구조를 사적 정부의 한 형태로 확립한 것은 바로 **국가**다."(74)

제6장

1 수요독점을 바라보는 두 가지 시각으로는, William M. Boal and Michael R. Ransom, "Monopsony in the Labor Market", *Journal of Economic Literature* 35, no. 1 (1997): 86-112; Orley C. Ashenfelter, Henry Farber, and Michael R. Ransom, "Modern Models of Monopsony in Labor Markets", IZA Discussion Paper No. 4915 (2010) 참고. 월마트에 관해서는 Alessandro Bonnanno and Rigoberto A. Lopez, "Is Walmart a Monopsony? Evidence from Local Labor Markets", Working Paper (2009) 참고. 수요독점 모델이 특히 중장기적 현상들에 대한 설명으로서 대다수의 경제학자를 납득시키지 못했던 이유를 살펴보려면, Peter Kuhn, "Is Monopsony the Right Way to Model Labor Markets? A Review of Alan Manning's *Monopsony in Motion*", *International Journal of the Economics of Business* 11, no. 3 (2004): 369-78을 보라.

2 대기업으로부터의 임금할증에 관해서는 Brianna Cardiff-Hicks, Francine Lafontaine, and Kathryn Shaw, "Do Large Modern Retailers Pay Premium Wages?", National Bureau of Economic Research Working Paper 20313 (2014) 참고.

3 수요독점하의 몇몇 관련된 시나리오의 분석으로는 Kip Viscusi, "Union, Labor Market Structure, and the Welfare Implications of the Quality of Work", *Journal of Labor Research* 1, no. 1 (1980): 175-92; Alison L. Booth and Gylfi Zoega, "Why Do Firms Invest in General Training? 'Good' Firms and 'Bad' Firms as a Source of Monopsony Power", Unpublished Manuscript (2000); Francis Green, Stephen Machin, and Alan Manning, "The Employer Size-Wage Effect: Can Dynamic Monopsony Provide an Explanation?", *Oxford Economic Papers* 48 (1996): 433-55.

4 앤더슨이 정말로 직업 특전을 늘리는 것이 나아가야 할 방향이라고 생각한다면, 그 목표를 달성하기 위해 노동자 소득에 더 높은 세금을 매기자고 주장할 수 있을 것이다. 나아가 근로소득세액공제(Earned Income Tax Credit)와, 금전상의 임금을 보조하면서 아마

도 사업장 특전의 질은 낮추는 기타 정책에 반대하고 싶을 수도 있을 것이다(사용자는 회사에 대한 (정부)보조금이 노동자에게 가도록 하기보다는 보조금의 더 많은 몫을 차지하기 위해 특전을 낮출 수도 있다).

5 예컨대 Sanford J. Grossman and Oliver D. Hart, "The Costs and Benefits of Ownership: A Theory of Vertical and Lateral Integration", *Journal of Political Economy* 94, no. 4 (1986): 691-719; Oliver D. Hart and John Moore, "Property Rights and the Nature of the Firm", *Journal of Political Economy* 98, no. 6 (1990), 1119-58 참고.

6 여기서 출발점은 Supreet Kaur, Michael Kremer, and Sendhil Mullainathan, "Self-Control at Work", *Journal of Political Economy* 123, no. 6 (2015): 1227-77이다.

7 Harvey Silvergate, *Three Felonies a Day: How the Feds Target the Innocent* (New York: Encounter Books, 2011).

8 이들 장치 중 일부에 대해서는 Richard B. Freeman, Douglas Kruse, and Joseph Blasi, "Monitoring Colleagues at Work: Profit Sharing, Employee Ownership, Broad-Based Stock Options and Workplace Performance in the United States", CEP Discussion Paper No. 647 (2004) 참고.

9 예컨대 Ben Craig and John Pencavel, "The Behavior of Worker Cooperatives: The Plywood Companies of the Pacific Northwest", *American Economic Review* 82, no. 5 (1992): 1083-105 참고.

10 Gary Gorton and Frank Schmid, "Class Struggle inside the Firm: A Study of German Codetermination", Federal Reserve Bank of St. Louis Working Paper (2002).

제7장

1 데브라 사츠(Debra Satz)는 고전파 경제학자들을 신고전파 경제학자들과 비교하면서 내가 초기 친시장 옹호자들과 19세기 자유방임주의 이론가들 사이에 긋는 것과 유사한 일련의 대조를 도입한다. 신고전파 경제학의 모델과 평가 기준에는 "고전파 경제학자들이 경제생활에서 흥미롭다고 본 [거의] 모든 것, 특히 인간의 능력과 사회적 관계에 대한 다양한 시장의 사회적 영향에 대한, 그리고 그 다양한 시장들이 사회적으로 착근되는 방법들에 대한 그들의 핵심적 통찰력이 빠져 있다." Debra Satz, *Why Some Things Should Not Be for Sale: The Moral Limits of Markets* (Oxford and New York: Oxford University Press, 2010), 61. 특히 스미스는 온화한 "보이지 않는 손"인 자기이익과 사회적으로 고립된(disembedded) 자기균형적(self-equilibriating) 시장들의 이론가로 잘못 독해되어 왔다. 브롬위치가 그러한 환상에 반대하는 폴라니를 환기시키는 것은 올바르지만 스미스가 환상을 가지고 있었다고 추정하는 것은 잘못이다. 이를 바로잡은 예로는 Gavin Kennedy, "Adam Smith: Some Popular Uses and Abuses", in *Adam Smith: His Life, Thought, and Legacy*, edited by Ryan Hanley (Princeton, NJ: Princeton University

Press, 2016), 461-77 참고.

2 Adam Smith, *An Inquiry into the Nature and Causes of the Wealth of Nations,* Vol. 1, Glasgow Edition of the Works and Correspondence of Adam Smith (Indianapolis: Liberty Fund, 1981), I.10.2.61. 로크도 제약 없는 노동시장을 지지하지는 않았다. 로크가 가난한 사람 중 자발적으로 실업자가 되었다고 상정한 사람들을 다루기 위해 거친 수단을 처방하긴 했지만, 그 역시 재산소유자가 비자발적으로 실업을 한 사람들을 국가가 정한 최저임금으로 고용해야 한다고 주장했다. John Locke, "An Essay on the Poor Law", *Locke: Political Essays,* edited by Mark Goldie (Cambridge: Cambridge University Press, 1997), 188.

3 Elizabeth Anderson, "Ethical Assumptions of Economic Theory: Some Lessons from the History of Credit and Bankruptcy", *Ethical Theory and Moral Practice* 7 (2004): 347-60.

4 배제된 사람들이 소유적 개인주의자가 아니라는 것에 근거해 로크가 인클로저를 지지했다고 브롬위치는 추측한다. 아마도 C. B. Macpherson, *The Political Theory of Possessive Individualism: Hobbes to Locke* (Oxford: Clarendon Press, 1962)로부터 유래했을 이러한 독해는 자연상태에 있던 공유지의 일방적인 인클로저에 대한 로크의 정당화와, 일단 국가가 수립되면 무엇이 허용되는지에 대한 그의 견해를 구별하지 못한다. 로크는 자연상태에 있는 (접근이 개방된) 공유지의 일방적인 인클로저는, 다른 사람들을 위해 충분한 것을 그리고 또 좋은 상태로 남겨둘 것이기 때문에 허용될 수 있는 반면에, 이것은 (공동체적으로 공동소유된—jointly communally owned) 영국의 공유지에는 타당하지 않다고 주장했다. 후자는 공동체 구성원의 공동합의에 의해 공동으로 정당하게 보유되었다. 어떤 개인도 일방적으로 그 합의를 폐기할 수는 없다. Locke, *Second Treatise,* §35. 로크는 링컨과 동일한 근거에서 자영에 대한 사람들의 열망을 지지했다. 아메리카에 있는 모든 "비어 있는" 토지는 그것에 자신의 노동을 첨가할 의사가 있는 누구라도 이용할 수 있었다. *Second Treatise,* §36. 실제로, 이런 입장은 아메리카 원주민에게 가혹한 결과를 가져왔고 이행 과정에서 집단학살적인 인종주의와 결부되었다. 그럼에도 불구하고 로크는 미국에 있는 미경작 토지로 추정되는 것을 사유화하는 것은 아메리카 원주민의 이익을 포함하여 모든 사람의 이익에 부합할 것이라고 잘못 생각했다. 그는 그의 입장을 정당화하기 위해 인종주의적인 전제에 호소하지는 않았다. 이 점에 관해서는 Jeremy Waldron, *God, Locke, and Equality: Christian Foundations of John Locke's Political Thought* (Cambridge and New York: Cambridge University Press, 2002), Kindle loc. 2256-335, 2402-15 참고.

5 Adam Smith, *An Inquiry into the Nature and Causes of the Wealth of Nations,* Vol. 2, Glasgow Edition of the Works and Correspondence of Adam Smith (Indianapolis: Liberty Fund, 1981), V.1.f.61.

6 로크는 이 점에 관하여 자기모순을 보였다. 잘 알려진 이야기지만, 그는 노예무역에 투자했고 아마도 노예제를 지지했던 문서인 *The Fundamental Constitutions of Carolina,*

1669, http://avalon.law.yale.edu/17th_century/nc05.asp의 기초를 도왔던 것 같다. 그럼에도 불구하고 현실적인 동산 노예(chattel slavery) 제도를 그의 재산 이론과 조화시킬 방법은 없다. 그가 노예제에 대한 전통적인 정당화—정의롭지 않은 전쟁에서 전사에 대해 처형을 대신해서 내린 처벌이라는—를 허용했지만 이 원칙은 결코 비전투원을 노예화하는 것을 정당화할 수 없고 특히 노예의 지위가 어머니에게서 아이들에게로 넘겨지는 것을 정당화할 수는 없다. Locke, *Second Treatise*, ch. IV와 노예제에 관한 로크의 입장을 살짝 암시하는 논의를 볼 수 있는 Waldron, *God, Locke, and Equality*, ch. 7을 참고하라.

7 이리하여 스미스 역시 구글이나 애플처럼 시장지배적인 회사에 관한 브롬위치의 이의제기에 대하여 답을 갖고 있지 않았다. 스미스는 독점을 만들어 내기 위해 국가가 필요했다고 추정했다. 그는 규모에 따라 증대하는 수익이 자연적 독점이나 과점을 만들어 낼 것이라고는 결코 상상하지 못했다.

8 우월한 지위를 점하는 것에 관하여 무엇이 나쁜가 하는 것이 그 자체로 흥미로운 문제이기는 하지만, 이에 관해서는 논의하지 않을 것이다. 품성의 타락과 평등한 다른 사람과 관련되는 재화 박탈 등 우월한 지위에 수반되는 문제들에 있어, 평등주의자들은 할 말이 많을 것이다.

9 나는 공동주택에 있는 "수동적 공격 성향의, 간섭할 생각은 추호도 없다면서 그건 그렇게 하는 게 아니라고 말하는 시아버지"는 여기서 이야기하지 않겠다. 그가 그렇지 않은 척한다고 하더라도, 그리고 심지어 그에게 그렇게 할 공식적 권위가 없다고 하더라도, 그는 이미 그의 며느리에게 이래라저래라 하고 **있는** 것이다.

10 Erik Loomis, "This Day in Labor History: December 28, 1973", *Lawyers, Guns & Money*, December 28, 2015, http://www.lawyersgunsmoneyblog.com/2015/12/this-day-in-labor-history-december-28-1972.

11 Simon Head, "Worse Than Wal-Mart: Amazon's Sick and Secret History of Ruthlessly Intimidating Workers", *Salon*, February 23, 2014, http://www.salon.com/2014/02/23/worse_than_wal_mart_amazons_sick_brutality_and_secret_history_of_ruthlessly_intimidating_workers/.

12 Spencer Soper, "Inside Amazon's Warehouse", *Morning Call*, August 17, 2015, http://www.mcall.com/news/local/amazon/mc-allentown-amazon-complaints-20110917-story.html.

13 Head, "Worse Than Wal-Mart: Amazon's Sick and Secret History of Ruthlessly Intimidating Workers".

14 아마존은 그 노동자를 어떻게 대우했는가에 관한 악평과 고객 불만으로 고생을 해 본 뒤에야 비로소 창고의 환기시설을 개선했다. 기업 평판과 고객 만족은 중요하지만, 노동자의 건강은 중요하지 않다는 것이다. Spencer Soper and Scott Kraus, "Amazon Gets Heat over Warehouse", *Morning Call*, September 25, 2011, http://www.mcall.com/news/local/amazon/mc-allentown-amazon-folo-20110917-story.html. 아마

존의 노동자 학대는 그 화이트칼라 직급에까지 깊이 뻗쳐 있다. Jodi Kantor and David Streitfeld, "Inside Amazon: Wrestling Big Ideas in a Bruising Workplace", *New York Times*, August 15, 2015, http://www.nytimes.com/2015/08/16/technology/inside-amazon-wrestling-big-ideas-in-a-bruising-workplace.html?_r=0. 내 답변들이 최악의 조건에 직면해 있는 하층 절반의 노동자에 초점을 맞추고 있지만, 상위 절반에 속하는 많은 노동자 역시 직장에서 지배를 당하고 있다.

15 Adam Smith, *The Theory of Moral Sentiments*, edited by D. D. Raphael and A. L. Macfie, Glasgow Edition of the Works and Correspondence of Adam Smith (Oxford: Oxford University Press, 1976), II.3.1.5.

16 코웬의 생각과는 다르게, 법의 지배가 모든 위반행위가 처벌되어야 함을 의미하지는 않는다. 거의 모든 법률에 있어서 집행의 최적 수준은 100%에 훨씬 못 미친다.[콜로드니의 논평에 대한 답변인데도 굳이 코웬을 언급한 것은 그가 '평균적인 미국인은 매일 약 세 가지의 중범죄를 저지르고 있다'면서 법의 지배에 관한 앤더슨의 주장을 비아냥댔기 때문이다.—옮긴이]

17 Ehrenreich, *Nickel and Dimed: On (not) Getting by in America*.

18 Social Security Administration, Measures of Central Tendency for Wage Data, https://www.ssa.gov/oact/cola/central.html. 이 자료는 2014년 미국 노동자의 순보수 중간값(median net compensation)을 28,851.21달러라고 보고하고 있다. 이것이 이용 가능한 최신 자료다.

19 Saru Jayaraman, *Forked: A New Standard for American Dining* (New York: Oxford University Press, 2016).[이 책은 미국 요식업의 열악한 노동조건을 드러낸 것이다. 책 제목에서 사용된 forked라는 단어는 이 책 서문에서 gouged(착취되다)라는 말로 설명되고 있다. 다수의 식당 노동자가 포크에 찍히듯이 열악한 노동조건하에서 일하고 있고, 이들 노동조건은 요식산업의 대기업들이 식당소유자의 이윤 추구를 극대화하기 위해 매우 열악하게 설정해 놓은 것이라는 비판을 담은 책이다.—옮긴이]

20 U.S. Department of Labor, *US Labor Department Seeks Enforcement of Subpoena Issued to Forever 21* (Washington, D.C., 2012), https://www.dol.gov/opa/media/press/whd/WHD20121989.htm#.UIrdYfmfG31.

21 Oxfam America, *No Relief: Denial of Bathroom Breaks in the Poultry Industry*, 2-3.

22 Marc Linder, *Void Where Prohibited Revisited: The Trickle-Down Effect of OSHA's at-Will Bathroom-Break Regulation* (Iowa City, IA: Fănpìhuà Press, 2003).

23 Hertel-Fernandez and Secunda, "Citizens Coerced: A Legislative Fix for Workplace Political Intimidation Post-Citizens United)", 6.

24 U.S. Government Accountability Office, *Enhancing OSHA's Records Audit Process Could Improve the Accuracy of Worker Injury and Illness Data* (Washington, D.C., 2009), 22, https://coreyrobin.files.wordpress.com/2012/05/gao-report-on-osha-october-2009.pdf.

25 Ibid., 24.

26 Susan Lambert, Peter Fugiel, and Julia Henly, *Precarious Work Schedules among Early-Career Employees in the U.S.: A National Snapshot* (Chicago: University of Chicago, EINet, 2014), 13, 7, https://ssascholars.uchicago.edu/sites/default/files/work-scheduling-study/files/lambert.gugiel.henly_.precarious_work_schedules.august2014_0.pdf; Maria Enchautegui, *Nonstandard Work Schedules and the Well-Being of Low-Income Families* (Washington, D.C.: Urban Institute, 2013), http://www.urban.org/sites/default/files/alfresco/publication-pdfs/412877-Nonstandard-Work-Schedules-and-the-Well-being-of-Low-Income-Families.PDF.

27 Alyssa Figueroa, "The Ugly Walmart Truth: Some Managers Treat Workers Like Dirt", *Alternet*, January 29, 2015, https://www.alternet.org/2015/01/ugly-walmart-truth-some-managers-treat-workers-dirt.

28 U.S. Department of State, "2014 Trafficking in Persons Report" (2014), https://www.state.gov/j/tip/rls/tiprpt/countries/2014/226844.htm.

29 Colleen Owens, Meredith Dank, Justin Breaux, Isela Bañuelos, Amy Farrell, Rebecca Pfeffer, et al., *Understanding the Organization, Operation, and Victimization Process of Labor Trafficking in the United States* (Boston: Urban Institute, Northeastern University, 2014), xii; Jessica Garrison, Ken Bensinger, and Jeremy Singer-Vine, "The New American Slavery: Invited to the U.S., Foreign Workers Find a Nightmare", *Buzzfeed News*, July 24, 2015, http://www.buzzfeed.com/jessicagarrison/the-new-american-slavery-invited-to-the-us-foreign-workers-f.

30 U.S. Department of State, "2014 Trafficking in Persons Report".

31 Garrison, Bensinger, and Singer-Vine, "The New American Slavery: Invited to the U.S., Foreign Workers Find a Nightmare".

32 David Autor, David Dorn, and Gordon Hanson, "The China Syndrome: Local Labor Market Effects of Import Competition in the United States", *American Economic Review* 103, no. 6 (2013), http://dx.doi.org/10.1257/aer.103.6.2121.

33 Elizabeth Anderson, "Values, Risks, and Market Norms", *Philosophy and Public Affairs* 17 (1988): 54-65.

34 David Dayen, "The True Cost: Why the Private Prison Industry Is about So Much More than Prisons", *Talking Points Memo*, August 18, 2016, http://talkingpointsmemo.com/features/privatization/two.

35 U.S. Office of the Inspector General, *Review of the Federal Bureau of Prisons' Monitoring of Contract Prisons* (Washington, D.C., 2016), 65, https://oig.justice.gov/reports/2016/e1606.pdf.

36 Kim Bobo, *Wage Theft in America: Why Millions of Working Americans Are Not Getting Paid—And What We Can Do About It*, rev. ed. (New York: New Press, 2011), Kindle

loc. 259-72.

37 Ibid., Kindle loc. 283-4.

38 Brady Meixell and Ross Eisenbrey, *An Epidemic of Wage Theft Is Costing Workers Hundreds of Millions of Dollars a Year, Issue Brief #385* (Washington, D.C.: Economic Policy Institute, 2014), http://s3.epi.org/files/2014/wage-theft.pdf.

39 Seymour Drescher, *The Mighty Experiment: Free Labor Versus Slavery in British Emancipation* (Oxford and New York: Oxford University Press, 2002), 132-4.

40 Larry Fauver and Michael Fuerst, "Does Good Corporate Governance Include Employee Representation?: Evidence from German Corporate Boards", *Journal of Financial Economics* 82, no. 3 (2006): 673-710; John Addison, Claus Schnabel, and Joachim Wagner, "Works Councils in Germany: Their Effects on Establishment Performance", *Oxford Economic Papers* 53 (2001): 659-94; Simon Renaud, "Dynamic Efficiency of Supervisory Board Codetermination in Germany", *Labour* 21, nos. 4/5 (2007): 689-712; Felix R. FitzRoy and Kornelius Kraft, "Co-Determination, Efficiency, and Productivity", IZA Discussion Paper Series, No. 1442 (2004), http://hdl.handle.net/10419/20741; Steffen Mueller, "The Productivity Effect of Non-Union Representation", BGPE Discussion Paper No. 74 (2009), http://hdl.handle.net/10419/73422.

41 Brad DeLong, "Hoisted from the Archives: A Non-Socratic Dialogue on Social Welfare Functions" (Brad DeLong's Semi-Daily Journal, 2009), http://delong.typepad.com/sdj/2009/04/hoisted-from-the-archives-a-non-socratic-dialogue-on-social-welfare-functions.html.

찾아보기

ㅅ

ㅇ

ㅈ

ㅎ

저자 및 기고자 소개

엘리자베스 앤더슨(Elizabeth Anderson)은 미국 미시간대학의 철학 및 여성학 연구 교수다. 2008년 미국예술과학원 회원으로 선출되었고, 2013년 미시간대학의 최고 교수직인 John Dewey Distinguished University Professor of Philosophy and Women's Studies로 지명되어 그 지적 역량을 인정받았다. 『사적 정부』(2017)의 저술로 2018년 진보협회(Society for Progress)로부터 프로그레스메달을 수상하는 한편, 이후 맥아서 펠로우 프로그램의 "천재 지원금"을 받았다. 2020년 *Prospect Magazine*에서 선정하는 50인의 세계 최고 사상가들에 포함되었으며, 2021년에는 미국 철학회 회원으로 선출되었다. 저서 『윤리학과 경제학에서 가치(*Value in Ethics and Economics*)』(Harvard University Press, 1993), 『통합의 명령(*The Imperative of Integration*)』(Princeton University Press, 2010)을 비롯해 평등주의, 민주주의 및 시장사회에 관한 다수의 논문을 썼다. 가장 최근 저술로는 『강탈당한 노동: 신자유주의는 어떻게 노동윤리가 노동자에게 등을 돌리도록 만들었고 노동자는 어떻게 그것을 되돌릴 수 있는가(*Hijacked: How Neoliberalism Turned the Work Ethic against Workers and How Workers Can Take It Back*)』(Cambridge University Press, 2023)가 있다.

데이비드 브롬위치(David Bromwich)는 미국 예일대학 영문학과의 Sterling Professor다. *Dissent*, *The Nation*, *The New York Review of Books*와 그 밖의 저널에 정치학과 문화에 대한 글을 기고했다. 『에드먼드 버크의 지적 생애: 숭고함과 아름다움에서 미국 독립까지(*The Intellectual Life of Edmund Burke:*

From the Sublime and Beautiful to American Independence)』(Belknap Press, 2014), 『말은 어떻게 사건을 일으키는가(*How Words Make Things Happen*)』(Oxford University Press, 2019), 『미국의 몰락: 트럼프 시대, 그것은 어떻게 우리에게 닥쳐왔는가(*American Breakdown: The Trump Years and How They Befell Us*)』(Verso Books, 2019), 『정치 저작 선집(*Writing Politics: An Anthology*)』(NYRB Classics, 2020) 등 여러 책을 썼다.

타일러 코웬(Tyler Cowen)은 미국 조지메이슨대학에서 Holbert L. Harris Chair of Economics를 맡고 있으며 공공선택연구센터의 경제학 교수다. 또한 자유시장 지향의 싱크탱크 Mercatus Center의 센터장이기도 하다. 경제학 블로그 "Marginal Revolution"의 기고자다. 최근에 출간한 저서로는 『자기만족적 계급: 미국적 꿈의 자멸적인 추구(*The Complacent Class: The Self Defeating Quest for the American Dream*)』(St. Martin's Press, 2017), 『완강한 지지: 자유롭고 번영하며 책임있는 개인들의 사회를 위한 비전(*Stubborn Attachments: A Vision for a Society of Free, Prosperous, and Responsible Individuals*)』(Stripe Press, 2018), 『대기업: 미국의 반영웅에게 보내는 러브레터(*Big Business: A Love Letter to an American Anti-Hero*)』(St. Martin's Press, 2019), 『재능: 전 세계의 정력가, 창의적인 사람과 승리자를 확인하는 법(*Talent: How to Identify Energizers, Creatives, and Winners Around the World*)』(Daniel Gross 공저)(St. Martin's Press, 2022)이 있다.

앤 휴스(Ann Hughes)는 1995년에 근대 초기 역사학 교수로 영국 킬대학에 처음 부임해 인문학연구소 소장, 인문사회과학연구원 원장을 역임했다. 2014년에 은퇴하여 동 대학 명예교수가 되었다. 가장 최근 저작으로『젠더와 영국 혁명(*Gender and the English Revolution*)』(Routledge, 2011)이 있다.

니코 콜로드니(Nico Kolodny)는 미국 캘리포니아 버클리대학의 철학 교수다. 호주국립대학교 사회과학연구소 연구원을 거쳐 하버드대학 철학과 조교수를 역임한 바 있다. 주요 관심사는 도덕 및 정치 철학이다. 최근의 저서로는 『서열: 철학적 문제로서 사회적 위계(*The Pecking Order: Social Hierarchy as a Philosophical Problem*)』(Harvard University Press, 2023)가 있다.

스티븐 마케도(Stephen Macedo)는 미국 프린스턴대학의 대학인간가치센터 소속 Laurance S. Rockefeller 정치학 교수다. 프린스턴대학에서 법과 공공사무에 관한 프로그램의 창립 책임자였고(1999-2001), 대학인간가치센터 소장(2001-2009)을 역임했다. 저서로는 『자유주의의 미덕: 자유 헌정주의에서 시민성, 미덕과 공동체(*Liberal Virtues: Citizenship, Virtue, and Community in Liberal Constitutionalism*)』(Oxford University Press, 1990), 『다양성과 불신: 다문화 민주주의에서 시민교육(*Diversity and Distrust: Civic Education in a Multicultural Democracy*)』(Harvard University Press, 2000)이 있고, 공저로 『위기의 민주주의: 정치적 선택은 어떻게 시민 참여를 잠식하는가, 그리고 우리는 이 문제에 있어 무엇을 할 수 있는가(*Democracy at Risk: How Political Choices Undermine Citizen Participation, and What We Can Do About It*)』(Brookings Institution Press, 2005)와 『방금 결혼했어요: 동성 부부, 일부일처제와 혼인의 미래(*Just Married: Same-Sex Couples, Monogamy, and the Future of Marriage*)』(Princeton University Press, 2015) 등이 있다.